UP Collection

新装版

比較文明

伊東俊太郎

東京大学出版会

UP Collection

COMPARATIVE CIVILIZATIONS

Shuntaro ITO

University of Tokyo Press, 2013
ISBN978-4-13-006500-9

はじめに

「比較文明」は新たな探究のジャンルである。しかも二十一世紀に向かって、人類が共存してゆくために、なされねばならない必須の学問的作業であると思われる。今日さまざまな文明圏に属する人類は、好むと好まざるとにかかわらず、一つの地球上で生きあってゆく時代に突入している。今や西欧文明を含めて、いかなる文明も、自分だけの排他的絶対性を主張することはできない。むしろ地球上に存する多くの文明の独自な価値や意義をそれぞれ認識しあいつつ、その比較研究を通して相互理解の橋を架けることによってのみ、これからの地球社会の調和ある発展を望みうるであろう。今や比較文明論が緊急に開拓さるべき新たな学問分野である所以である。

しかもこの課題を遂行するに当たって、わが国の知識人に与えられている役割はけだし大きいものがあると言わなければならない。なぜなら、早くから東洋の諸文明を咀嚼し、近代においては西洋文明を受容したわが国においては、これらの諸文明を比較検討する素地が自ずと準備されているのみならず、それらを等距離において公平な観察や判断を行ないうる有利な立場にあると考えられるからである。世界文明史のこのいわば公平な行司役となって、比較文明論の新たな学問がわが国に振興され、よってもって次代の人類共同体に有益な貢献をなすべきであろう。これは、これまでもっぱら諸文明の受容者、享受者にとどまっていたわれわれが、自らの創造的営為によって世界に返済すべき学問的責務であるとも言えよう。さいわい近時「比較文明学会」も創立され、この方面への一般の関心も高まりつつあるのは、よろこばしいことである。本書はこのような方向へと歩んできた著者の、ささやかな道程を示すものにほかならない。

一九八五年七月

伊東俊太郎

目次

II　比較科学史の射程

III　地中海世界──イスラムとヨーロッパ

Ⅳ　比較文明論の対話

I　比較文明論の枠組

1 文化と文明

1 〝文化〟と〝文明〟の言葉の由来

まず〝文化〟と〝文明〟という言葉が、日本語でどのように使われはじめ、そして現に使われているか、という問題から入ってゆこうと思う。

日本において〝文明〟を最初に論じた書物は、福沢諭吉の『文明論之概略』(明治八年、一八七五)だといってよい。ここで福沢が〝文明〟という言葉をどのような意味で用いたかというと、それは英語の「シウヰリゼイション」civilizationの訳であるとことわり、「文明とは人の身の安楽にして心を高尚にするを云ふなり、衣食を饒《ゆたか》にして人品を貴くするを云ふなり」といい、「又この人の安楽と品位とを得せしめるものは人の智徳なるが故に、文明とは結局、人の智徳の進歩と云て可なり」としている(1)。

つまり文明とは〝智徳の進歩〟ということになるが、しかしこれは個人の智徳の進歩をいうのではない。文明は「一人の智愚によるに非ず、全国に行はるゝ気風に制せらるればなり。故に文明の在る所を求めんとするには、先づ其国を制する気風のある所を察せざる可《べか》らず」といって、ここでは、〃一国人民の気風〃というものをとり出してくる。文明を支えるものはただ一人の単独の営為ではなくて、国民全体の智徳の進歩がなければならないし、そうした〃全国の気風〃が育たなければ本当の文明があるとはいえないのである。

さらに福沢は、智徳に私智と公智、私徳と公徳とを区別し、私智よりも公智、私徳よりも公徳が大切であるとしている。それは彼にとって一国全体の智徳の進歩が問題になるわけであるから、そうした全体のための知識、全体のための徳義が重視されるのであろう。そして一般に、智恵と徳義とは文明にとってあたかも「人身を養う菜穀と魚肉」のように二つながら必要なものであるとしながらも、前者の方を強調して「徳義は智恵の働《はたらき》に従て其領分を弘め其光を発するものなり」と言っている。たとえば徳も単に心が善良であるということだけではなくて、やはり全体のことを見通す智恵、知識がなければいけないというわけで、ここでも、基本的には智を重視することになる。

結局、彼は、〃文明〃を論じて、それが国民の智徳の向上にほかならぬとし、徳義に関しては日本人は西洋人に劣らないとしても、智恵の面では彼我に大きな開きがあり、この点では西洋に学ぶべきであるとする。特に当時の西洋と日本では自然科学に非常に大きな落差があり、また経済発展にも大きな落差があった。そういう西洋の科学技術の知識を吸収して自由主義経済を伸ばして、西洋諸国に匹敵する富国強兵をもたらすこと――これが福沢の究極的な目的であったといってよい。したがって彼はそういう〃文明〃の代表としてジェームズ・ワットの蒸気機関とアダム・スミスの経済論を繰り返しとり出して論じている。当時の国際情勢からして日本を外国の資本主義的侵略から守るためには、この国を文明化して富国強兵を実現しなくてはならない。そのためにはこれまでの封建主義を排し、藩閥政治の階級制度を廃して、個人が自立して自由に才能が発揮できるようにならなければならない。そういうヨーロッパに発達した個人主義や自由主義が日本の中にも確立されて本当の意味の国の独立、つまりヨーロッパ的な近代化を遂行して自国の独立をはからねばならない。これが『文明論之概略』という本の大きな筋道だと思う。この書物が「文明の本旨を論ず」というところから始まって、「自国の独立を論ず」という章で終っているのもこの脈絡によるといってよいであろう。

福沢諭吉にとって〝文明〟とは、近代西欧がもたらした科学革命や産業革命を経た科学技術を発展させ、自由主義経済を発達させ、同時に反封建の自由主義・個人主義を実現した啓蒙主義を基本とする近代ヨーロッパ社会の状態をさすものにほかならず、わが日本もすみやかにこうした近代化を遂行することにより、彼らの支配に対峙してゆかねばならないということを説いたのであった。彼の〝文明〟の概念においては、〝一国人民の気風〟といったような精神的な側面がたしかに強調されており、〝文明〟には「外に見《あら》はるる事物」と「内に存する精神」と二つあって、どちらが重要かといえば、まず必要なのは「内に存する精神」、すなわちそういう文明をつくり上げている精神であると説いたが、「文明の精神」が発揮されるところは、何よりもまず科学・技術・経済等といった実学的なものであったことは否定できない。むしろここに福沢の〝文明〟概念の特色があったといってよかろう。

ほぼ同時代に福沢と並んでヨーロッパ思想の移植に大きな貢献をした西周《にしあまね》は、このcivilizationの訳語として〝文明〟ではなくて、〝開化〟という言葉をあてている（たとえば『百学連環』明治三年、一八七〇）。当初はシヴィリゼイションの訳語として、この〝文明〟と〝開化〟の両方が並存して用いられた。そしてこの両語を併せた〝文明開化〟こそ実に明治日本の近代化のスローガンであった。つまり西欧の科学技術と啓蒙思想とを受け入れて、ヨーロッパの状況にすみやかに接近することが〝文明開化〟であった。電灯をつけたり、汽車を走らせたり、学制を発布したり、憲法を制定したり、あるいは鹿鳴館に典型的に示されるように風俗の面でもヨーロッパ的なものをどしどし取り入れてゆくことがそれであった。

明治の中頃から大正にかけて、この〝文明開化〟という言葉は次第に〝開化〟をとり去って〝文明〟のほうに一元化されてゆくが、同時にその頃から〝文化〟という言葉がいっそう多く用いられるようになる。大正末期には〝文化〟という言葉を正面きって本の表題に用いた内藤湖南の『日本文化史研究』（大正十三年、一九二四）が出版されるが、彼はこの書の冒頭で「文化という語は、近頃流行し、なにものにでもこの二字が付せられると景気よく見えるかのようである」といっているから、当時この言葉が相当氾濫していたにちがいない。それでは〝文明〟に対してこの〝文化〟という言葉はどのような意味で用いられだしたのであろうか。〝文化〟という言葉自体は、「文化・文政時代」というのがあるように、日本にも古くからあるけれども、この「文化」は「文徳で民を教化する」という意味で、今日われわれが用いている〝文化〟と同じ意味のものではない。また明治の初期に西周などが〝文化〟という言葉も用いているが、これはむしろ文脈からして「文書活動」

documentary activity が盛んになることを意味したようで(2)、これまたわれわれのいう〃文化〃とはまったく異なる内容のものであった。われわれの今日用いている〃文化〃という言葉は、〃文明〃が civilization の訳であったのに対して、ほぼ culture の訳に相当する意味合いのものであろう。

そうした意味での〃文化〃という言葉が、いつ頃から用いだされたかを、はっきり示すことは難しいが(3)、私が調べた限りでは、すでに明治二十八年に三宅雪嶺がこれを使っている。さきの内藤湖南がその口述を筆記した雪嶺の『真善美日本人』という本のなかで〃文明〃という言葉と並んで〃文化〃という言葉が用いられているが、そこでは「機器の功利、物質の文明、欧人よりも大なるを得じといはば、誣妄の論なり」というようにして〃物質の文明〃という言葉が出てくるかと思うと、「加うるに四囲の現象、皆文化の薫習をうけ、学理討究に便利なること言を待たず」とか「早く已《すで》に泰西の文化を受け、一朝港を開くや、新文化、新学説、沓至坌入《とうしふんにゅう》、その急速なること眼《まなこ》応接するに遑《いとま》あらず」というように〃文化〃という言葉も出てきて、この場合〃学理討究〃とか〃新学説〃などと結びつけられて、何か精神的な学術文化といったようなニュアンスを帯びて用いられているかに見える。現代で使っているような意味での〃文化〃という言葉は、どうやら三宅雪嶺あたりから始まっていて、それはいささか〃文明〃とは異なり物質文明に対する精神的学術文化という感じを持っているように思われる。

この〃文明〃に対する〃文化〃の概念は、日本の学術が最初はイギリスのミルなどの功利主義、あるいはフランスのルソーの啓蒙思想などを取り入れることによって出発したが、明治の中期になるとドイツ哲学がどっと入ってきて、そこでドイツ語の Kultur のニュアンスを含んだものとして用いられるようになったのではなかろうか。実際、三宅雪嶺の時代は日本の学術が英仏系からドイツ系のものへと転換した時期に重なっている。そしてこのことは大正期に入って新カント派の価値哲学を受け入れた左右田喜一郎になると、いっそう判然としてくる。彼は大正四年の「経済学認識論の若干問題」において、はっきりと Kultur というドイツ語に〝文化〟という言葉を当てており、〝文化価値〟という術語にも Kulturwert という原語を添えている。そしてそれ以後は、もはやクルトゥールという原語をぬきにして〝文化〟という言葉が随所に使われるようになる。左右田と同様に「文化主義」を標榜した桑木厳翼の場合も同様で、大正九年の『文化主義と社会問題』において「私自身は此の文明という語を所謂《いわゆる》『シヴィリゼーション』に当て、而して独逸語の『クルツール』に当るものとして文化という語を用ゐて居る」と語っている(4)。

それでは左右田や桑木が依拠した新カント派の価値哲学や文化哲学における〝文化〟の概念はどのようなものかというと、それは「自然」Natur に対するものである。〝自然〟というのはそれ自身の価値を内在させていないが、〝文化〟はその中に一つの理想をもち、真・善・美・聖といったような価値規範をもって人間がつくり出すものである。真・善・美・聖に対応するものを具体的に考えるなら、真に対しては哲学、善に対しては倫理、美に対しては芸術、聖に対しては宗教ということになろう。科学技術といった物質的なものではなくて、もっと内在的な精神的価値を問題にする哲学、倫理、芸術、宗教といったようなものが〝文化〟である、という考え方がこの種の文化哲学で展開される。この影響をこうむって、こうした意味あいがその後の日本語の〝文化〟という言葉にも尾をひいているように思う。一言でいってしまえば物質〝文明〟に対する精神〝文化〟といったニュアンスの対立がここから出てくるのである。

さて以上のように〝文明〟とは英語の「シヴィリゼイション」に相当するものであり、〝文化〟とはドイツ語のクルトゥールに対応するものであるとすれば、このもとになっている欧語のcivilizationやcultureという言葉が、もともとどのような意味をもち、それが近代の英語やフランス語やドイツ語でどのような使われ方をしてきたかということが問題となる。次にこのことを見てみよう。

2　cultureとcivilization

cultureは、もともとラテン語の動詞colereに由来し、その未来分詞形から導かれた名詞がculturaである。colereとは「世話をする」「耕す」「栽培する」「養育する」などの意味をもつが、その根本義は「世話をする」であり、「土地の世話をする」ことから、「耕作」cultura agri, agriculturaという言葉が生じ、「動植物の世話をする」ことから「栽培」「養殖」の意味になり、ついにキケロでは、「心の世話をする」ものとしての「哲学」を指す言葉にもなる(cultura animi philosophia est)。われわれの「カルチャー」が「教養」という意味をもつのも、こうした「心の世話、培養」ということとつながりをもつであろう。かくしてculturaはまず「耕作」をも意味し、ついで動植物の「栽培、養殖」をさすものとなるが、さらには「心の培養」、つまり「教養」をも意味するものとなった。

これに対してcivilizationは、ラテン語のcivis, civilisに由来し、その抽象名詞がcivilisatioである。civisは「市民」を意味し、civilisは「市民の」という形容詞であり、civilisatioはそうした市民的身分をもつこと、またはそれをもつような状態になることをいう。したがってcivilizationは何よりも「都市」civitasの概念と結びつき、都市における市民の政治的権利を内包すると同時にそうした市民にふさわしい品位や洗練さをも意味するものであった。

近代において英語でcultureが〝文化〟を意味するように使われだしたのは、十九世紀の後半以降であり、実のところ非常に新しいことなのである。それまではcultureの語源が示しているように、この語はもっぱら土地の「耕作」とか、植物の「栽培」とか、魚の「養殖」、さらには体を養う「体育」といった意味に用いられていた。そして〝文化〟や〝文明〟を意味する言葉としてはむしろcivilizationがそれ以前には使われていた。一七七二年に有名な伝記作家ジェイムズ・ボズウェルが、barbarity（野蛮、未開）に対する語として、civilizationという言葉をサミュエル・ジョンソンの辞書に入れるよう主張したが、ジョンソンはそれを認めず、civilityという語のほうを採ったことが知られている(5)。しかし一七七五年のジョン・アッシュの辞書にはcivilizationの語がとり入れられ、その後十九世紀を通じて、バックルの*History of Civilization in England* (1857–61) やラボックの*The Origin of Civilization* (1870) のように盛んに用いられた。

今日用いられている〝文化〟の意味でcultureという英語を使った最初の人物は、著名な文化人類学者のエドワード・タイラーである。彼は『原始文化』(*Primitive Culture*, 1871) というよく知られた本の中で、「文化とは、その広い民族誌的な意味においては、知識、信仰、芸術、法律、道徳、慣習その他、社会の一員としての人間によって獲得される能力や習慣を包含する複合的全体である」という定義を下し、今日のcultureの意味の起源をつくった。この定義によって規定された〝文化〟の概念は、後にアメリカの文化人類学者フランツ・ボアズにうけつがれて大きな影響をもち、現代の文化人類学でも基本的にはそのまま継承されていると言ってよい。

　この定義についていささか注釈すれば、文化とは個人のものではなくて、社会の集団が担っているものである。社会の一員としての人間によって獲得される能力だということが大切で、つまり遺伝的なものは文化とはいわない。ＤＮＡの中にすでに生物学的に組み込まれており、それの結果としてわれわれがある種の動作を行なうようなものは、〝文化〟とはいわない、そうではなくてその社会における学習を通して――これは学校における狭い意味の学習ではなくて親から教わったり、他人に習ったりすることも学習であるが、そういう広い意味での学習を通して獲得されたもの、社会によって教えられ、規定され、形成されてきた知識や信仰、芸術、法律、道徳、慣習、その他のものが文化であるというわけである。これが文化人類学において一般的に使われている〝文化〟という言葉の用法である。その意味でタイラーの定義は、〝文化〟の一つの基本的な意味を規定したといってよい。

　ところが、これは実のところドイツ語からの移入であった。というのは、タイラーの画期的な著作に先立つ一八四三年、ドイツの民族学者グスターフ・クレムが『人類の一般文化史』（*Allgemeine Culturgeschichte der Menschheit*）の第一巻を出版したが、このなかで「文化」Culturをタイラーと同じような民族学的な意味で使用していた。タイラーはこのドイツ語を移入して、これにいっそう明確な文化人類学的定義を与えたのである。クレムはドイツ人といっても、もともと民族学者であったから、先に述べたドイツの新カント派の文化哲学、価値哲学のように物質面に対して精神面を強調するというようなことはなく、文化人類学が用いているような民族の慣習、さまざまな社会の知識の形態、そこでつくられるいろいろな制度、宗教、科学、芸術などといったものを、原始文化から高度に発展したものまで含めて、みなこの Kultur という概念でまとめたのである。それはむしろヘルダー『人類の歴史哲学考案』(*Ideen zur Philosophie der Geschichte der Menschheit*, 1784-91) の「人類の諸能力の発展、開化」の意味における Kultur の概念の延長線上にあるものと言える。これがタイラーによって明確に再定義され、非常に一般化して、今日アングロサクソン系の世界ではこういう意味での〃文化〃の概念が普及しているといってよい。

それでは〃文化〃をこのように文化人類学的に定義した場合、civilization のほうは一体どういうことになるのだろうか。〃文明〃civilization はそういう文化人類学的な立場に立つと、こうした〃文化〃culture がある高まった段階にいたった、〃文化〃の一つの特別な形態ということになる。したがってここでは〃文化〃と〃文明〃はまったく対立したものではなくて、本質的には連続したものになる。〃文化〃が発展していって、ある程度の高度のもの、広範囲に制度化されたものに達すると〃文明〃になると考えるのである。したがって、これは前節で述べたドイツ的な精神〃文化〃と物質〃文明〃を根本的に対立させる考え方とは大いに異なる。

フランスではどうかというと、culture はやはり「耕作」とか「養殖」とか「体育」とかいう意味に用いられ、〃文化〃という意味には使われない。〃文化〃や〃文明〃にはもっぱら civilisation という言葉が使われている。若いフランスの文化人類学者が英米の文化人類学の影響を受けて〝文化〟の意味でcultureという言葉を使いだしているということはあるが、それを除けばcivilisationという言葉が圧倒的に多く今でも用いられている。

ドイツでは前節で述べた新カント派が登場して以後、テンニース、シュペングラー、アルフレート・ウェーバーといった人たちが〝文化〟Kulturと〝文明〟Zivilisationをますますシャープに対立させるようになってきた。つまり物質的・技術的な文明に対して、精神的・価値的な文化というような対立である。

シュペングラーは『西洋の没落』(*Der Untergang des Abendlandes*, 2 Bde, 1918-22)という本を書いて第一次大戦後のヨーロッパに大きな衝撃を与えた文明批評家であるが、彼は文化を歴史の世界における一個の有機体として把え、当初は「文化の魂」Kulturseeleがその純な目的に向かってすくすくと自己を展開してゆくが、しかしそれがある段階に達すると文化はその生命力を使い果たし、創造力を失っていって、〝文明〟という末期的な状態に没落すると考えた。そこでは、人びとは無形式の「大衆」となり、民族は解体して「世界主義」的となり、都市は病的な「メガロポリス」に拡大され、そのなかで権力政治と金権政治がはびこって経済的な金銭がいっさいを支配する。人びとはもう純粋な理想を失ってただ感覚的な刺激を求めて、流行に身をゆだねるだけである。それが〝文化〟の末期的形態としての〝文明〟なのであり、ヨーロッパはいまや文化から文明への段階に移行して没落しつつある、というわけである。

また、アルフレート・ウェーバーも一九二一年の論文「社会過程、文明過程、文化運動」において「文化運動」Kulturbewegung と、「文明過程」Zivilisationsprozess を厳密に区別して、後者は科学技術にかかわる合理的で普遍的な過程であるが、前者は人間の魂に関係する深い内面的な「救済価値」を求める宗教、芸術、哲学などを追求していく精神的運動であり、両者はまったく異なるものだとしている(6)。

結局、〝文化と文明〟については二つの考え方があることになる。一つは、文化と文明は本質的に連続したものであり、文明は文化の特別発達した高度の拡大された形態であるとするものである。したがって最初の原初的な状態は〝文化〟であり、それがある高みにまで発展して、広範囲に組織化され制度化されたものになると〝文明〟になるという考え方である。たとえば「エスキモー文化」とはいうが、「エスキモー文明」とはいわない。またアフリカのマンデ族の文化とはいうが、マンデ族の文明とはいわない。また石器時代の「アッシュール文化」とはいうが、「アッシュール文明」とはいわない。それに対してもっと広範囲に発展して高度に組織化され、もっと全体的な大きなボディをなしてきたものには、たとえば「エジプト文明」「中国文明」「ヨーロッパ文明」というような言い方をする。これが主としてアングロサクソン系の文化人類学などで用いられる用法ではないかと思う。

もう一つの〝文化と文明〟に対する考え方は、〝精神文化〟と〝物質文明〟というように、これが連続的なものではなく、かえって対立したものとして把えるものである。つまり哲学、宗教、芸術のような精神文化と、科学、技術というような物質文明は本質的に異なっており、一方は内面的なものであり、他方は外面的なものであり、一方は個性的なものであり、他方は普遍的なものであり、一方は価値的なものであり、他方は没価値的なものである、というような対立でとらえていく。これは主としてドイツの文化哲学や文化社会学の用法で、これが日本語の〝文化〟や〝文明〟のニュアンスにも入っているのではないかということは前にも述べた。もっとも日本語のなかには第一の〝文化〟や〝文明〟の意味も、はっきりとは自覚されてはいないが、やはり併存しているように思う。

3 「文化と文明」の問題点

ところでこの〝文化〟や〝文明〟には発展がある。決していつまでも一定の状態にあるわけではなくて、質的な変貌を遂げてきた。

筆者の考えでは、世界のあらゆる文化・文明の発展は次の五つの段階を経てきたと思われる。くわしくは3章で展開するので、今は項目のみ列挙すると、人類がこれまで経験してきた巨大な文明史的転換期とは、人類革命（人類の化成）、農業革命（農耕の発見）、都市革命（都市の形成）、精神革命（哲学や普遍宗教の誕生）、科学革命（近代科学の成立）の五つである。そして現在は、五番目の「科学革命」が一つの袋小路に入って新しい文明の形態が模索されている六番目の大きな転換期だろうと思う。

さてこのような五つの転換期を経てきたとすれば、文化・文明に対する前述の二つの見方と、この五つの革命がどのようにからみ合うかを考えてみたい。

第一の見方、つまり〝文化〟と〝文明〟が連続的であって、〝文化〟がある一定の発展段階に達したとき〝文明〟になるという考え方は、〝文化〟に culture、〝文明〟に civilization という英語の原語を当ててみた場合、アングロサクソン系の文化、文明の把え方として、かなり一般的に受け入れられるであろう。このように考えた場合、筆者の五段階説とつき合せてみると、「人類革命」以後「科学革命」までの五段階のそれぞれは、すべて〝文化〟の展開・発展を示すものであるが、そのなかで特に「都市革命」以後のものが〝文明〟の段階に入ったものであるといえよう。〝文明〟はさきにも述べたようにもともと「都市」というものと密接な関係をもった概念であるから、「都市革命」において文明の段階に達し、その文明がさらに「精神革命」および「科学革命」へ、より大きな変貌を経てきたといえる。したがって「人類革命」の段階で「オルドヴァイ文化」とか「アッシュール文化」とかいっても、これを〝文明〟といわないし、「農業革命」の段階で「ハラーフ文化」とか「ゲルゼー文化」とかいっても、これらを〝文明〟とは呼ばない。しかし「都市革命」の段階になると、明らかにメソポタミア文明、エジプト文明、インダス文明、殷文明などということがいわれるようになり、その後の「精神革命」や「科学革命」の段階でも中国文明、インド文明、西欧文明、近代文明などということがいわれる。もちろん文明も文化の一つの段階であり形態である以上、文明形成以後のものも文化と呼ぶことはできるわけであり、中国文化、インド文化、西欧文化という言い方もなされる。このように〝文化〟と〝文明〟を連続的・発展的にとらえる見方は、英米系の文化人類学的アプローチでは広くなされている一般的なやり方のように思われ、かなり普遍的にうけ入れられている把え方であろう。これはこれで〝文化〟と〝文明〟の関係についての一つの考え方である。

しかし同時にこれで〝文化〟と〝文明〟の問題がすべて割りきれたとも思えない。とくに日本語の〝文化〟と〝文明〟には、別のニュアンスがまつわりついており、またそれが今日の大きな問題を提起しているとも思えるのである。それは前節において述べたように、〝物質〟文明に対する〝精神〟文化というような考え方が日本語の〝文化〟や〝文明〟の言葉のなかには、こめられており、この対立のもつ意味はやはり現代において重要なものを含んでいるように考えられる。このドイツ語のKulturとZivilisationの対立にもとづく第二の見方、つまり「精神文化」と「物質文明」を対比する見方に立って、それを筆者の五段階説との関係で考えてみると、次のようにいえるであろう。すなわち本当の意味での「精神文化」は「精神革命」のときに形成され、「物質文明」は「科学革命」によりはじめて実現されたと。「精神革命」の時代において、はじめて本当の意味での哲学や宗教が形成され、人類は根本的な精神的変革を経験し、そこにはじめて勝義の「精神文化」というべきものがつくりだされたのである。この伝統は「科学革命」以後衰弱しつつあるとはいえ、今日まで伝えられているといえる。

これに反して「物質文明」のほうはどうかといえば、これが強力に形成されたのは「科学革命」の段階以後である。科学技術を利用して物質文明を高め、われわれの生活レベルを向上させていくということは科学革命以後、産業革命を経てはじめて本格的なものになったといってよい。この「精神文化」と「物質文明」という対比において、〝文化〟と〝文明〟を見てみるならば、次のような性質が見てとれよう。

〝文化〟というのはこの立場からすれば、精神的なもので、心の内部に基盤をもつものである。

それに対して〝文明〟のめざすものは物質的条件の改善、生活の便宜とか快適さとかであって、いわば精神の深部ではなく、外面的なものにかかわる。前者は精神的・内面的なものであり、後者は物質的・外面的なものをいうことになる。それから〝文化〟には中心があって、そこに凝集していくような性質であるに対して、〝文明〟は拡散し拡大していく性質をもっている。〝文化〟は民族的であり、〝文明〟は普遍的であるというのもこのことと関係している。また〝文化〟は本質的に魂の救済を求めているのに対して〝文明〟は物質の享楽を求めているともいえよう。したがって、別の言葉でいえば、〝文化〟では生きがいが問題になり、〝文明〟では便利さが問題になる。そして〝文化〟を担うものは哲学、宗教であり、〝文明〟を促進するものは科学、技術ということになる。

これをまとめるならば、〝文化〟は精神的、内面的、求心的、民族的、そして魂の問題であり、それは哲学や宗教が深めていくものである。〝文明〟は物質的条件の改善発展であり、外面的、遠心的、普遍的であり、そして生活の便利さを求めていくもので、それを進めるのは科学技術である。

この意味での〝文化〟は「精神革命」の時代に花開いた。それは物質的には確かに大変貧しい時代であったが、しかし精神的には非常に高揚した時代であった。そうした精神の師祖たちの教えがその時代の人たちにアピールし、それがいろいろな人びとに受け入れられて魂の高みに向かって人類が前進していた時代だったと思う。いわば、人びとはそういう生の根源を求めてまっしぐらに突き進んでいった。

ところで、物質文明をつくりだした〝科学革命〟は確かに人間を豊かにした。その意味ではフランシス・ベイコンの楽園は実現されたといってよい。われわれはかつての時代に比べればはるかに物質的には豊かになり、はるかに便利になり、はるかに生活しやすくなり、はるかに能率がよくなったといえる。しかし同時に公害や核兵器や資源枯渇の問題などが出てきて、科学技術の根本的反省が迫られている。私はここで「科学革命」のマイナスばかりを言おうとは思わない。人間の物質的な条件が改善され、かつての飢えとか過酷な労働といった非人間的なものから解放されていったこのプラスの意味も十分認める。しかし、そういう物質文明がますます進むにつれ、いわば魂を失ってきて、ただ外面的な繁栄とか、経済的な豊かさだけを求めて、ひた走りに走った結果、われわれはかつての「精神革命」がやり遂げた心の問題を忘れかけてきているのではなかろうか。人びとは精神的なものを失って、お金はあるし、物質は豊富になっても、心の中は貧しくなって、人と人との間の心の橋がかからず、精神的孤独におちいっている。そして進歩とか便利さという名前のもとに、ただ物質的欲望だけがますます大きくなってゆくという状態になりつつあるのではなかろうか。

したがって、いまや「精神革命」の時代をもう一度思いおこして、それが「科学革命」の成果と真の意味で統合されなければならない時代である。つまり現代は「科学革命」が行くところまで行って、それだけでは人間として何かおかしいという状態が現出している。精神革命の時代を回顧せよというのは決して復古主義ではない。キリストの時代に戻ってキリストのような生活をせよということではない。科学技術の発展によるプラスの面は十分評価しうるし、貧しさや非人間的な労働から解放して、人間にふさわしい尊厳を持ちうるベイシスを得たことも非常に重要だと思う。しかし、そのために人間が人間になるための精神的基盤が忘れられたことが問題なのである。われわれはいま「精神革命」にはじまる人間の精神的価値をもう一度反芻して、科学技術のあり方と人間の本当の生きがいとの関係を考え直さなければならない段階ではないだろうか。人間はパンのみによって生きるものにあらずであるが、また心だけで生きられるものでもないことも確かである。その意味で物質的な貧しさから解放されることは必要だが同時に、たえず精神的な向上をめざしていなくてはならない。そうでない単なる科学技術の野放図な発展は人間の壊滅をもたらしかねない。そういう「精神文化」と「物質文明」との、「心」と「物」とのあるべき調和を実現することが本来の人間だろうと思う。人間とはそもそもこの二つが一体のものなのだ。したがって、そういう「精神革命」と「科学革命」を統合するものを「人間革命」と名づけたい。それを実現することが現代の課題である。われわれは文明の進歩の名において非常に物質の側にかたよってしまって、精神的なものを忘れかけている。現代は進歩の果てにあまりにも非人間化して精神の内部が荒廃している。学校の教育でもそうだと思うし、会社での生き方も、家族のあり方もそうである。こうした状況をもう一度反省し〝文明〟を本当の意味で人間化すること、別の言葉でいえば、〝文明〟のなかにこの意味での〝文化〟を生きかえらせることが重要ではないだろうか。これは「物」と「心」、科学・技術と哲学や宗教をそのあるべきすがたに統合することを意味する。

（1）　福沢諭吉『文明論之概略』岩波文庫。津田左右吉の解題によれば、この文明の定義はギゾーによっているとされているが、ギゾーには「智徳の進歩」という表現はなく、むしろ文明の二要素として「社会の進歩と人間性の進歩」または「社会の発達と精神の発達」を挙げている（F・ギゾー『ヨーロッパ文明史』上、安士正夫訳、日本評論社、参照)。従ってこの定義は福沢の独自なものとも思われるが、また他方彼は、智とは「インテレクト」のことであり、徳とは「モラル」のことだといっているところを見ると、他のバックルなどの英書によるところがあったかも知れない。

(2) 西周『百学連環』に、「然れども、真の学術に至りては、文化の資けなかるべからず、文化の功徳たる第一今日より古へ通じ、第二に四海に通ず、通達の道かならず文化の功徳ならざるはなし……故に今人は古人より賢ならざるべからず、弟子は師に勝らざるべからず、文化の学術に資けあること極めて大なりとす」。

(3) 鈴木修次氏はその著『文明のことば』(文化評論出版)において、明治二年三月に創刊された山東一郎の編集になる『新塾月誌』の創刊号の序に「文化」という言葉が使われていることを指摘している。しかしこの「文化」は civilization の意味で、まだ culture の意味のものではない。そして氏によればこの「文化」は「文明開化」の略であるとされている。筆者は前に「文化」を「文明開化」の略とするのは俗説としたが、ここに説得的な例が挙げられているので訂正しておきたい。

(4) 生松敬三「文化の概念の哲学史」、岩波講座哲学XIII『文化』参照。この論文は日本および欧米における文化の概念史を展望したものとして有益である。

(5) A. L. Kroeber and C. Kluckhohn, *Culture, A Critical Review of Concepts and Definitions*, New York, 1963. p. 18. なお本書は culture や civilization という言葉の概念や定義に関する資料を網羅的に収めており、以下の記述の貴重な素材を提供してくれている。

(6) シュペングラーやアルフレート・ウェーバーの所説について、詳しくは拙稿「比較文化論の系譜―西洋」、講座比較文化第八巻『比較文化への展望』(研究社)参照。

2　地球的文明史に向かって

1　非西欧の復権

今や一つの時代が終りを告げている。一つの時代——それは西欧が「世界」であった時代である。たしかに今世紀の二つの大戦を経ることによって西洋中心の世界が音をたてて崩れ去り、その西欧中心主義とかたく結びついていたいわゆる「近代」が、まさしく終焉しようとしている。すべてが西欧のまわりをめぐって演ぜられたこの「近代」というドラマの終焉の後に来るものが、「非西欧の復権」であることにまちがいはないと思う。私はあえて「復権」という。なぜなら従来、非西欧文明の伝統は、西欧中心的歴史像によって久しく世界史の領分から不当に疎外されてきたからである。今日西欧はもはや「世界」ではなく一つの「地方」となったが、こうしたことはしかし、一九四五年以降にのみ限られる、はなはだ例外的な事態であったであろうか。否むしろひるがえってみれば、西欧が「世界」であったのは、たかだかこの数世紀ばかりの特殊なことではなかったのか——この事実に思い当たらせてくれた私の個人的体験からこの稿を書き始めることをお許しいただきたい。

一九六二年の夏のことであった。私はウィスコンシン大学の人文科学研究所で、当時そこの所長であった中世科学史の泰斗マーシャル・クラーゲット博士（後にプリンストン高等研究所教授）と一緒に十二世紀のラテンの古文書を読んでいた。それはバースのアデラードがアラビア語からラテン訳したあるギリシアの数学書であった。たどたどしいアラビア語の音訳をまじえたこのマニュスクリプトの行間から伝わってくるものは、この西欧の先駆的知性が当時のアラビアの強烈な光にあてられながら、孜々としてこのオリエントの先進文化を学び吸収しようとしていた生々しい情熱であった。それはあたかも、明治のはじめにわが日本のインテリたちが西欧の文物を消化吸収しようとしたあの意気込みにも似た、劣等感と進取の気性の入りまじった若いエネルギーの高まりが感じとられるのであった。私はさらに、クレモーナのゲラルドやカリンティアのヘルマンが、スペインのトレードでラテン訳したギリシアやアラビアの学術書の古写本を読んだ。またサレルノのある学者がシチリアに赴き、ビザンツ経由の写本を手に入れてラテン訳したユークリッドやプトレマイオスの著作を読んだ。それらはいずれも西欧がその長い〝暗黒時代〟の後にようやっと粒々辛苦のすえ、ギリシア、アラビアの文化をわがものとし、ようやくにしてその文化的自立を開始しようとする血の出るような努力の跡であった。

事実、西欧はこのアラビア経由の「十二世紀ルネサンス」を迎えるまでは、ユークリッドもアルキメデスもプトレマイオスも、またアリストテレスのほとんどを知らず、まったく世界文明史の辺境に蹣跚していたのである。このように十二世紀に西欧がアラビアの力をかりて、その文化的離陸をようやく始めようとしていたとき、すでにモロッコではアヴェロエスがあの浩瀚なアリストテレス注釈を仕上げつつあったし、中国では朱子が広大な宋学の体系を築き上げており、東南アジアのクメールでは、かのアンコールワットの仏教文化が花開き、そして日本でははるか以前すでに『源氏物語』を完成し、当時は平家の華麗な貴族文化が頂点に達していたのである。

このことは一体、何を意味するであろうか。それは西欧が何も永遠の昔から文化の中心ではなかったという事実である。そしていつの時代にも地球のさまざまな領域には、それぞれ独自の価値と権利をもった文化が並存しており、さらにはこれらの文化圏の交渉というものがきわめて重要な意味をもつという認識である。西欧が西欧たりえたのも、こうした他の文化圏との接触によってであった。しかしこうした事実が平凡であり、分かりきったことであると言いうる前には、まだまだ従来の西欧中心的な知的慣性からする多くの抵抗に出会うことを覚悟しなければならないだろう。それはこの数世紀の間、ヨーロッパ人自身が、こうした事実をなるべく伏せて通り、他をいつわり自らをも欺いてきたからである。そしてこのようなヨーロッパ史学の自己欺瞞に、明治以来、欧化の熱にうかされてきたわが国の知識人は手もなく乗ってしまい、何らの疑問もなく多年追随してきたからである。

2　世界史の西欧的パターン

それでは、この、今日ほとんど通念化されているといってよい西欧中心主義的な世界史像とはどのようなものであるかといえば、それは多くの歴史教科書に書かれているように、まず歴史のはじめにオリエント（メソポタミア・エジプト）文明の発生があるが、ついでこの素朴な段階を克服した偉大なギリシア文明がある。それがヘレニズムやローマ世界にうけつがれて地中海文明となり、近代の西欧文明はこの地中海文明の直系の嫡出子ということになっている。そしてその後の世界史とは要するに、この西欧文明が非西欧諸国に浸透拡大してゆく過程にほかならないとみるのである。この〈オリエント文明↓ギリシア文明↓ローマ地中海文明↓西欧文明↓西欧文明の拡大〉という世界史の単線的系譜は、今日ではすでに常識化した見解となっているが、しかしこれは実のところ十九世紀におけるヨーロッパの世界支配という既成事実ができあがった時点で、西欧の歴史学者によってつくりあげられた、西欧中心のいわば身勝手な一面的世界史像なのである。

こうした西欧中心的な世界史像の典型は、まずヘーゲルの歴史哲学のなかにはっきりと現われてきている。ヘーゲルにとって世界史とは、「普遍的な世界精神が民族精神を媒介として、その本来の自由の意識を実現してゆく過程」にほかならないが、この世界精神の自己実現は具体的にはまずオリエント世界にはじまり、ギリシア世界、ローマ世界を経て、近代ゲルマン世界にいたる過程をとる。この最後のキリスト教ゲルマンの段階において自由の完全な自己意識に達するとされ、この「自由の完全な自己意識」とは「近代国民国家の成立」にほかならないから、結局、近代西欧諸国(特にプロシャ国家)の成立によって世界史は完結するという形をとっている。この場合、中国やインドはもっぱら「静的」であり、理性がいまだ「自然性のなかに埋没して」いるとされて、こうした世界精神の展開に参加せず、その「前史」に追いやられてしまっているのである。ペルシアにいたってはじめて世界史に顔を出すことになるが、これもただギリシアによって否定される契機となるにすぎない。ここに、〈ギリシア↓ローマ↓キリスト教的近代ゲルマン諸国家〉というヨーロッパ中心の、しかも西欧近代国家の成立を究極の目標とする国家史観に基礎が据えられたのである。その後の西欧の世界史像は、本質的にこのヘーゲル的立場を出ていないように思う。

たとえば「哲学は歴史の敵である」と考えて、ヘーゲルとは反対に理念や普遍者から恣意的に歴史を構成するのではなく、かえって個体的なものから普遍的なものを導出することを主張した「経験的歴史主義者」ランケの世界史も、人類史の総体を把握すると称しながら、依然として西欧中心主義に立脚して、オリエントにはじまり、ギリシアを経てローマに至り、このローマ的なるものと融和した「ローマ的・ゲルマン的諸民族」の成立を世界史の骨組としている。ここでも中国やインドはあたかも自然状態のままであるとして、彼の世界史のなかに組み入れることが拒まれる。そして普遍的なキリスト教精神と個別的な国民国家の対立的連関を軸としてできあがってゆく統一西ヨーロッパ世界の形式が、彼のいう〝普遍的〟な世界史であった。このようにして描かれる非西欧諸国の歴史は、たかだかその世界史の前史でなければ近代西欧の膨張史の対象にすぎなくなる。ランケも結局ヘーゲルと同様に、古典古代と西ヨーロッパを一筋につないでゆく西欧中心の歴史的視圏を一歩も出ることはできなかったのである。このようなランケのローマ的＝西ヨーロッパ的連関のうえに築かれた世界史の図式は、その後の西欧史学の枠組を決定し、これを手本として無数の世界史の叙述が世に出された。明治以降こうした西洋史学を受容したわが国の歴史家たちにおいても、このことは例外ではないのである。

ところで、ランケとほぼ同じ時代に、ヘーゲル、ランケを貫いて十九世紀ヨーロッパ史学の共通の地盤となっていた「国家」や「民族」に主体をおく歴史でなく、かえって経済的な関係――つまり生産力と生産関係の矛盾に歴史の発展の原動力を認める考え方が、マルクスの唯物史観によって提出された。マルクスはヘーゲルの普遍的精神の過程を経済社会のメカニズムにおきかえ、国家や民族間の軋轢や闘争が歴史の発展を支えるのではなく、社会的関係、階級闘争こそ歴史の主題であるとする。ランケがヘーゲルの国家史観、民族史観をうけついだのに対し、マルクスがヘーゲル批判から出発しながら、こうしたナショナリズム的「国家史観」をのり越えて新しいインターナショナルな「社会史観」ともいうべきものを打ち出したのは対蹠的である。しかしここに注目すべきことは、このマルクスの歴史観も依然として西欧中心主義の上にのっているものであるということである。彼の描いた世界史のコースは、周知のように〈アジア的生産様式、古代奴隷制、中世封建制、近代資本主義〉という四つの生産様式の発展段階によって把えられるが、これは明らかにさきの西欧的世界史像を土台とするものであり、ここでも、中国やインドはまたしても「アジア的停滞性」の一語で片づけられ、この発展の最初の段階にすべて封じ込まれてしまっているのである。マルクスは、ヘーゲルやランケよりも、ヨーロッパ、特にイギリスの帝国主義的植民政策について熟知しており、インドや中国の事情についていっそう詳しく知りえたにもかかわらず、世界史の発展について〈オリエント→ギリシア→中世キリスト教世界→近代西欧世界〉という単線的な世界史の系譜を考えている点では、まぎれもなくランケ同様にヘーゲルの子であったのである。マルクスの発展段階説を金科玉条とするわが国の歴史家のある人びとが、こうした西欧的パターンがとうてい妥当しえないと思われる地域の歴史にまでこれを強引にあてはめようとしていたことは記憶に新しいところである。

以上述べたような西ヨーロッパ中心の従来の歴史観が、いかに事実に合わないもの、ないしは事実の一面しか把えていないものであるかを、私の専門としている科学史的事実などを念頭におきながら、以下指摘してみたい。

3　「東」――古代・中世文明の中軸

まずオリエントの文明というものは、通常ヨーロッパ人がなしているように本来ギリシアとの関係だけで見られるべきものではない。それはインダス文明や中国文明との結びつきにおいて、いっそう広く世界史的視野で把え直されねばならない。シュメールとインダス文明とが密接に結びついていることはもちろん、ユーラシア大陸を越えてバビロニアと中国との間にすでに古くから交渉のあったことは、その天文学における影響をみてもうかがえる。オリエント文明はたんに西と関係をもつだけでなく、つねに東とも密接に結びついているのである。

さらにこのオリエントの文明を西との関係において見る場合も、これをギリシア文明の前段階としてのみ考え、後者によってまったく止揚されてしまったかのごとく取り扱う西欧の歴史家の見方も正しいものとはいえない。オリエント文明はたしかにギリシア文明の成立に決定的な影響を及ぼしたのであるが、ギリシア文明の成立後もなおそれ自身の独自の発展をとげてゆき、やがてヘレニズム文明のなかに融合してゆくのである。プトレマイオスの天文学やゾシモスの錬金術などはこのような性格をもったものとして位置づけられるであろう。さらにそれはシリア文明を介しアラビアへとつらなってゆくものをもっていた。したがって、オリエント世界をギリシアを出現させる契機としてのみ取り上げて、その後の発展を無視するのは正しくない。むしろこのギリシアと並行してオリエントの文明や科学がどのように発展していったかは、現在もっとも興味のある歴史的課題であり、たとえば代数学で有名な九世紀のアラビアのアル・フワーリズミーの数学のごときはギリシアとは何のかかわりもなく、こうしたセム的伝統の上にあるものであることが判明しつつある。またアラビアに対して、ギリシアの学問を西欧に伝えたという「伝達者」としての役割のみを帰する西欧の学者の常套の評価も、正鵠を射たものとはいえない。アラビア文明はシリア以来のオリエント文明のなかでの独自な発展として、それ自身の脈絡のうちで把えられねばならないと同時に、アラビアがギリシア科学の遺産につけ加えた多くの独創的貢献をも十分に認識し、これがインド、ペルシア、ギリシアなどの東西文化交流のかなめとして果たした役割を正しく見てとらなければならない。

さらにヨーロッパ人が西欧文明の祖先とし、あたかも自らの文明の一部であるかのごとく語るギリシア文明も、実は端的に西のものとはいえないのである。それはバルカン半島と小アジアにはさまれたエーゲ海を中心として、いわば西と東との間で形成されたものである。ギリシアの哲学者は数多く小アジアの出身であるのみならず、人種的にもセム族である人びとも多い。たとえばストアのゼノンやポセイドニオスをはじめとして新プラトン学派やエピクロス学派にはセム人種が少なくないが、それらの人びとはギリシア名であることによりこのことが通常気づかれていない。またアウグスティヌスは北アフリカのベルベル族の出であった。一般に古代末期の思想家にはアジア・アフリカの出身者が多いが、当時の文明の中心は北アフリカのカルタゴやアレクサンドリア、小アジアのニカイアやカッパドキアであった。また遡ってホメロスの『イーリアス』にみられるトロイアのヘレネーのテーマと同じものが、小アジアのウガリット楔形文字板のなかにすでに見出されたり、ヘシオドスの『神統記』とバビロニアの神話『エヌマ・エリシュ』との並行的類似性が指摘されたりするように、ギリシア文明と西アジア文明との関係は今日ますます密接の度を加えつつある。むしろ今後のギリシア研究の新しい問題は、こうした西アジアとの接点において展開されてゆくであろうことは今や必須である。

さらにこのギリシア文明をうけついだのは、西欧人が主として取り上げているように、ひとり西ローマ世界だけではなかった。別にビザンツ世界があり、シリア・アラビア世界がある。そして文化史的にみれば、この後者のほうが比較にならないほど重要であり、これに比べると前者のうけついだギリシア文化の遺産などは、量においても質においても、おさびしい限りだったというほかなかったのである。にもかかわらず西欧の学者によりビザンツやアラビアがしばしば無視され継子扱いにされてきたのは、それが重要でないからではなく、文明の主軸をあくまで西におこうとする西欧中心主義の偏見、西ヨーロッパ的な近視眼のゆえだったといわなければならない。

そもそもヨーロッパ文明の親だとされている地中海文明は、とらわれない眼でみれば、飯塚浩二氏もいわれているように、本来「東洋史と西洋史のあいだ」にあるものであって、西ヨーロッパだけの専有物ではない。それは一種の文化の坩堝であり、そこでは東西の人種が交互に現われ、その文化活動を通して一種の普遍的文明をつくり上げていったアジア＝ヨーロッパ的文明なのである（7章参照）。古代史家マイヤーのいう「地中海世界《ミッテルメールヴェルト》」には西も東もないのである。それをあたかも西ヨーロッパだけの祖先であるかのように横取りしてしまうのは身勝手というものである。のみならず、そもそも西欧文明の地中海文明からの直線的連続性を自明のごとく取り扱うのは、西欧中心的歴史観の最大のドグマであろう。事実は、八世紀におけるイスラムの地中海制覇によって、ヨーロッパは地中海文明から締め出され絶縁されることにより、むしろ純粋にヨーロッパとなったのである。その後ヨーロッパはイギリスを迂回してわずかに地中海文明の余波にあずかる（カロリング・ルネサンス）とはいえ、十二世紀においてアラビア文化を介し、いわゆる「中世ルネサンス」を迎えることにより、ここにはじめて西ヨーロッパはギリシア文化を本格的に受容することができたのである。したがってヨーロッパ人にとって、ギリシア文化は異教の民との接触によってかちとられたものであって、はじめから自らのうちにおのずとあったものではない。この十二世紀においてヨーロッパの知識人がアラビア文化に対する熱烈な憧憬と底知れない劣等感をもって、孜々としてそれの吸収消化にいそしんでいった有様は、前に述べたように、今日残されているアラビア文献のラテン訳のマニュスクリプトの隅々に滲み出ている。

こうした事実を知らされているものには、わが国の西洋史学の大家が「三千年の歴史をもつヨーロッパ文明」などということをいとも簡単にいっておられるのを見ると、首をかしげてしまう。結局、ギリシア以来のヨーロッパ文明の持続性というのは一つの神話以外のものではない。たしかに西欧は「十二世紀ルネサンス」により、世界文明史上におけるその後の飛躍を準備する基盤を得た。しかしこれは、アラビアの影響下に行ないえたものであることを忘れてはならない（8章参照）。またこの世紀におこった、西欧における産業革命以前の最大の技術革新といわれた中世農業技術の改良も、東の技術を導入することによって行なわれたものであるし、さらにかのフランシス・ベイコンが百のスコラ的議論にもまして古代に対する近代の優越を可能にしたといった火薬、羅針盤、印刷術の「三大発明」も、もともと十世紀から十二世紀の東アジアに淵源するものであったことを銘記しなくてはならないであろう。

4 「科学革命」と西欧の勃興

このような素描からも明らかなように、古代・中世文明の中軸をなしたものはむしろ東であり、これまでの段階では「光は東方より」の格言は文字通りの意味をもっていた。実際、十六世紀までの時点において東西文明の貸借対照表をつくってみるならば、東が西に与えたもののほうが、西が東に与えたものをはるかに凌駕するであろう。西欧の歴史家たちが、十七世紀にはじまり、十九世紀に完成されたヨーロッパの世界支配という事実をふまえ、その歴史的優位を過去にまで「外挿」して、永遠の昔からヨーロッパが文明の中心であるような歴史図式をつくりだしたのは、西欧中心の一種の自己欺瞞であり、世界史の近視眼的歪曲であったといわなくてはならない。

現実的に西欧が「世界」となりうる地盤を獲得したのは、十五世紀後半以降のいわゆる「大航海時代」においてであるが、しかし、ヨーロッパのこの地理的な外延的拡大だけで、西欧の優位が内容的に確立されたわけではない。当時東アジアに来航したイエズス会の宣教師たちは、中国や日本の文明が、西欧のものに劣らないばかりでなく、しばしば優越したものがあることを認めざるをえなかった。しかし西欧は十七世紀にいわゆる「科学革命」を遂行することにより、真に世界を支配するにいたる潜在力を自らのものとなしえた。このガリレオとニュートンの時代をもちえなかったことが、問題の発端であった。実に「科学革命」による近代科学の形成・確立こそ、世界史における西欧の優位の真の起源なのである。ここにはじめて、文明の中軸はそれまでの地中海から西欧へと決定的に移行した。さらに十八、十九世紀においてこの近代科学のもっている潜在力は産業革命によって現実化され、この近代科学技術を背景とする資本主義の膨張力の前に、非西欧諸国は屈服したのである。

しかしひるがえってみるに、西欧の優位はこの意味においてであるがゆえに、またそれは永遠的恒久なものではあり得ないだろう。なぜなら科学的知識や技術はそれ自身の本性として普遍的な性格をもっているゆえ、ひとたびその方法・手段が適切に学びとられるならば容易に万人のものとなりうるのであり、もともと独占は不可能なものである。現に非西欧のソ連や中国も近代科学の最も尖端的な技術——核科学や宇宙科学を開発している。イスラエル、インドもこれを原理的には開発しうる状態にある。日本も科学技術の点において、今や世界の第一線にある。したがって近代科学技術による西欧の優位というものは、いつまでも長続きするものではない。のみならず現代はむしろ、実にこうした西欧近代の産みおとした科学文明そのもののもつ危機をいかに克服するかということが緊急の課題とされ、これを超える未来の方途が模索されている段階である。他方、第二次大戦以後、世界中の帝国主義的な植民地や半植民地がほとんど解放され、アジア・アフリカ諸国の抬頭をはじめとして政治的にもはげしく多元化し、西欧はもはや多くのなかの一つの地域的世界でしかなくなった。こうした二十世紀の現実にまさしく見合う歴史像は、もはや十九世紀以来の西欧中心主義ではありえず、世界のそれぞれの文化圏の独自性や価値を平等に認めつつ、それらの相互交渉を通じて、それらがそれぞれの仕方で人類文化の醸成に貢献していった客観的事実を認識することでなくてはならない。これが今日の比較文明論の課題なのであり、まさに二十世紀が要求している新しい世界史像の建設の問題なのである。もはや西欧が「世界」であることをやめ、まさしく世界が「世界」となったこの現代の新しい歴史的局面に応じて、真の世界史が――過去数世紀の世界支配の上に立つヨーロッパの世界史ではなく、今やそれぞれ固有の権利をとり戻した「世界」の世界史が――書かれねばならない。

ところでこのようなヨーロッパ中心主義を超えてさまざまな文明の相対的価値を平等に認め、それを比較文化史的な立場からみてゆこうとする世界史観が、西欧それ自身のうちからも生み出されはした。それは第一次大戦後のヨーロッパの不安を予知するかのごとく、まずシュペングラーにより「西洋の没落」として提示された。ここではエジプト、バビロニア、インド、中国、ギリシア・ローマ、アラビア、メキシコ、西欧の八つの高度文化が認められ、このそれぞれの文化は歴史における一個の独自な有機体と把えられ、それ自身の誕生と成長と衰亡と死をもつとされる。そして実際には、エジプトとギリシア・ローマとアラビアと西欧の四つについて春、夏、秋、冬の四段階が区別され、それらの精神史、芸術史および政治史における「同時性」が比較されている。これらの文化はそれぞれ固有な「魂《ゼーレ》」をもち、生命的に発展し没落するが、西欧文化はすでに最後の冬の段階たる「文明《ツイヴィリザツイオン》」に到達して、もはや創造力を失ってしまったとしている。

さらにトインビーは、こうしたシュペングラーの文化史観をうけつぎながらもその形而上学的独断性を捨て、いっそう経験的に文明社会の発展や関係をみようとした。彼は二十一個の文明圏を認め、それらがいずれも発生、成長、挫折、解体の四段階を経ることを見出し、シュペングラーと同様にそれらの「哲学的同時性」を主張した。しかしシュペングラーが文化を一個の独立の有機体として文化間の交渉や影響を拒否したのに反し、彼は文明の親子関係を認めてそれら文化の継承関係を明らかにした。これはシュペングラーの限界を超えるものであったが、同時にトインビーにおいては今度は文明そのものの特性や内的構造が不問に付されているきらいがある。

ともあれ、シュペングラーもトインビーも、西欧文明の帰趨についてやや見解を異にするとはいえ、西欧文明が世界史の中心であったというがごときテーゼを完全にくつがえし、それはただ世界の数多くの文明のなかの一つにすぎないものであることを指摘する点では共通である。彼らが西欧中心主義のパロキアリズム（地方主義）を超え出ようとした努力の意義は、われわれもこれを高く評価しなければならないであろう。彼らがほとんど感情的ともいえるような反発を西欧のアカデミズム史学から受けたのも、個々の歴史的事実の評価や認定の可否の問題より以前に、より根本的にはこうした西欧の伝統的な西欧中心史観に挑戦したことに基因するといってよい。また彼らが十九世紀の歴史家がその上にとじこめられていた「国民国家」というナショナリズムの狭い枠を突き破って、より広い、いっそう永続的な「文明」というものを基礎とする開かれた世界史を考え出したことも、今日において大きな積極的な意味をもつであろう。

しかしながら私のみるところでは、シュペングラーの文化有機体説は所詮一つの比喩以上のものではありえず、これをこれ以上の実在的なものとするのは一つの形而上学であって受け入れられない。ここではまだ比較文明論は、奔放な直観や空想に依拠して、十分着実に基礎づけうる科学的な認識にはなっていないと思う。いっそう経験的であり科学的であることを標榜するトインビーも、次第にその文明論が宗教に従属するものとなり、文明の興亡盛衰が彼の神義論を証明する手段と化するかの風を呈するに至っては、同様に受け入れがたいものとなる。なかんずく注目すべきことは、両者において文明の比較の基礎となっているものが、ギリシア・ローマの発展衰亡と西欧世界のそれとの並行関係、その「哲学的同時性」であり、このパターンを他の文明の歴史的発展にあてはめて解釈している点、なお彼らの比較文化の方法論そのものが西欧的基準によってなされていると言わざるをえないのである。すなわち彼らが西欧的パロキアリズムを克服しようとしながら、その克服する手段がふたたび西欧的であったといえる。実際、特にトインビーの場合、「世界国家」とか「高度宗教」とか「内的プロレタリアート」といった範疇を設け、こうした比較を微細に行なってゆくゆえ、操作の無理が目立ち、中国やインドの歴史などがかなり強引に曲げられてしまっているのは事実である。

われわれはいっさいの形而上学的仮定や神義論的前提からは自由に、またある地域の歴史発展の型を性急に他に押しあてることもなく、まず文化の多元的な発展様式を認容し、その基本的な文化圏の固有の存在様式を確定し、その相互的な影響を追求することによって、文明の全世界史的構造を再建しなければならない。そのために図（三七ページ）に示したような基本文明圏のグローバルな時空的枠組を設定してみることが妥当であると考える。

すなわち、文明の発生の時代順にいって、メソポタミア、エジプト、エーゲ、インド、中国、ギリシア・ローマ、ペルシア、アフリカ、シリア、中米、アンデス、ビザンツ、アラビア、スラブ、日本、西欧、アメリカの十七の基本文明を設定し、さらにその周囲にさまざまな周辺文明を考え、これらの文明の形成、相互の交渉、さらにはその文化的均衡の変化などを追うことによって世界史の発展を考えてゆこうとするものである。矢印はそうした基本文明間の影響を示したものであるが、しかし文明の相互作用というものは特定の時代だけに限られるものではなく、いつの時代にも目に見えない仕方で徐々に行なわれているのであるから、矢印で示されたものは比較的短い時間に特に顕著な大規模な影響が現われたもののみを示す。中国文化の西方への影響などは元代を除き征服によるものではないから、こうした矢印で示されえないというようなことも注意されたい。

ともあれ、ここに掲げたような図表は、何よりもまず世界史叙述のバランスを回復するのに役立つであろう。〈ギリシア・ローマ→西欧→西欧世界の拡大〉という系譜を世界史の軸として、他の文明圏は「歴史以前」に追いやってしまう従来の西欧中心的世界像が、いかに偏った一面的なものであるかがすぐ見てとられるであろう。こうした世界史像は一面的であり不十分であるのみならず、実は歴史的に正確であるともいえない。図によって明らかな如く、ギリシアの文明と西欧文明とは直線的に連なるのではなく、より正確に言えば〈ギリシア→シリア→アラビア→西欧〉、ないし〈ギリシア→ビザンツ→西欧〉であり、西欧文明の成立そのものが、こうした文明間交流によっているのである。したがってまたギリシア文明を継承するものとして、こうした系譜のほかに〈ギリシア→ビザンツ→スラブ〉という系譜も同等に考えられるのであって、むしろこのほうを正統な継承者とみなし、ギリシアの文明を西欧の独占物のように考えることに反対したダニレフスキーの見方も

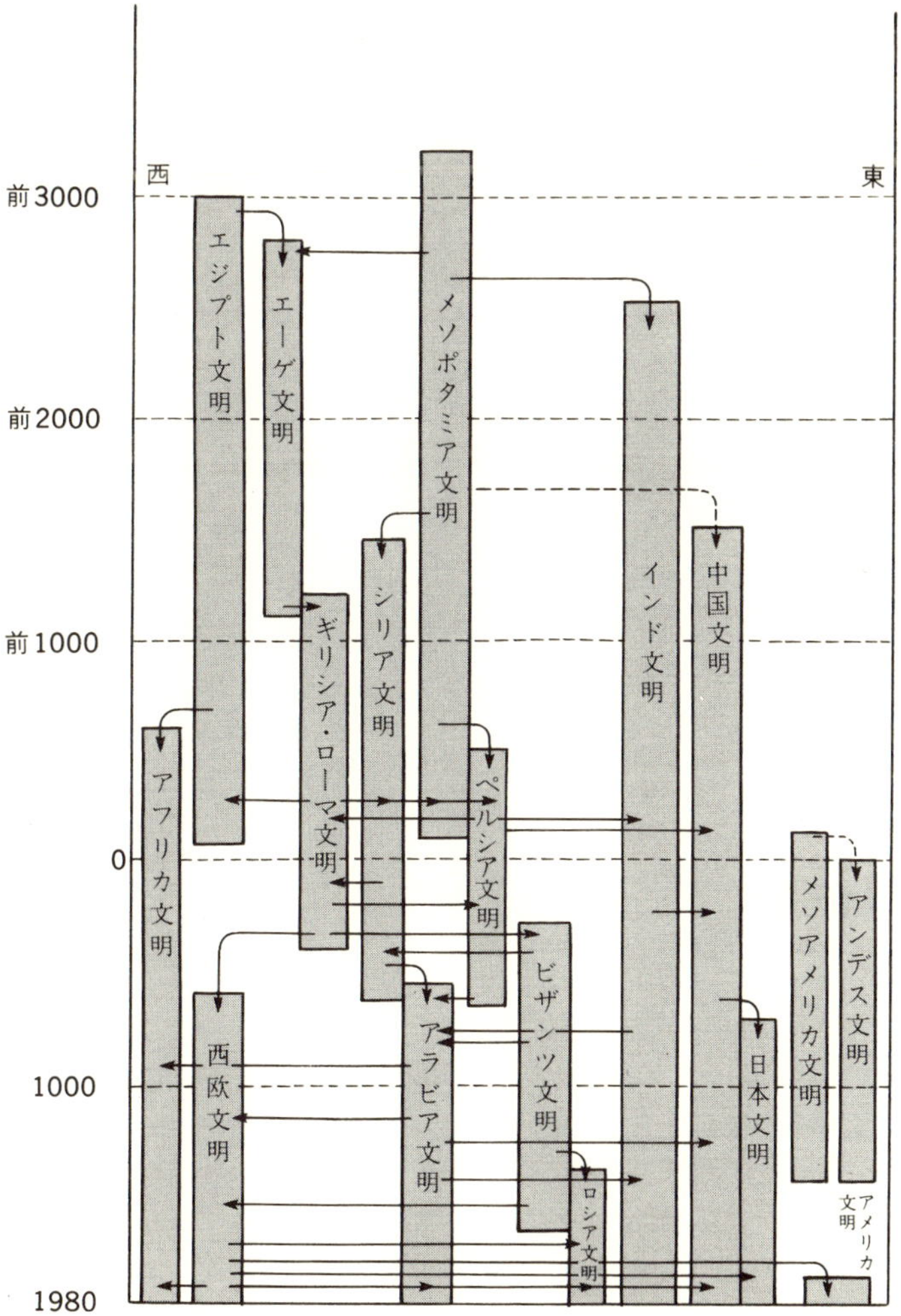
西
東
前3000
前2000
前1000
0
1000
1980
エジプト文明
エーゲ文明
メソポタミア文明
インド文明
中国文明
シリア文明
ギリシア・ローマ文明
ペルシア文明
アフリカ文明
メソアメリカ文明
アンデス文明
ビザンツ文明
西欧文明
アラビア文明
日本文明
ロシア文明
アメリカ文明

全地球的文明史の時空的枠組

十分理のあるところとしなければならない。また〈ギリシア・ローマ↓西欧〉という系譜を西洋と考え、それより東の文明を東方とかアジアとか東洋社会とかいう十把ひとからげの概念でとらえる、ヘーゲル、ランケ、マルクスを貫いて最近のヴィットフォーゲルにいたるまでの考え方も、いかに歴史全体の比例感覚を欠いた西欧中心のものであるかが明らかとなろう。そもそもユーラシア大陸の西の果ての一部分だけを把えて西洋とし、他を東洋という概念で一括してしまうには、東の諸文明はあまりにも多様である。われわれはこうした西欧に定位した見方ではなく、もっと公平に世界の諸文明の多様性と独自性それ自身から見てゆかねばならない。この図からも見られるように、たしかに十六世紀以降は、西欧文明が世界の各文明圏に強力な影響を与えている。この期間に達成された西欧の文化的独創の世界史的意義を軽視しようとは思わない。否、むしろこの西欧という特殊な地域において起こった「科学革命」というもののもつ深刻重大な人類史的意義を、私は誰よりも強く認識しているつもりである。しかしこの四世紀間にわたる西欧の優位によって、数千年の世界史そのものの図式がゆがめられてはならないのである。

5　十七の基本文明圏

さて以下において、ここに設定された基本文明をめぐって、その周辺文明や、他の文明との関係などについて、それぞれ簡単な説明を加えておこう。

一　**メソポタミア文明**　紀元前四〇〇〇年紀の後半におけるシュメールの都市国家の建設にはじまり、アッカド、バビロニア、アッシリア、新バビロニアとうけつがれていったもので、これは人類のもちえた最初の文明であり、文明の要素をほとんどすべて創出し、世界のさまざまな文化圏の成立に影響を与えた点で重要である。この周辺文明としてカッシート、ヒッタイト、エラム、ペルシアの文明をもつ。特色ある楔形文字板、壮大な神殿建築など「粘土」により自己を表出したこの巨大な文明も、紀元前四〇〇年紀の末におけるアレクサンドロス大王の東征によりヘレニズム化された後、数世紀にして消滅する。

二　**エジプト文明**　紀元前三二〇〇年頃のいわゆるメネス王の上下エジプトの統一にはじまり、古王国、中王国、新王国を経て、ヘレニズム時代にギリシア化され、紀元後一世紀に消滅する。当初はメソポタミア文明の影響をうけたと思われるが、できあがった文明はその特色ある象形文字とピラミッドをふくむ巨大な石造建築によって象徴されるユニークなものである。メソポタミア文明のはげしい栄枯盛衰をともなった動的文明に対し、古王国期にひとたび形成された文明のスタイルを、その素材の「石」のごとく固持しつづけた静的な文明である。その後は紀元前四世紀にヘレニズム化されるまで、他の文明に大きな影響を与えつつも、それ自身は比較的孤立した個性を保持する。周辺文明としてヌビアの文明その他がある。

三　**エーゲ文明**　キュクラデス島に発し、やがてクレタ島を中心としたエーゲ海周辺の文明で、はじめはエジプト・メソポタミア文明の影響をうけ紀元前三〇〇〇年を少し下るころ出発したと思われるが、後に繊細優美で個性豊かな女性的文明をつくりあげ、特異な線文字を使用した。紀元前一四〇〇年のアカイア人のクノッソスの破壊によって終るが、ミュケーナイ文明の母型となる。この独特な海洋文明を、メソポタミアやエジプトと並んで基本文明とするか否かについては議論が分かれるところであろうが、この文明の持続性と独自性からして、ここでは基本文明に数えておく。

四　**インド文明**　紀元前二五〇〇年頃、シュメールの影響を受けて成立したインダス文明にはじまり、それが発展してインダス河と上部ガンジス河周辺に沿ってひろがり、やがてインド亜大陸に伸びた文明。ヴェーダ聖典からウパニシャッドの哲学を経て六師外道の哲学や仏教、ジャイナ教、ヒンドゥー教などの独特な宗教的・形而上学的文化をつくりあげ、特にその仏教文化は三世紀から七世紀にかけ、東南アジア、中国、朝鮮、日本などに大きな影響を与えた。また紀元前二世紀を中心とするギリシア文明との交流も注目に値する。周辺文明としては、チベット、セイロン、ネパールをはじめビルマ、タイ、カンボジア、ジャワ等の文明がある。

五　**中国文明**　紀元前一五〇〇年頃の殷文明にはじまり、周の時代を経て、春秋戦国時代に孔子をはじめとする諸子百家の思想を生み出した。漢代に儒教が正統となって以来、北魏から唐代にかけてインドから仏教が流入した後に大きな文化変容を蒙りながらも、一九一一年の辛亥革命にいたるまで、一貫して特有な儒教的文化とそれにもとづく官僚制の伝統を保持し、独特な政治的・道徳的文化を生みだして、東アジアの漢字文化圏の中心となった生命のながい文明である。二つの革命——一九一一年と一九四九年——以後もこの中国文明の基本パターンが変化したかどうかは問題である。むしろ西欧出自の民主主義や共産主義を中国文明のなかにとりこんだと言うべきであろう。周辺文明としては朝鮮、ベトナム等の文明がある。日本も当初この周辺文明として出発したが、やがて一つの独立した文化圏をつくったと考えられる。

六　**ギリシア・ローマ文明**　紀元前一六〇〇年頃にはじまるミュケーナイ文明から発し、紀元前一二〇〇年から八〇〇年にかけてのドーリア人の南下にともなう「暗黒時代」の後、前八世紀のホメロスについで前六世紀のミレトス学派から前四世紀のアリストテレスまで、黄金時代を経験し、アレクサンドロス大王の東征によって東方文明と融合してヘレニズム文明をつくり、さらにローマにうけつがれていったが、紀元後四七六年の西ローマ帝国の滅亡をもって終る。すぐれた合理的・ロゴス的文化を創造し、中国文明やインド文明と並んで、世界文明の一つの主軸をなした。周辺文明として西にエトルリア、ケルト、イベリア（これらの文明はローマ文明に同化吸収された）、東にはバクトリアの文明などがある。

七　**シリア文明**　これは紀元前一二〇〇年頃のフェニキア文明にはじまり、ヘブライ、イスラエル、ユダヤにうけつがれていったセム文化の中心となるものであり、ユダヤ教とキリスト教を生み出し、四世紀から五世紀にかけては、ビザンツ帝国を追われたネストリウス派や単性論者により、ギリシア文化が移入され、シリア・ヘレニズムを結実させ、これがアラビアにうけつがれてゆく。七世紀以降はアラビア文明に同化された、世界の偉大な宗教文明の源泉である。

八　**ペルシア文明**　紀元前六世紀のアカイメネス王朝の成立に端を発し、広大なペルシア帝国を背景として、当初はメソポタミア文明を継承すると同時に、出自たる東北の遊牧民の文化を融合させつつ、しだいに独自なものを形成していった文明。前四世紀にアレクサンドロス大王の東征によりヘレニズム化されるが、やがてパルチアを経て、ササン朝ペルシアにおいてみごとなルネサンスをむかえ、西のローマ文明、南のインド文明、東の中国文明と対峙した。宗教的にゾロアスター教を創出し、その独特な伝統を維持したが、七世紀なかばにおけるササン朝ペルシアの崩壊後は、アラビア文明に同化吸収されてゆく。

九　**アフリカ文明**　アフリカ文明を一つの独立な文明圏として立てる人はまだいない。しかしこの文明の古さ、独自性、活力からいって、これが一つの「基本文明」であることは疑いえない。実際、バントゥー・アフリカには紀元前一〇〇〇年紀の中葉以降、いままで知られただけでも四〇近くの古王国が存在し、ある共通のパターンをもった文化を保持していた。ヨーロッパ人がアフリカを発見したときからアフリカの歴史がはじまると考えるのは、もちろん間違いであり、無知と野蛮の「暗黒大陸」というのは、十九世紀帝国主義の植民地政策を合理化するために使われた言葉にすぎない。アフリカはすでに他の文明圏に先がけて農耕を開始した実績をもつが、これが「文明」の段階に達したのは、前一〇〇〇年代のはじめにエジプト文明の影響により、ヌビアにクシュ王朝が成立したのにはじまる。これはすぐれた製鉄技術とメロエ文字をもつかなり高度の文明で、一時はエジプト本土を支配し前三世紀に最盛期を迎えた。これが四世紀に滅ぼされるや、この文明は西と南に向かって二本の腕のように拡がってゆき、アフリカ内陸部にいわゆる「スーダン文明」という共通文化を点々と形成していった。十一世紀以降イスラム教が各地に浸透していったが、なお土着の要素を失わず、ジンバブエやトンブクトゥのような都市文明をさまざまな地域に発達させた。十九世紀以降のヨーロッパ帝国主義によるアフリカの分割と収奪は、一時この文明を解体させ危殆に瀕せしめたが、戦後の植民地から独立後、新しい独自な活力を回復させてきている。われわれはこの固有な「アフリカ文明」の発端を、東スーダンのクシュが当初のエジプト文明の影響を脱し、ようやくアフリカ的基層文化の性質をとりもどしてくる紀元前六世紀においておく。

十　**メソアメリカ文明**　マヤとアステカの文明を中心にメキシコの南に栄えた文明。かれらの祖先は旧大陸からベーリング海峡を渡ってきたと思われるが、この地帯では前三〇〇〇年頃、農耕生活がはじめられ、前二〇〇〇年を過ぎると中央高原にテオティワカンの神殿都市がつくられたが、この頃を中米文明の成立期とみなしてよいであろう。これは七世紀まで続き、その頃ユカタン半島ではマヤ文明が古典期の栄華をうたっていた。十三世紀から十四世紀にかけてアステカ王国がつくられ、十五世紀後半には中央高原の最強の国となったが、一五二一年スペイン人コルテスの軍隊によって滅ぼされた。次のアンデス文明とどのように結びついているかは、いまだに不明である。

十一　**アンデス文明**　インカ文明を中心とする南米アンデス山脈の西側に栄えた文明。この地帯では紀元前二五〇〇年頃から農業がはじめられたが、紀元前後にボリビアのチチカカ湖畔高原にティアワナコ文化がおこり、これがアンデス一帯に拡がり、大きな影響を及ぼす。この頃から「アンデス文明」が成立したと考えてよいであろう。十三世紀のはじめにインカ帝国が形成され、エクアドルからチリにいたるまでの太平洋沿岸を支配するにいたる。しかし一五三三年、スペイン人ピサロの軍隊により滅ぼされ、この巨大な文明も、はかなく終りをとげた。

十二　**ビザンツ文明**　三九五年のローマ帝国の東西分裂からはじまる東ローマ帝国の文明で、ギリシア文明と東方キリスト教と、東洋的デスポティズムとを融合した独特な文化を形成した。一四五三年のオスマン・トルコによるコンスタンティノープルの陥落まで続く。ギリシア文明の直系の最も長期にわたる保持者となり西ヨーロッパ世界にルネサンスをひきおこしたが、コンスタンティノープルの陥落により、滅びる。しかしそれはまたギリシア正教を今日まで伝えて、今なおバルカン半島やアナトリアにその文化的勢力をとどめている。

十三　**アラビア文明**　七世紀におけるイスラム教の成立に端を発し、西アジア、アラビア半島、エジプト、北アフリカ等をイスラム文化によって統一し、七五〇年のアッバース革命以後は、ギリシア文明を精力的に吸収して数世紀にわたり世界文明の一中心となった。十五世紀以後、欧亜をつなぐ通商権を失ってからは衰えたが、しかしその文化的伝統は今日でもなお広い地域に保持されている。周辺文明としてはイラン、パキスタン、マラヤ、インドネシアの文明などがある。もっとも、イランはアラビア文明の「兄弟文明」とも言うべきほどに、この文明の内実形成に寄与した。

十四　**西欧文明**　西欧文明はもとローマおよびシリア文明の周辺文明として出発した。西欧国家の起源は、ゲルマンの部族のひとつであったフランクを統一したクローヴィスが四九六年にカトリックに改宗したときにまでさかのぼりうるであろうが、これはまだ蛮族国家であって文明の段階に達しているとはいえない。西欧文明の誕生は、「封建制度」を確立したカール大帝が西ローマ帝国の理念を復興し、カトリック世界を統一した紀元八〇〇年を中心とする時代――つまり八世紀から九世紀にかけての時代にもとめられるであろう。ここにローマ帝国の理念とキリスト教とゲルマン民族の精神とが、真に具体的に融合することができたからである。しかし西欧文明がより本格的な文化的離陸を開始するのは、アラビア経由でギリシア文明が入ってきた「十二世紀ルネサンス」においてである。そしてこの地盤のうえに十六、十七世紀の「科学革命」により近代世界の知的中心となり、さらには十八世紀に思想的には「啓蒙思潮」を生みだすと同時に、経済的には「産業革命」を遂行した。西欧国民国家はこの資本主義的膨張力により、地球のほとんど全表面をみずからの支配下におき、十九世紀は世界のいたるところが西欧文明の「周辺文明」と化するがごとき観を呈した時代といえよう。

非西欧諸国の「近代化」とはこの西欧の新来の科学技術文明に対するそれぞれの地域での応戦のドラマにほかならない。この過程においてコラールのいわゆる「ヨーロッパの収奪」がおこり、非西欧諸国はこの西欧の科学技術をうばい、これを使用して独自の近代化・産業化が進行することにより、しだいに西欧の優位は絶対的なものではなくなった。とくに二つの大戦を経ることにより、西欧文明の世界支配は終った。西欧はいまや「世界」ではなく、一つの「地域」になったとはいえ、過去三世紀にわたりこの文明の世界におよぼした影響は、はかり知れないものがある。今日でも西欧文明は新たなEU的「ヨーロッパ共同体」の方向をめざしつつ、世界文明の一中心たる地位を依然として保持している。

十五　**日本文明**　日本文化の基層をなす弥生の農耕文化のうえに三世紀中頃にうちたてたと思われる大和王朝は、当初はまだ蛮族国家であったが、七世紀に朝鮮経由で中国から大乗仏教、律令制、漢字、芸術の手法、技術などを導入することにより、大化の改新のころ文明の段階に達したと考えられる。すなわち日本文明は中国文明の周辺文明として出発したが、その後九世紀末に遣唐使を廃止したころから十世紀にかけて、さまざまな文化独立の徴候があらわれる。唐制を模した律令政治が摂関政治にかわり、仏教が土着化して神仏習合となり、仮名が発明されて漢文字にかわり独特な王朝仮名文学を出現させ、芸術の領域では、建築の寝殿造りや絵画の倭絵《やまとえ》、書道や彫刻の和様が発達し、中国様式から独立していく。『源氏物語』や親鸞の浄土真宗はこうした日本化の頂点を示すものである。その後の日本文明は中国文明の影響をうけつつも、たとえば「封建制」の発達や「世俗化」の道程をとってみてもわかるように、そこには基礎的制度や価値観の自立的な展開がみられるのであって、この点、「基本文明」の特徴をそなえているように思われる。十九世紀以降は西欧文明の挑戦に対してこの文明の利器をわがものとすることによっていちはやくこれに応戦し、自己解体をまぬがれたが、今日では特有な集団原理をもつ伝統的特質を保存しながらも、大衆消費、情報社会化、階層の流動化、核家族化、高等教育の大衆化などの点では、むしろアメリカ文明のパターンに近づきつつも、依然として独特な文明である。トインビーは日本文明をはじめ朝鮮文明と一緒にして中国文明から分かれ出た、分枝的ではあるがひとつの独立文明としてあつかいながらも、最近ではこれを中国文明の「衛星文明」としている。日本文明は起源において朝鮮文明に多くを負い、その後は中国文明を直接にとり入れたが、日本文明が中国文明の「衛星文明」でないことは、その近代化の過程をとってみても明らかであろう。

十六　**ロシア文明**　スウェーデン系のノルマン、ヴァリャーグが九世紀中頃にドニエプル水系を中心にその地のスラブ族を統一してキエフ公国を形成するが、当初はこれもまだ蛮族国家にすぎなかった。十世紀末から十一世紀にかけてウラディーミル聖公やヤロスラーフ賢公のとき、ビザンツからギリシア正教をとり入れてこれを国教となし、同時にそこから法律、建築、美術などを受容し、文明の域に達した。すなわちロシア文明はビザンツ文明の周辺文明として出発したが、やがて「タタールのくびき」を脱した十五世紀なかばから十六世紀にかけてビザンツ文明から自立して一個の「基本文明」の性格をもちはじめたように思われる。このロシア文明の自立をうながしたものは、ほかならぬ一四五三年のビザンツ帝国の滅亡である。ここにモスクワ大公国のイヴァン三世はビザンツの最後の皇帝の姪をめとり、皇帝の紋章として双頭の鷲を印し、自ら「ツァーリ」（カエサル―東ローマ皇帝）を名のり、ビザンツの継承者をもって任じた。ここにモスクワは「第三のローマ」たることが自覚され、これと並行してロシア教会もビザンツ教会からたもとを分かってこれから独立した。かくして以後、モスクワ大公の王権とロシア教会の教権とが両々相俟ってロシア文明の統一性、アイデンティティを確立した。十八世紀初頭よりピョートル大帝により西欧化政策がとられ、さらに一九一七年のロシア革命によって、社会主義体制を築き、世界に大きな影響を与えた。一九九一年のソ連邦解体後、冷戦がおわり社会主義は力を失ったが、ロシア文明はいまなお独自な歩みを続けている。

十七　**アメリカ文明**　この文明は西欧文明の直系の子であり、これの新大陸への移植にはじまるものである。その意味では明らかに西欧文明の周辺文明であったが、その独自な機械技術文明とそれを支える固有なプラグマティズムによって、しだいに西欧文明とは異なるひとつの新しい文明形態をつくりだしていった。とくに第一次大戦後は西欧文明から自立して、それとは一線を画する文明となったことは、シーグフリードその他の人びとも認めるところである。現在でもその独特な巨大技術、情報文明によって現代文明の尖端を切りひらき、同時にヒッピーなどの反文明の潮流をもつくりつつある。したがってそれはいまやひとつの独自な新しい文明圏として立てることが妥当である。アメリカ文明はもはや西欧文明と同一のものではない。

さて、今日における世界史は少なくとも、これだけの時空の幅において叙述されねばならないであろう。今や西欧中心の一元的世界史観ではなく、人類のあらゆる文明の特質や独自性に等しく注目しながら、それらがさまざまな時代やさまざまな地域において交互に立ち現われ、互いに交渉しながら人類文化の高揚に貢献してきた過程を、公平に見てとる真の意味でのグローバルな多元的世界史が構想されなくてはならない。そしてこうした人間の世界史の全地球的な見地から、過去がどのように見直され、歴史がどのように書き改められねばならないかを問題としなければならない。新しい時代の新しい歴史的観点は当然、新しい歴史的パースペクティブを要求するであろう。例えば世界史の時代区分なども、従来の西ヨーロッパ史を基準とした古代・中世・近代といった分け方ではなく、真に全地球史的な意味をもった時代区分というものが、あらためて考え直されねばならない。また上述したような多元的世界史の見地からすれば、従来の歴史叙述の力点が具体的にどのように変えられるであろうか。こうした問題を次章においてとり上げてみたい。

〔付記〕この文明圏の種別や性格づけについては、初出のときのものを若干補筆訂正した。まずそのとき、基本文明圏として立てられていなかった「ペルシア文明」を加えた。また「ミノア文明」を「エーゲ文明」、「スラブ文明」を「ロシア文明」と改称した。さらに舌足らずであった文明圏の特性を補ったところもある。これらは一九七四年刊の拙編著『都市と古代文明の成立』(講談社)においてすでに改めていることであるが、なおその後の現時点において再考察すべき点と思っていることを、この機会に付記しておく。

まず「ギリシア・ローマ文明」としてあるのは当を得ていないと思われる。ローマ文明は、ある時期に確かにギリシア文明をうけとり、大きな文化変容を遂げはしたが、それは依然ギリシア文明とは本質を異にするものである。それはちょうど日本が、ある時期に中国文明をとり入れて大きな文化変容を蒙ったが、そのことにより日本が中国文明になったのではないのと同様である。むしろギリシア文明とローマ文明はほぼ並行して発展したのであり、ある時期（前一世紀から後一世紀）に前者から後者への文明移転が行なわれたが、しかしその後も大きな変換を蒙りながらもローマ文明は依然としてローマ文明の本質的特性を維持したとみるべきであろう。また「メソアメリカ文明」が一五二一年にコルテスの軍隊により滅ぼされ、この文明はその後とだえたことになっているが、これも問題である。今日の「メキシコ文明」――こうしたものがあるとすれば――これは明らかにアステカなどの文明を継承していることは、リベーラらの絵画その他を見ても明らかであり、この問題はいわゆる「インディヘニスモ」の運動と連関して考え直してよいと思う。一般に今日ラテンアメリカの文明をヨーロッパ文明の周辺としてのみ位置づけてよいかという、いっそう大きな問題ともつらなる。さらにここでは「朝鮮文明」を中国文明の、「インドネシア文明」をアラビア文明の、「チベット文明」をインド文明の、それぞれ周辺文明としてあるが、再考察を要する。朝鮮文明も仔細に見ると日本文明と同様に中国文明から独立の動きがあり、日本文明とパラレルな現象も多い。インドネシア文明は早くから仏教、ヒンドゥー教をとり入れ、とくに十五世紀以降イスラムをとり入れたが、本来アラビア文明とは異質で、こうした外来文化の受容にあたっても、一貫して自己の基層文化を保持しているかに見える。チベット文明もインドから大乗仏教をうけ入れたが、それはインド的というよりも中央アジア的ともいうべき独特のもので、固有の思惟方式とスタイルをもち、しかも現在でも世界的意義をもっている。これらの文明はみな近隣からいろいろな文化要素をとり入れたが、しかしそれにもかかわらず独自性をもった「基本文明」かもしれない。「基本文明」とは「それみずからのユニークな文明のスタイルをもち、自立的に発展し、かつ文明の寿命が長いもの（一〇〇〇年以上のもの）」と一応定義されよう。この基準によってこうした問題がもう一度検討さるべきであろう。さらにいっそう大きな問題は「基本文明」と「周辺文明」の関係である。これまでは得てして基本文明から周辺文明への影響ばかりが論ぜられていたきらいがあるが、この「中心から周辺へ」ではなく、「周辺が中心に」及ぼす影響も併せて十分見てとらねばならない。「ローマ文明」などもローマから周辺へとその影響が及んだばかりでなく、周辺（イスラエルや北アフリカ）から中心へと大きな影響が及び、ついには、ローマ帝国のキリスト教化といった逆転もとげられたのである。この周辺から中心に向かう文明変革のベクトルは、今日、第三世界の文明史的意義を考えゆくうえでも重要である。

さらに「基本文明」と「周辺文明」という、いわば静的なカテゴリーに関し、もう一つ「文明交流圏」という動的なカテゴリーを設けなければ、文明の現実の歴史的ダイナミクスを十全に把えることはできないと思われるが、これについては7章の付論を参照されたい。

3　新しい人類史の時代区分
——五つの「革命」について

はじめに

通常、「革命」という言葉は政治的な事件について言われている。しかし、この革命の原語であるrevolutionには、はじめから政治的なニュアンスがあったわけではない。たとえば十六世紀にコペルニクスは、これを天球の「回転」の意味にもちいていた（彼の主著『天球の回転について』*De revolutionibus orbium caelestium*）。ラテン語のrevolutioとはもともとこうした「回転」ないし「転回」を意味し、近代語においてもこれが原義であることに変わりはない。この転回が政治的なものであるときに普通いわれている政治的「革命」が意味されるのであるが、もっと一般的に他の種類の、例えば文化史的な大きな転回点についても、「革命《レヴォリューション》」の言葉を用いることはいっこうに差し支えないと思われる。

そこで私はここに文化史的な意味における人類史の五つの革命について述べようと思う。蓋し、これまで歴史において、あまりにも政治的革命のみが語られすぎた。たしかに文化史的な革命は政治的革命のように、比較的短日月の間に誰の目にもはっきりとみえる華々しい社会的効果を現わすものではなく、いっそう大きなタイム・スケールで、かなり長い時間かかって静かに進行するものであるから、近視眼的な視野しか持ちあわせない歴史家には、しばしばその意義が見てとられず、通常歴史の主題としてとり上げられることが少ない。しかし巨視的に人類史を広く見渡した場合、こうした文化史的な革命が、決定的に人類の歴史の真の曲り角をつくってきたのだということは事実であると思う。

私はそうした人類史の転回点となったと思われる大きな文化史的革命として、人類革命、農業革命、都市革命、哲学革命、科学革命の五つを考えるのであるが、これはまた同時に従来の西欧中心に定位した世界史像から解放されて、より広く地球上のあらゆる文明を比較史的な観点からグローバルに見直す、一つの新しい歴史的視圏を拓こうとする試みでもある。ヘーゲルの〈ギリシア→ローマ→キリスト教的ゲルマン諸国家〉という世界史の図式も、ランケの〈オリエント→ギリシア→ローマ→ローマ的・ゲルマン的諸民族〉という図式も、さらには〈アジア的生産様式→古代奴隷制→中世封建制→近代資本主義〉というマルクスの図式すらも、それぞれ立場やイデオロギー的前提を異にしながらも、等しく世界史の一部分にのみ焦点を合わせた西欧中心の一面的世界史観であることについては、前章に述べた。さらにそもそも古代・中世・近代という今日一般的となっている時代区分そのものが、実は西ヨーロッパ史を基準としたものであり、「古代」とは「ギリシア・ローマ」の古典文明を意味し、「中世」とはそれが失われた「中間の時代」、そして「近代」とはこの失われたギリシア・ローマの文明をふたたび回復してくる「ルネサンス」以後の時代を指している。そしてこの古代と中世を区切るものが「西ローマ帝国の滅亡」(四七六)であり、中世と近代を分かつものがしばしば「コンスタンティノープルの陥落」(一四五三)であるとされている。これらの歴史的事件が西ヨーロッパ史にとって、いかに重要な意味をもとうとも、全世界史的にみれば、例えばインドや中国の歴史に何らのかかわりも持ちはしない。そもそも中国史において「中間の時代」とは何か、インド史においてルネサンスに相当する「近代」とは何か。日本史におけるギリシア古典期に応ずる「古代」と何か――こうしたことが十分反省されないで、そうした西欧的時代区分の原理をそのまま無造作に他の歴史地域に適用していたことは、まことに無定見というほかはない。われわれは今や西欧中心的世界史を超え出て、真にグローバルな世界の世界史を「再建」しようとする場合、その時代区分の指標としては単に西欧的文脈においてではなく、全世界史的な意味をもつ歴史的事件をとり上げてゆかねばならないのである。私がさきに挙げた五つの文化史的革命は、実はこうした新しい世界史の時代区分の原理を提供しようとする意図をもつものである。

さらに第三にこの人類史の五段階を考えることは、シュペングラーやトインビーの多文明圏説の限界をも突破しようとするものである。彼らはヘーゲルやランケやマルクスなどの、西欧中心的な発展段階説を否定し、そうした西欧世界の発展だけに焦点を合わせた一元的世界史のパロキアリズムを批判し、シュペングラーの場合は八つの、トインビーの場合は二十一の多元的な文明圏を認め、それぞれの文明圏の自立性や独自性を強調した。そうした西欧中心主義の批判において、彼らはたしかに正しかったのであるが、しかしそうだからといってただざまざまの多元的な文明圏を設定するだけでは、統一ある歴史にはならないであろう。そのような多元的な文明圏の発展を相互に比較し、関係づける歴史的枠組が必要なのである。

こうした歴史的発展については、ランケやマルクスのもののほうが西欧的偏向があるにせよ、シュペングラーの生物学的アナロジーやトインビーの文学的比喩よりも、歴史の現実に即しているといえよう。私自身も十七の基本文明圏というものを認め、その周囲にいくつもの周辺文明を考え、地球上の歴史の多元的な発展を公平に見てとろうとする点では、西欧中心主義を批判する多文明圏説にくみするのであるが、しかし、これらの文明圏をただ縦に並べるだけではなく、それらの文明の発展を横に比較し関係させる基準を設け、それによって統一ある一つの新しい人類史像を建設したいと思うのである。その場合、この基準が従来のように西欧中心の局地的なものにのみ基づくのではなく、あくまでも世界大の文明の展開をつねに考慮に入れたグローバルなものであらねばならないことはいうまでもないが、しかしそれにもかかわらず、それらの多様な文明圏の発展を統一的に展望しうる歴史的枠組がやはり必要なのである。そもそも発展段階説と多文明圏説は相互に矛盾するものではないのであるが、たまたま前者が西欧中心の一元的なものであったがゆえに、後者の多元的文明史観と相容れず、あたかも両者が氷炭相容れざるがごとく分裂したままに今日に至っているることが、現代の歴史理論の混乱の一つの大きなもととなっている。この両者が真に世界的な視野のもとにおいて、あるべき総合にもたらされることが、現在の新しい地球的人類史像の形成にとっての必須の要件なのであり、ここに述べられる人類史の五つの革命は、このような歴史的作業を可能にするものと私には考えられるのである。

1　人類革命　Anthropic Revolution

ここに「人類革命」というのは、人類がひろい意味での類人猿《エイプ》から人間になったその変換を意味する。これは人類がまさしく人類となった転回点であるゆえ、これを人類文化史の第一の転換点として取りあげることに異論はないであろう。従来、歴史をシュメールの都市国家やエジプトの初期王朝から始めるのがならいであるが、なぜウルクのギルガメシュ王やエジプトのメネス王からそれを始めねばならないのか、必然的な理由はないと思う。これらの王朝文化の成立を理解するためには、当然それを準備したウバイト期やゲルゼー期の文化が問題とされねばならず、さらにはハッスーナやメリムデの農耕文化が、そして結局は農耕の発見や、さらにさかのぼってそれ以前の狩猟採集の文化が、そしてついには人類の成立へと話がさかのぼらなくてはならない。人類史はこの人類の成立とともに始まるのであって、たんに文書の記録が残っているところから始まるのではない。そもそも文字による記録と考古学的遺物とは同等の資格をもつ歴史の素材なのであって、前者が後者に優先し、前者の存在するところから歴史が始まるというのは狭い考え方である。むしろ突きつめていえば、文書による記録もじつは考古学的遺物の一種なのであり、ただそれが解読された場合には、通常の遺物よりもはなはだ大きな情報量をふくむというにすぎないのである。

さて、人類の誕生は、すこし前までは北京人やジャワ人に関係づけて、ほぼ五〇万年前とされていたが、一九二四年以降ダートやブルームによりアフリカのアウストラロピテクスが発見され、とくに一九六一年、リーキーによって「ホモ・ハビリス」が発掘され、一挙に人類の起源は二〇〇万年前に引き上げられた。しかしここに、類人猿が人間になったといわれる場合、いったい何を基準としてそういわれるのであるかが明確にされなければならない。どのみち猿から人間への進化は、多少とも連続的なものであるから、その間に一線を画そうとすれば、あらかじめそのクリテーリウム（判定の基準）を明らかにしておかないと、問題が紛糾することは必至である。そこにはあれこれの考古学的事実の認定の問題のまえに、まず人間の定義にかかわるこうした認識論的問題が存在しているのである。

まず第一に類人猿と人間とを区別するものとして、「言葉の有無」が考えられる。たんなる音声とは異なる「有節言語」は、たしかに人間の独占物である。しかしこれは類人猿と人間とを分かつ考古学的証拠としては無力である。いうまでもなく「化石は語らない」からである。そこでつぎにそのような考古学的に実証できる基準として、しばしば「脳の容積」が取りだされる。すなわち、現生人類の成人の最小脳容積が八五〇ccであり、現生類人猿の最大脳容積が六五〇ccであるところから、その中間値七五〇ccを類人猿と人間との分かれ目にするのである。しかし頭蓋骨はいつも発見されるとは限らないし、そのうえ脳の発達は人間にとって本来二次的なものであり、そのまえに直立歩行や道具の製作、言語の使用などがあって、その結果として生ずるものであろう。実際、直立歩行を開始して人類への途を歩みはじめたと考えられる初期のアウストラロピテクスは、ゴリラより脳容積が小さかった。したがって、今日では人類の成立にたいして脳容積のもつ意義をまえより重視しなくなってきているといってよい。そこでさらに「直立歩行」をもって類人猿から人間を区別する基準となす見方に導かれるが——類人猿は直立歩行できるが、それが常態的ではなく長つづきはしない――、これはたしかに両者の間にあるさまざまな違いの源泉となるものであって、しかも頭蓋骨のみならず、脚骨や骨盤、脊椎骨など、骨のいろいろな部分の化石によっても決定可能であるから、考古学的にも有用な基準である。しかしこれにも問題がないことはない。一〇〇〇万年前に直立歩行していたオレオピテクスは石器をもたず、道具の発明により直立歩行によって失われたものを補わなかったために絶滅したと考えられる。これは直立歩行していても人間になったとはいえず、人間への途上で滅んだというべきであろう。樹からおりて直立歩行に移ることは、プラスの効果ばかりではなく、周囲の動物の餌食になる危険にさらされるというマイナス面もある。この危険にうちかつためには、武器の製作をふくめた「道具の使用」と言語を媒介とする「集団行動」で対処するほかはない。そこで最後に類人猿と人間とを分かつものとして「道具の発明」があげられる。たしかにこの道具の発明により、はじめて人類の進歩というべきものが爆発的な勢いで開始されたのであるから、これを「人類革命」の主たる徴表とすることには理があると思う。実際、形質的には人類に近いところまで来ながら、道具をつくらなかったパラントロプスは一〇〇万年もの間なんらの進化もとげずに滅んだのにたいして、道具をつくり使用したアウストラロピテクスはその行動を延長させて、現在の人類に向かって急速な進歩をはじめた。したがって直立歩行や歯の形、脳の大きさなどのさまざまな徴表を考慮に入れながらも、類人猿よりも人間に近いと思われる骨が道具とともに見出されたとき、それを人間とするのである。このことはつまり人間の成立は「自然」的特徴だけでは定義されず、人間のつくりだしたもの、すなわち「文化」によって定義されねばならないということを含意する。道具の製作は文化のもっとも原初的な形態である。これはエンゲルスの「人間とは労働する動物である」という定義に近いが、なお「労働」というのは多義的な内容を有し、曖昧であるのに反し、人工の道具の共在は、「あるなし」の問題であるから、一義的に決められうる。この規定に従うと、リーキーの「ホモ・ハビリス」は粗製のものではあるが人工の石器をともなって見出されるゆえ、これを人間のはじまりと考えてよいであろう。そこでこの「能力ある人間《ホモ・ハビリス》」とはなによりもまず道具をつくる能力ある人間の意味に解されなければならない。

さて、そうだとすれば、人間は今より二〇〇万年も前に東アフリカのケニアとタンザニアの国境近くのオルドヴァイ渓谷において成立したことになる。現在判明したかぎりでは、じつにアフリカこそ人類の故郷であった。そしてこの「ホモ・ハビリス」が北京原人やジャワ原人とどのような関係をもっているか――ある人々は「ホモ・ハビリス」が移動して進化したと考えているが、他の人人は別のアウストラロピテクスから独立に進化したと考える――は、このアフリカと東アジアをむすぶ諸地域の更新世人類が今後、発掘調査されることによって、やがて明らかにされるであろう。そして猿人、原人、旧人、新人という人類発展の四つの段階の世界的連関もしだいに解明されていくものと期待される。そして今までのところ、この「ホモ・ハビリス」がアフリカの地でステルクフォンテイン人やローデシア人を経て現在のネグロイドへと進化し、また中国では藍田人から北京人へとすすみ、さらにオルドス人や山頂洞人を経て、現在のモンゴロイドへと進化し、ジャワではサンギラン人からジャワ原人へ、さらにソロ人やワジャク人を経てオーストラロイドへと進化し、さらにヨーロッパではマウエル人やスワンスコム人を経てネアンデルタール人がパレスチナの地でクロマニョンへと徐々に変貌し、それが現在のコーカソイドを生みだしていった大まかな道筋が、

	200万年前	50万年前	15万年前	3万年～1万年前
	猿人	原人	旧人	新人
アフリカ	ホモ・ハビリス	テルニフィヌ人	ローデシア人	ボスコップ人
中国		北京人	オルドス人	山頂洞人
ジャワ		ジャワ人	ソロ人	ワジャク人
西アジア・ヨーロッパ		マウエル人	ネアンデルタール人	クロマニョン人

しだいに明るみに出されつつある。さらにわれわれはこうした生物学的系譜の面からだけではなく、彼らのつくりだした石器、骨角器、原始美術などを通じて、この第一期の人類史——それは「人類革命」からつぎの「農業革命」までの期間で、従来の旧石器時代の文化とほぼ相覆う——を、つねに世界大の連関や交流を考慮に入れつつ再建しなくてはならない。

なおこの時期の人類の生業は狩猟採集であるが、とくに採集のほかに狩猟が加わったということが重要である。このことにより人間は猿とは異なった集団行動をとり、異なった社会生活をいとなむようになったからである。バンド、家族の発生、言語の使用、武器の製作などこれと密接に関連している。またこのように単なる採集だけにとどまらず危険を冒して狩猟を行なうにいたったのは、洪積世初頭に、アフリカの東部から南部にかけて気候の大変化があり、それまで森林であった地帯が草原になったとき、ある猿たちは北へ北へと森林を追って移動し、木の実や若芽をとって食べるそれまでの生活様式を踏襲したが、雑食性のあるものは樹からおり森から出て、狩猟という新しい冒険をはじめたと思われる。人類の誕生はこの環境の変化の危機にたいする応戦の結果として生じた。

2　農業革命　Agricultural Revolution

人類史の第二の変革期をつくったものは「農業革命」である。すなわち人類がこの地球上にあらわれて以来、その歴史の九九パーセント以上を狩猟採集の流浪の旅ですごし、不安定なその日ぐらしをつづけてきた人類が、はじめて農耕というものを発見し、野生植物を栽培化すると同時に、野生動物を飼育化し、そこに食糧を能動的に生産し確保するという積極的いとなみを開始する。およそ人間の十分な意味での文化活動は安定した食糧の確保なしにはありえないから、耕すこと(cultura) はたしかに文字どおりの意味での「文化」culture のはじまりなのである。チャイルドはこれを「食糧生産革命」という名でよんでいるが、この文化史的転換の人類文化史にもつ意義ははかりしれないものがある。

人類のこの狩猟採集段階から農耕段階への移行――「農業革命」――は、従来もっぱらメソポタミアのティグリス、エウフラテス川流域においてのみ研究され、その他の地域の農耕文化はすべてここから伝播したものであるというバビロニア一元説――これは〈オリエント→ギリシア・ローマ→西欧〉という系譜ですべてを考えようとする西欧中心主義のかくれた変種である――がとられてきたが、最近ではいっそうひろく、世界中のさまざまな地点におけるこの変換のありさまが取りあげられて、比較研究されることによって、事態はまったく新しい光のもとに見直されるようになった。まず一九五二年にカール・サウアーが生態学的な見地から、人類最初の農耕は東南アジアにイモ類の栽培を中心として始まったと主張した。さらに一九五九年にはアメリカの文化人類学者ジョージ・マードックは、西アフリカでマンデ族が独立に雑穀を中心とする農耕文化を開発したことを唱えだし、また新大陸でもトウモロコシを中心とする農耕が別に開始されたことが知られるようになった。以来、今日では世界の「農業革命」は東南アジア、メソポタミア、メソアメリカ、西アフリカの四つの地域に、ほぼこの順序で独立に生起し、それが世界の各地域に伝播していったと考えられるようになった。中尾佐助氏が、根菜農耕文化、地中海農耕文化、新大陸農耕文化、サバンナ農耕文化と名づけておられるのは、ほぼこれに対応するといってよいであろう。このうち麦を中心とするメソポタミアにおける農耕の開始は、もっとも研究が進んでおり、その栽培化のはじまりはジャルモ遺跡に見られるように前七〇〇〇年にまでさかのぼり、またメソアメリカではテワカンなどで前五〇〇〇年にトウモロコシの栽培が始まっている。また西アフリカでも前五〇〇〇年ごろ農耕が始められたと推定されている。東南アジアにおける農業の開始の年代決定はまだ十分になされていないが、前二者よりも前であるとすれば、「農業革命」はだいたい今から一万年はさかのぼらないところで、始まったとしてよいであろう。これはだいたい新石器時代の始まりと一致することになる。

従来この「農業革命」は、ティグリス、エウフラテス川流域のような大河のほとりで起ったこととされてきた。しかし最近の研究では、農耕の始まりは、こうした大河のほとりではなくかえってその周辺の山麓地帯に発生したことがわかってきている。西アジアの場合は、北イラクの山麓地帯、ザグロス山脈やレバノン山脈の両側の山麓地に、十二月から二月にかけて降る雨水を利用して農耕が始まったのである。そしてそれはたとえばジャルモからハッスーナ、ハラーフ、サッマラ、エリドゥと伝わり、しだいに南下して、やがてティグリス、エウフラテス川下流の大規模な灌漑農耕へと発展していった。この大河の水をたくみに利用した灌漑技術による収穫率のよい農耕によって、豊富に蓄えられた余剰生産物の土台のうえに、のちのシュメールの都市文明が花ひらくのである。そしてこのメソポタミアの農耕文化は、すでにその南部においてシュメール都市文化が成立したころ、その商業活動による交易の増大にともなって東西へと伝えられていった。西方へはアナトリアから南ロシア、ギリシアを経てバルカン半島に入り、さらにドナウ川をさかのぼって東欧から中欧、北欧におよんだことが、チャイルドが明らかにした特色ある帯文土器の伝播によってあとづけることができる。また他方、エジプトから北アフリカ、イベリア半島を通って西欧、北欧におよんだ経路は、エジプトに発する巨石文化の移動を追うことによっても明らかにされる。これに反し、東方への伝播はまずスーサからシースタンを経て、モヘンジョ・ダロやハラッパーのインダス流域におよんだことが推定され、さらにアンデルセンが示したように、スーサ、アナウ、トルファンを経て蘭州に入り、やがて仰韶《ヤンシャオ》にいたり中国初期農耕文化の形成に資した過程が、いわゆる彩色土器の系統を追跡することによって明らかにされている。東南アジア農耕や西アフリカ農耕の伝播についても、最近ますます実証的事実が積みかさねられて「農業革命」の世界大の波及の構造が明らかにされつつある。

こうした農耕文化圏のなかから、大規模な治水灌漑に成功をおさめた四つの大河のほとりに、やがて旧大陸の四大都市文明が登場してくるのである。

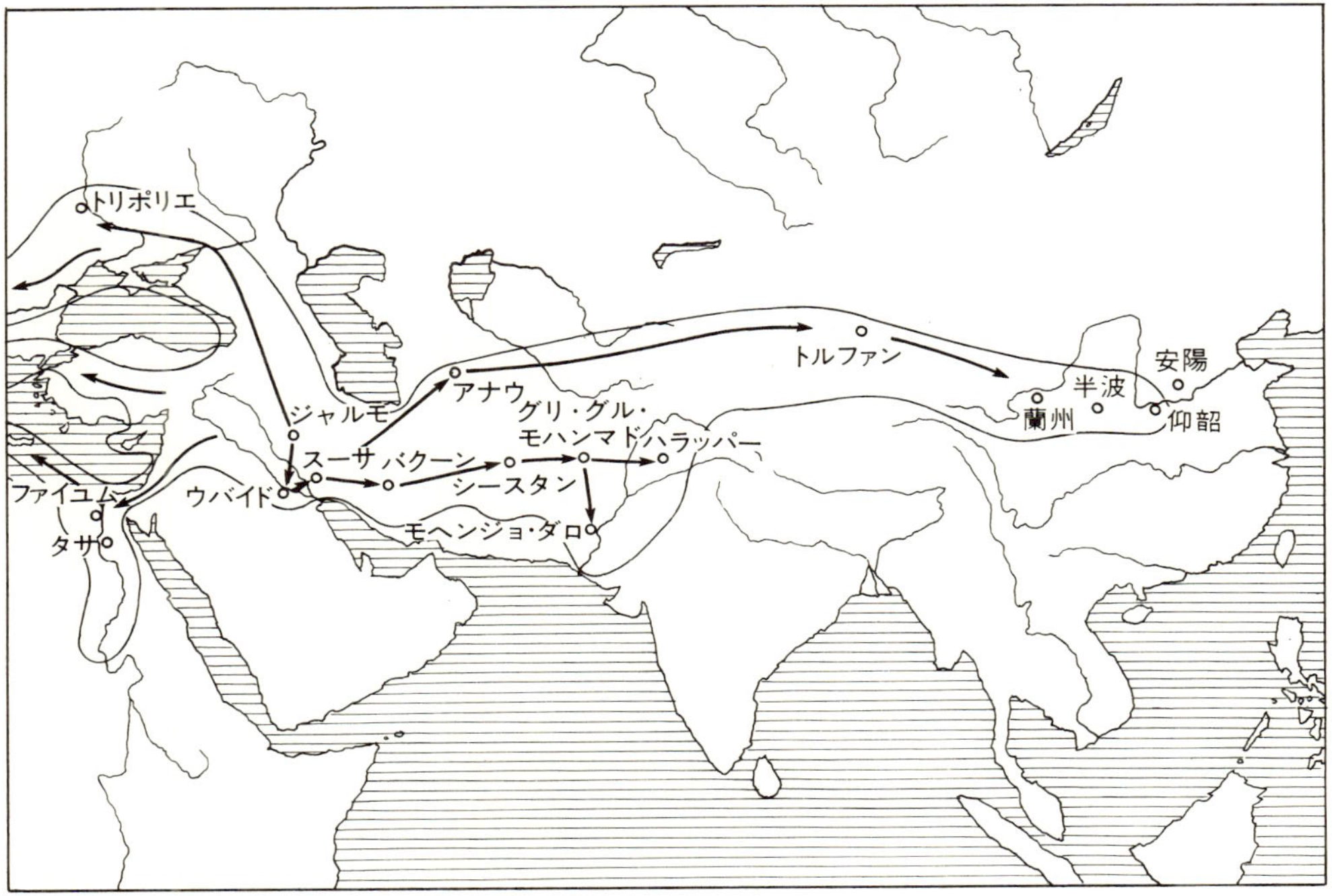

メソポタミア農耕文化圏

3 都市革命 Urban Revolution

第三番目の人類史の大きな転換期をつくるものは「都市革命」である。これは旧大陸における四つの地域と新大陸における二つの地域において起った。この転換期を形成する条件は、それぞれ地域で異なっているが、いずれもそれ以前の農業革命が成功裡に進展して、灌漑技術が発達し、豊富な余剰農産物が蓄えられ、直接に農耕に従事しない都市人口を養いうるという条件が整ったところで生じた。こうした大規模灌漑の農業が成立するのは大河のほとりにおいてであるから、したがってこの「都市革命」は旧大陸ではいずれも大河の流域にいわゆる「大河文明」として生起したのである。つまりティグリス・エウフラテス川、ナイル川、インダス川、そして黄河の四つの大河流域において初期都市文明は発生した。当然こうした大河流域の大規模な治水、灌漑のためには巨大な共同作業が前提され、それには強力な統率者が必要である。こうした農耕の大規模灌漑を統制するような統率者は元来、農耕社会特有の呪術をおこなう宗教的権威としての巫者であったが、やがてそれが政治的な王となり、その周辺に僧侶階級や書記、それに蓄積された富を周囲異民族の略奪から守る戦士階級、さらには特殊な製作活動や交易をおこなう商工業者のような、直接に農耕にたずさわらない階級が出現し、彼らは市民として、通常、神殿——それははじめは大切な農作物や金属器の貯蔵所を兼ねた——を中心として、周囲に城壁をめぐらした都市のなかに居住する。ここにそれまでの農耕文明と明確に区別されうる都市文明が誕生する。

こうした都市文明を一般に特徴づけるものは、強力な王権と国家機構の成立であり階級職業の分化であり、金属器の使用であり、商業の勃興であり、そして文字の発明である。知識が文字に固定されることにより、人間の経験の蓄積と利用が高度に伸長され、同時にこの時代の社会的・経済的要請にもとづいて、数学、占星術、暦学、医学などの基礎的な知的装備も開発され記録される。また血縁的結びつきを離れた新しい精神的統合の原理として宗教の体系が生みだされる。ここにはじめて人類は未開から文明へと移行することができたのである。けだし文明（civilization）の原初的な意味は、その文字の示すとおり、この「都市化」なのである。

こうした都市革命は、旧大陸の場合、いずれも大河のほとりにおいて起った。まず前三五〇〇年ごろティグリス、エウフラテス川流域にシュメール都市文明が、ついで前三〇〇〇年ごろにナイル川の流域にエジプト文明が、さらに前二五〇〇年ごろインダス川流域にインダス文明が、さらに前一五〇〇年ごろ黄河とその支流の流域に殷の都市文明が成立した。このうちエジプトの初期文明はメソポタミアのそれに刺激されて生じたものであることは、フランクフォートが示したとおりであるが、そこに城壁によって囲まれたメソポタミア型の城砦都市が発生しなかったのは、このナイルの地そのものが自然の要塞によって守られていたからであろう。インダス文明や殷文明も、それぞれかなり独自なもので、自生的な要素を豊富にもっているが、またシュメールの都市文明の影響をなんらかの形で受けたであろうことは推定される（とくに前者の場合は、はっきりした証拠がある）。シュメール文明の成立からインダス文明の成立まで一〇〇〇年を要し、殷文明の成立までさらにまた一〇〇〇年を要していることは、メソポタミアから西インドおよび北シナへの空間的距離に比例した刺激伝播の時間の幅を想像させる。

新大陸における「都市革命」は、これに比してずっと遅れ、ほぼ前二〇〇年ごろにまずメソアメリカのテオティワカンに神殿都市がおこり、さらに紀元前後からアンデスにティアワナコ風の都市文化が発生した。こうした新大陸における都市文明はトウモロコシ農耕の成功による余剰農産物の蓄積を背景として自生的に起ったもので、旧大陸とはまったく関係なしに成立したものと思われるが、両者の間には意外に共通するところがあったり(たとえば神殿の形成や階級の分化など)、またいちじるしく異なっていたりするところもある(たとえば大河文明でない点やアンデス文明における文字の欠如など)。こうした両大陸における都市革命の類似や相違を見ていくことは、比較文明論的見地からたいへん興味ふかい。新大陸はいわばこうした文明の実験室をわれわれに提供してくれているのである。

4 精神革命 Spiritual Revolution

人類史の第四の転回点はヤスパースが「枢軸の時代」Achsenzeit とよんだ時代に起ったものであって、私はこれを「精神革命」とよぶ。それは前八世紀から前四世紀にかけて、ギリシア、インド、中国、イスラエルにおいてほぼ並行して、すぐれた深い体系的な思想がはじめて生まれ出た大きな精神的変革期だからである。

すなわちギリシアではタレスをはじめとするミレトス学派に始まり、ピタゴラス、パルメニデス、アナクサゴラス、デモクリトスの後に、さらにソクラテスにおける「魂の発見」を経て、プラトン、アリストテレスにいたる偉大な思想家たちが輩出する。インドでは正統派のウパニシャッドの哲学

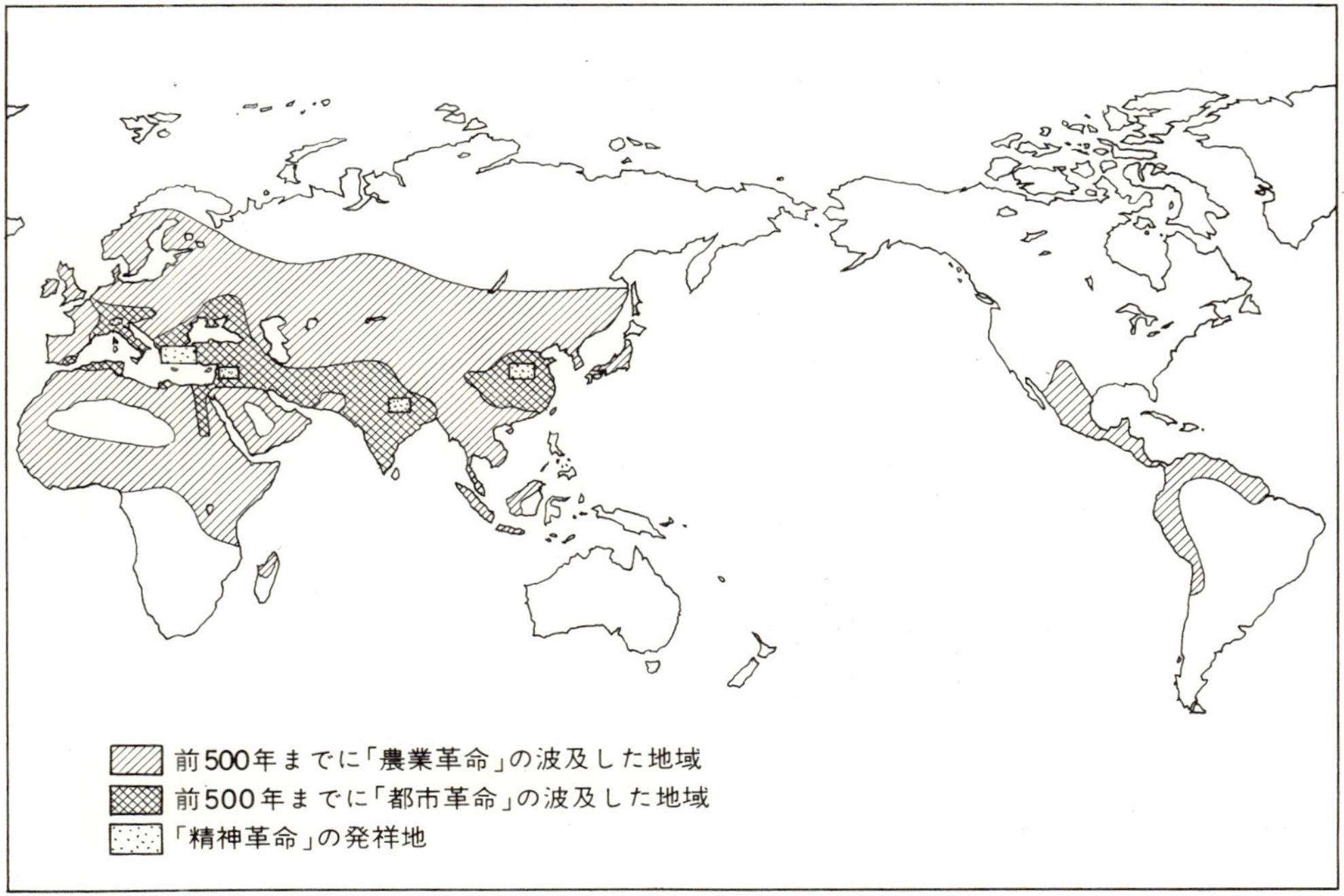

農業革命・都市革命・精神革命の地域

をはじめ、アジタ、パクダ、プーラナ、ゴーサーラ、サンジャヤ、ニガンタ・ナータプッタのいわゆる六師外道《げどう》の哲学や、さらにはゴータマ・ブッダの仏教が生まれ出で、中国では孔子をはじめとして老子、荘子、墨子、孟子、荀子、韓非子などのいわゆる諸子百家があらわれた。さらにイスラエルでは、ヤハウェの神との契約に発する原始ヘブライ思想にもとづき、アモス、ホセア、イザヤ、エレミア、エゼキエルから第二イザヤにいたる一連のすぐれた預言者たちが活躍して旧約の神の純粋な信仰を説いた。

このうちギリシア思想は理論的、インド思想は形而上学的、中国思想は処世的、ヘブライ思想は宗教的という大まかな性格の相違はあるにしても、それらはいずれもそれ以前の素朴な呪術的・神話的思惟方式を克服して、あれこれの日常的・個別的経験を超えた普遍的なるもの（ギリシアではロゴス、インドではダルマ、中国では道、ヘブライでは律法）を志向し、この世界全体を統一的に思索し、そのなかにおける人間の位置を自覚しようとするものであった。これは一地方の特殊的事件ではなく、人間精神の最初の偉大な昂揚を示した世界的変換期であった。じつにここに人間の精神史が始まったというべきである。ギリシア思想とヘブライ思想はその後――後者はキリスト教への変換を経て、前者は「科学革命」という変換を経て――ともに近代西欧文明のなかへと吸収されていったが、インドと中国の精神文明は現在にいたるまで本質的にこの時代に形成されたものをそのまま持続させている点も、ここに注目しておかなければならない。われわれが今日、東洋の思想的遺産として語っているものは、本質的にこの時期につくられたものにほかならない。

ところでこのような大きな変革が、紀元前八世紀から前四世紀にかけて、西はギリシアから、東は中国にかけて、ほぼ時を同じくして起ったのは何故であろうか。当時これらの四つの領域には無数の小国家や都市が分立しており、たがいにそれぞれ知と富と力を争いあったという共通の土着の条件のなかで、さらにこれに加えてアルフレート・ウェーバーが想定し、日本では石田英一郎氏が説かれたような、中央アジアの騎馬民族の移動ということが考えられるかもしれない。すなわち定住的な農耕民族の大地母神的な静的な母権的文化にたいし、騎馬民族特有の父なる天の神を信ずる変動の多い、因習打破的な合理主義の父権的文化が侵入し、そこにひとつの共通した文化変容をひきおこしたと考えられるのである。ギリシアにおけるディオニュソスやデメテルの農耕文化的な秘儀宗教にたいし、オリンポスの天つ神を信仰するホメロスの明るい合理主義の宗教がそれであり、そこからイオニアの哲学が巣立っていく。中国では農耕的な社稷の神々を否定して、「怪力乱神を語らず」、もっぱら父なる天の道を説く孔子の教えがこれである。さらにインドでは、仏教や六師哲学に共通にみられる、それ以前の神秘主義的な思弁を排除したのがそれである。さらにイスラエルにおいては、天の神ヤハウェの信仰がいちど土着の農業神、大地の神バールに吸収されたのを、ふたたび復活し、それを天地を創造した神としてもう一度すべてのうえに君臨させようとする旧約の預言者たちの運動がこれである。

これらは農耕文化圏に遊牧民の文化が侵入して重なりあうという共通のパターンをもっているように思われるが、こうした考え方は、今日まだひとつの仮説にとどまる。しかし前十六世紀以降、遊牧民の農耕文化圏への侵入ということはしばしば（大きな波は三回）行なわれ、その最後のものが前八世紀から前六世紀にかけて、ヨーロッパから北シナにいたるまで、騎馬民族の大移動となって現われていることは歴史的事実であるから、これは注目に値する検証可能な仮説であると考えられるのである。

5　科学革命　Scientific Revolution

人類の第五の大きな転換期をなすものは「科学革命」である。これまでの「農業革命」や「都市革命」や「精神革命」は、世界のいくつかの地域にほぼ並行して起ったのにたいし、この近代科学の創出という事態は、十七世紀の西欧という特殊な地域においてのみ生起したという点にまず注目しなければならない。しかしこの「科学革命」は、その生成の過程が特殊西欧的であるとしても、その歴史的意義はただちに全世界史的な意味をもつものであった。それはその後の全世界の構造を決定的に交換させせつつ、今日の宇宙時代、核時代へと通ずる道を切り拓いたのであり、その意味においてそれはまごうことなくわれわれの地球的世界史の第五期を画するものとしなければならない。

この十七世紀の西欧における知的革命の特徴を簡単に定式化すればつぎのように言えるであろう。ギリシアにおける「精神革命」は、一応アリストテレスにいたって完成されたといえるが、「科学革命」はその後二〇〇〇年間、西方文化圏の思考形態を支配してきたこのアリストテレス的世界観を一挙に破壊し、ギリシアの合理的な思考にくわえて、実験をともなう実証的な新しい「科学的態度」というものをつくりだし、論理的には厳密だが、実証的な裏づけをもたないギリシア科学の遺産を、物に即して実験的・量的に分析する方法と結びつけて換骨奪胎し、ここにギリシアにおけるような単なる事物の「観照《テオリア》」ではない、「力としての知」をわがものとした。このことによって科学と技術を必然的に結びつけ、やがて「産業革命」を遂行することによって、近代の工業文明をつくりあげ、これを背景とする西欧の世界支配を可能ならしめたといえる。過去三〇〇年にわたる世界史における「西欧の優位」の起源は、まさにここにあると言わなくてはならない。

従来の時代区分においては、「科学革命」などよりは「ルネサンス」や「宗教改革」のほうが重視されてきたが、これはあくまでも西欧だけの古い価値観によっていたのであり、真にグローバルな世界史的見地に立っていなかったからであるといえる。そもそも「ルネサンス」を「近代」の始まりとして重視する考え方の根底には、彼らのいわゆる「近代文明」が、ギリシア・ローマの「フマニスムス」(人文主義)の文明をうけつぐその直系の子孫だという暗黙の前提がある。しかし「近代文明」とは、じつのところある意味ではこのギリシア・ローマの伝統をたち切ったところに生じたのであり、十七世紀の「科学革命」はこの絶縁の宣言にほかならないのである(「科学革命」の後にはじめて生じた近代人の古代人に対する優越の自覚をみよ)。「科学革命」によって、これまでのギリシア・ローマの文明とはまったく異なる知的態度、価値観、世界観が生まれ、この新しい科学技術文明によって西欧文明は真にその世界史的意義を獲得したのである。ギリシア・ローマの文明というのは、インドや中国の古代の高度文明とならぶものであり、それだけではかならずしも優劣をつけがたいものではあるが、ギリシア科学を換骨奪胎することによって生じた西欧が生んだ近代科学は、本質的に新たな文明を生んだのであり、それは他の文明圏の抗しがたい巨大な力をもっていたがゆえに、全世界の非西欧諸国はこれによって決定的な影響をこうむらざるをえなかったのである。「ルネサンス」はあくまでも西欧の出来事であるといってよい面があるが、「科学革命」は全世界史的な意味をもつのである。

「宗教改革」についても同様なことが言える。「信仰によってのみ義とせられる」原始キリスト教の敬虔の復活が、西欧文明にとってどれほど重要な意味をもつものとしても、それは地球大のいわゆる「近代」――われわれのいう人類史の第五期にたいしては、さしたる意味をもっていない。そもそも「宗教改革」をもって彼らの「近代」の発端とするのは、近代文明――ということはつまり西欧文明を考えているのであるが――は本質的にキリスト教文明であるという前提のうえに立っていたからである。しかしグローバルにみて、世界の近代化に決定的な役割を果したのは、キリスト教ではなく、むしろ近代科学とそれにもとづく産業技術であり、結局それを生みだした「科学革命」である。近代科学こそ近代文明の中心なのである。日本をふくめての非西欧諸国の「近代化」も、つきつめてゆくと、この西欧の生んだ「科学革命」の挑戦にたいする応戦のドラマにほかならないのであり、これがわれわれの世界史の第五期の主要な歴史的テーマである。このようなわけで私は「科学革命」を「精神革命」以後に起った人類史の最大の転換期であると考えるのである。

最後に「科学革命」と「産業革命」の関係について述べておこう。なぜなら「精神革命」以後の最大の変革期はむしろ「産業革命」であるという考え方も、一部では流布しているからである。しかし「産業革命」によって生じた工業文明のイデーは、すでに「科学革命」の時代にフランシス・ベイコンによって先取りされている。十八世紀の「産業革命」は、レオナルドやガリレオにおける職人的伝統と学者的伝統との結合という「科学革命」の遺産をまっすぐに受けつぎながら、十七世紀にベイコンが唱えた「力としての知」「自然を加工する技術」をそのまま実現したものであり、また彼の理念の実現のためにつくられた「王立協会」の所期の目的（それは後にはむしろマンチェスターやバーミンガムの学会に受けつがれるが）を文字どおりに貫徹したものにほかならないのである。

近代の科学技術文明は単なる技術文明ではない。それは「科学革命」の所産たる科学知識によって武装され、科学と技術の相互作用を通して発展してゆくものである。このことは今日ますます明らかであろう。したがって「産業革命」は「科学革命」のひとつの系として出てくるのに反し、逆に「科学革命」を前提としない「産業革命」は近代文明の真の中核とはなりえないのである。

6　第六の転換期を迎えて

かくして私は少なくとも一九五〇年までの人類史を、今まで述べて来た五つの文化史的革命によって、次のように区分することができる。

第一期　「人類革命」から「農業革命」まで。前二〇〇万年―前一万年。これは人類史の九九パーセント以上を占め、ほぼ旧石器時代の全期間を覆う。この期間にオーストラロイド、モンゴロイド、ネグロイド、コーカソイドの四つの人種が形成されたが、この時代の人類の生業はもっぱら狩猟と採集であり、さまざまな形の石器をつくり出し、火を発見し、調理をおぼえ、葬制をととのえ、最後にはすばらしい洞穴芸術がつくり出された。

第二期　「農業革命」から「都市革命」まで。前一万年―前三五〇〇年。この期間はほぼ新石器時代と一致し、東南アジアと西アフリカとメソポタミアと新大陸において、独立に野生植物の栽培化が進み、農業が始まる。同時に野生動物の家畜化も行なわれ、牧畜が開始される。ここではさまざまな磨製石器や農具がつくり出され、また、いろいろな土器が製作され、織物がつくられ、簡単な住居も粘土その他でつくられるようになる。

第三期「都市革命」から「精神革命」まで。前三五〇〇―前八〇〇。この時期はメソポタミア・エジプト、インド、中国に都市文明が成立し、それがいろいろな地方に伝わり、こうしたアフロ＝ユーラシア的連関で文明が進歩していった時代である。ここにはじめて王が出現して国家が誕生し、社会の階層化がすすみ、支配階級において文字をはじめとする人類のさまざまな知的装備がいっせいに開発され、金属器が登場し、商業が盛んとなる。

第四期「精神革命」から「科学革命」まで。前八〇〇年―一六〇〇年。この時期にはまず、ギリシアとインドと中国に高度の精神文化が起り、イスラエルの旧約の預言者たちの活躍やペルシアにおけるゾロアスター教の成立と並んで、人類の精神史が始まった。その後、西にはギリシア文明をうけつぐローマや中世ヨーロッパの文明があり、東にはインド、中国の文明が発展し、その間にペルシアやアラビアの文明が介在し、それらの東西文明が交流して互いに爛熟をとげた。しかしこの時期までは、概して東が西に与えたものの方が西が東に与えたものより大きい。この風向きが逆転したのは次の時期に入ってからである。

第五期「科学革命」以後。一六〇〇年―一九五〇年。この時期に西欧世界は近代科学を創出し、やがてそれを現実の世界に適用することにより、「産業革命」を遂行し、今日の「工業文明」をつくり上げ、それを背景とした資本主義の膨張力により、西欧が世界を支配していた時代。

	人類革命（前200万年）	農業革命（前8000年）	都市革命（前3500年）
生業	採集 → 漁撈 狩猟	農耕（耨耕）→ 牧畜	灌漑 犂耕
集落	キャンプ →	村落 →	都市
住居	洞穴 → 竪穴（木，草）	住居（泥，粘土）→	石造，レンガ建築 寺院，神殿，公共建築物
社会	狩猟バンド	村落共同体	国家組織 階級分化（王，僧侶，戦士 商人，職人）
産業	石器（剝片，石核 石刃）→ 骨角器 弓矢	磨製石器 → 織物 土器，陶器	冶金鋳造 ロクロによる陶器
交易	金属，宝石，貝類，装身具 →		大量積荷貿易 度量衡
交通手段	小舟（櫂，オール） 橇（ソリ）		船舶（帆） 運搬車
文化	言語 → 芸術 → 葬制，呪術 →	精霊信仰，儀礼 →	文字 科学 宗教，神話

人類革命・農業革命・都市革命の文化要素の比較

さてこのような基準によって人類史を展望し、区分してゆくことは、従来の西欧中心の世界史とは異なり、地球上のあらゆる文明圏の交流や消長をつねにその視野にとり入れた真にグローバルな世界の世界史の枠組を与えることとなるであろう。そして同時にそれはまた、さまざまな文明圏の発展を横に連関づけて、多元的文化圏説のモザイック的・孤立的歴史観の欠点を補い、それをあらためて統一的な歴史的連関のもとにおくであろう。

さて私がさきに人類史の第五期を一九五〇年を以て終えていることには意味がある。すなわち人類はその後また一つの大きな転換期を迎えているように思われるからである。われわれは今やもう一つの新しい歴史の曲り角に出遭っている。それは第五期の「科学革命」に始まった西欧の時代が二つの大戦を経ることによって一つの終りに達し、世界は米ソやアジア・アフリカの諸国の抬頭などにより、あらためて多極的文明の時代に入ろうとしている。他方「科学革命」以後のもう一つの新しい知的革命として「情報革命」が登場し、これまでの工業文明の時代に大きな転換期をもたらそうとしている。ある人はそれを「文明以後の社会」（ボールディング）とよび、またある人はそれを「工業化以後の社会」（ダニエル・ベル）とよび、さらにまたある人はこれを「第三の波」（トフラー）とよぶ。

通常いわれる「情報革命」は、これまでの科学技術が「物質やエネルギーの生産」を主としていたのに対し、これからは「知識の生産」が主となる脱工業文明であり、コンピュータを中心とする知識集約型の文明に移ってゆくというのであるが、しかしこれが「科学革命」を超える第六の人類の変革期の本質であるとは、筆者には考えられない。たしかにこうしたエレクトロニクスの技術革新が活用されることにより、これらの産業や社会の形態は大きく変わってゆくであろう。しかしこの「情報革命」は「物質とエネルギーの極大」を求めるものから「知識の極大」を求めるものへと移ってゆきはするものの、本質的には「科学革命」の延長線上にあるものであり、「産業革命」につぐ「科学革命」内の第三段階と考えられるものである。その意味では従来の文明の延長であって、その根本的な変革ではない。それは人間をその不必要な肉体的および知的労働から解放するかもしれないが、しかし解放された人間の新しい生き方をなんら示してはいない。

筆者は現代という第六の文明転換期は、もっと人間の生き方の根本的な変革を要求しているように思われる。それは「心と物の調和」「精神と物質の統合」である。「科学革命」以後の近代科学技術文明は、物質・エネルギーの極大を求め、そのことにより人間の福祉を増大しようとしたが、そのことは同時に自然を搾取して生態学的危機を生ぜしめたのみでなく、精神的な価値をますます稀薄なものにしている。先進国においても物質的豊富さと裏腹にさまざまな精神的アノミーが発生している。「情報革命」も同様であって、情報ばかり多くなっても、心はますます空虚になり、他律的な情報にふりまわされて自律性を失い、人間は無気力になって生きがいを消失してゆく危険もある。物質や情報のような外的なものが豊富になればなるほど、人間はその内部を充実させて自立し、それらの外的な豊富さを心の内的価値と結びつけ、それらをコントロールしてゆかねばならない。そのようにして「心と物」との両面において調和した豊かさをもつことが、真の人間であろう。これを筆者は「人間革命」Human Revolution とよび、第六の文明の変革期の徴表としたい（1章の末尾も参照)。そしてこのような「心と物の統合」というとき、古くから東洋の精神文化の伝統を受け入れ、かつまた近代において西洋の科学技術を吸収しその先端に立つ日本は、この新たな統合の文明史的課題を担っていると言えるであろう。

〔付記〕 この章はその後の見解の発展により、若干の補筆を行ない、図表も付け加えている。

II　比較科学史の射程

4 比較科学史の基礎視角

1 「世界の科学史」の今日的意義

これまで科学史といえば、直ちに西欧科学史の意味に理解され、通常、この知的伝統に属するもののみが、研究の対象としてとり上げられてきたといえる。すなわち古代オリエント（エジプト、バビロニア）に発し、ギリシア・ローマの古典古代を経て、ラテン中世にいたり、近代西欧科学の誕生にいたる系譜が問題とされ、さらにこうした近代科学が現代科学にまで発展し、その間それがいかにして地球大に拡がっていったかということに、もっぱら照明が当てられてきたのである。そしてこの系譜に属しない他の文明圏の科学的営為——たとえば中国やインドやアラビアの科学は、しばしば不当に無視されるか、そうでないにしても高々そうした西欧近代科学の本流に対する区々たる傍流ないしは端役として、きわめて付帯的に軽く扱われるのを常とした。こうした科学史における「西欧中心主義」は、もちろんそれ自身、理由のないことではなかった。たしかに十七世紀における「科学革命」は、それまで他の文明圏には見出されなかった根本的に新しい強力な世界観、知的態度を創出し、今日われわれがもっているがごとき科学技術文明を可能にし、その後の世界の西欧化・近代化の中核となったのである。それゆえ西欧がこの新しい有力な「知の形態」によって全世界を支配し、その排他的絶対性や普遍性を主張しえた過去三〇〇年の時代にあっては、そこに西欧科学以外には科学はありえないという牢固たる信念が生じ、西欧科学とその伝統のみがもっぱら研究の対象となったことも、むしろ当然のなりゆきであったと言えよう。

しかし今日においては、このように科学史研究の範囲をあまりに狭く限ってしまう近代主義的態度は、決して正しいものとはいえないであろう。いまや近代西欧の生み出した科学技術文明の絶対的優越の神話は崩壊しつつあり、この科学技術が近代資本主義の膨張力と結びつくことによって生じた西欧の世界支配も終焉した。すでに西欧が直ちに「世界」であるのではなく、むしろ世界がまさしく「世界」となったこの「人類」の時代において、あらゆる文化圏におけるさまざまな民族の文明への営為が、いかなる地方主義《バロキアリズム》の偏見からも解放されて、公平に見てとられねばならない時が来た。文明史の一部たる科学史もその例にもれない。もともと「科学」(science＜scio 知る)とは語源の示すように一つの知の形態であり、近代西欧科学もきわめてユニークな知の構造を示しているが、それ以前にも、またそれ以外にも、さまざまな知の形態はありえた。こうしたさまざまな形の知の営為が時代とともに発展し、影響しあい、変化し、補いあい、交代して今日にまでいたったのが、世界の科学史であり、たまたまこの三〇〇年間は、十七世紀にはじまる西欧的知の形態が、その特殊な内的構造のゆえに長所を発揮し、もっぱら拡大膨張してきたというにすぎないのである。したがってそれが未来永劫にわたって唯一絶対の人間の知のあり方であるという保証はどこにもない。否、むしろ西欧に発したこの近代の科学技術文明が、いまや一つの曲り角にさしかかり、世界は文明史的にも思想史的にも大きな転換期を迎えつつあるというのが、ことの真相であろう。

このときに当たってわれわれは、単に従来の西欧科学史の枠内にとどまっているだけではなく、いっそう広く開かれた「世界の科学史」の構築に向かって歩を進め、これまでの全人類の知的遺産をあらためてわれわれの視野のなかに回復し、それを総点検することによって、来たるべき新しい「人類」の時代の思想形成に備えるべきではなかろうか。われわれはもはや西欧科学のなかにあってそれを跡づけるだけではなく、それを他の文明圏の科学的活動のあり方と比較することによって、これを全人類の知的営為のなかに位置づけ、それらの長短を評価してみる必要に迫られている。

現代のこの知的状況に応じて、科学史における「西欧中心主義」の狭隘な視座をのりこえ、あらためて「世界の科学史」に向かうべき理由のいくつかを、次にやや具体的に述べよう。

まず第一に「科学革命」以前にも、地球上のさまざまな文明圏には、科学や技術のすぐれた長い伝統があったという事実である。ニーダムも指摘しているように、紀元前二世紀から紀元後十六世紀にいたるまでの中国の科学技術は、西欧のそれをはるかに凌駕していた。フランシス・ベイコンが百のスコラ的議論にもたちまさって、西欧の近代を決定的に近代たらしめたとしたいわゆる「三大発明」――印刷術、火薬、羅針盤――のみではない。製紙法、機械時計、鋳鉄法、薬物療法、あぶみや能率的な馬具、アーチ型の橋梁、外輪船、縦帆式航法、定量的地図作製など、枚挙のいとまがない。これらはみな西欧に先立って発見され、そのあるものは西方に伝わって大きな影響を与えたと思われる。

また五世紀から十二世紀にかけて西欧世界が知的貧困のどん底にあったとき、ビザンツやイスラムはギリシア科学のほとんどの精華をわがものとし、多くの独創的知見を加えて科学の黄金時代をつくっていた。西欧世界がやがて後の「科学革命」に向かって自らの知的離陸をようやく開始しえたのは、このイスラム経由の知識を受容した「十二世紀ルネサンス」においてである。このときまで西欧はユークリッドもアルキメデスもプトレマイオスも知らず、アリストテレスの著作の大部分も未知のままにとどまっていたということが更めて思い返されなくてはならない。

さらにインドは紀元前五世紀以降、「零の発見」によって象徴的に示されるような、ギリシアとは異なったタイプの記号的・代数的数学を高度に発展させ、自然学思想においてもまた独自なものを発達させた。人はしばしば、ガリレオの力学の先駆として中世パリのノミナリストの「インペトゥス」理論の存在を強調しても、それよりはるか以前にインドの勝論派（ヴァイシェーシカ学派）の「ヴェーガ」の概念がこれに匹敵するようなものを提出していたかどうかを検討しようともしない。原子論ひとつとってみてもデモクリトス→エピクロス→ルクレティウスのギリシア・ローマの原子論の系統のみが考察され、インドの仏教の「説一切有部」や六派哲学の勝論派や正理派の原子論、さらにはアラビアのアル・アシュアリーなどの独特な原子論は十分注目されていない。宇宙論にしてもアリストテレス→プトレマイオス→トマス的キリスト教の宇宙像のみならず、中国の蓋天説や渾天説、さらには宋学の多層の「気」からなる宇宙、また仏教の非常に多くの数の可変的宇宙など、並行して考察さるべきもので、それらの説の優劣もどこに視点をおくかに依存していて一義的には言えないのである。

したがって「科学革命」以前、古代・中世をつらぬく人類の科学的営為を巨視的に考えるならば、むしろ東方の知的伝統は西方に勝るとも劣らないものをもっていたのであり、たかだかこの三、四〇〇年の西欧近代科学にのみ焦点を合わせた科学史の近代主義的偏見にとらわれないとすれば、われわれはこうした西欧文明圏以外において達成された科学的営みをもっと公平に詳細にみてとり、これをグローバルにより広い「世界の科学史」の枠組のなかで把えかえす必要があるであろう。

第二には、こうした非西欧文明圏の科学技術が、「科学革命」以前において西欧文明圏にしばしば優越する仕方で存在していたということにとどまらず、近代西欧科学をつくりだした「科学革命」そのもののなかに、非西欧文明圏の知的遺産が直接間接に多く流れ込んでいるという事実がある。近代西欧科学は西欧文明圏だけの独力の達成ではない。それは地中海文明圏に直接由来するものであるが、この地中海文明圏なるものは西と東の文明が一つの坩堝《るつぼ》のなかに交流し交錯したアジア・ヨーロッパ的な文明のアマルガムなのであり、このアマルガムを基盤として西欧近代科学は形成された。西欧に最も近いのはアラビアであるが、たとえば十六世紀のスペインのセルベートによってはじめて樹立されたと言われていた血液循環（小循環）説も、すでに三世紀も先立つアラビアのイブン・アン・ナフィースに知られており、セルベートの理論もこのアラビア人の著作のラテン訳に触発されたことが推定されている。またコペルニクスの体系にきわめて数値的に近いものが、十世紀のイブン・アッ・シャーティルの天文学に見出され、この影響が論ぜられている。さらに近代実験科学の祖といわれているロジャー・ベイコンに対してアルハーゼンの著作のもった重要な意味など、西欧近代科学へのアラビア科学の影響、接続がしだいに明らかにされてきている。またインドの記数法や代数学がアラビアを経て西欧に受け入れられなかったならば、西欧の近代数学の成立は不可能であり、これにもとづく西欧近代科学の発展もまた大いに妨げられたであろう。中国の錬金術や磁気学が、これまたアラビアを経て、西欧の実験科学の成立に影響を与えたように思われる。さらに西欧世界の自立を可能にした十世紀の「農業革命」も遠く中国に淵源する馬具の改良と結びつくことが明らかにされてきている。こうした関係や影響を詳しく見きわめるためには、まだまだミッシング・リンクがあまりに多く、近時ようやくこの方面に研究の鋤が加えられるようになったが、その結果として、従来、西欧文明圏において近代科学の起源をつくったといわれていた多くのものが、実は非西欧文明圏との接触や影響によるものであることが次第に強く認識されつつある。今後ますますこの方面の研究が推し進められることによって、より多くのことが判明するであろうと期待される。

しかしこの非西欧科学がいわば西欧科学に吸いとられた面だけを見て、前者の意義を強調しようというのが、本稿の主たる趣旨ではないのである。これまで非西欧科学の意義や価値を主張する人びとがあったとしても、その論旨はほとんどこの種のものに限られていた。しかし非西欧科学の西欧科学への貢献という視点から論ずるのでは、結局、西欧科学の唯一絶対性、筆者がさきに述べた科学史の偏狭な近代主義の上にそのまま乗っていることにほかならない。東西科学の交流やそのミッシング・リンクを明らかにしてゆくことは、それ自体、比較科学史の興味ある重要な課題ではあるが、それだけが今日のわれわれの「世界の科学史」のめざすところでない。問題はむしろ第三の論点、つまり西欧近代科学が、一つのタイプの科学であり、それも絶対的な意味において不動のものととらるべきではなく、それも一定の社会的・文化的条件において形成された、ある特定の知の形態なのだという認識である。すでにマックス・ウェーバーは「科学的真理の価値に対する信念は、自然から出たものではなく、特定文化の所産である」ことを指摘していた。ウェーバーが、『社会科学方法論』のなかでこともなげに語ったこの一句は、本稿の以下の叙述の導きの糸となるであろう。すなわち、西欧近代科学もそれが形成された一定の特殊西欧的な社会状況や信念と無縁のものではない。西欧科学は、そうした特定の社会的・文化的条件のもとにおいて発生した一つの知のあり方であり、それはこの三〇〇年のあいだ最もドミナントな有力な知の在り方として近代文明の根底をつくってきたものであるが、それにはおのずから長所もあり短所もあった。これまではその長所が大いに伸張されたのであるが、今日では同時にまたその短所も露呈されてきていることを認めないわけにはゆかない。こうした西欧科学の特質をその社会的・文化的基盤において把え、これを他の文明圏における科学的知のあり方——これもその社会の形態と密接に結びつく——と比較しようとするのである。したがって西欧科学のあり方を唯一絶対のものとする前提をとり去り、これを全体としていわば「括弧」のなかに入れ、一定の社会的条件において生じた特定の文化現象として、他の社会において起りえたものと、「価値自由《ヴェルトフライ》」に比較しようとするのである。

それゆえ非西欧科学についても、その西欧科学に吸収された部分だけをとってくるのではなく、中国科学は中国科学として、インド科学はインド科学として、それ自らの固有の文化的・社会的条件との連関においてその特質が把えられなくてはならない。このような相対化を通してのみ、今や問題とされつつある西欧近代科学の運命についても、また他の文明圏の科学的営為の今日的意味についても、はじめて論じうるのである（西欧科学の伝統の排他的絶対性を前提し、これに入るもののみを見るというのでは、今日必要とされている西欧科学自体の客観的考察も、また非西欧科学の自己認識もともに不可能となるであろう）。

それゆえわれわれの比較科学史は、一面において、これまでのさまざまな文明圏における人類の科学的営為を、グローバルに把えかえす「世界の科学史」の再建という過去志向的な意図をもつが、同時にそれはわれわれの現に当面している科学技術文明の危機の現代的意識に支えられている。言うまでもなくいかなる過去の再認識も、今日の歴史的意識と無縁ではありえないのである。しかしこのことはもちろん、「西がだめなら東があるさ」といったような単なる場当たり的な安易な発想によるのではない。今日の事態は西欧科学に東洋科学を簡単に代置すればよいといったような単純なものでないことは、誰の目にも明らかであろう。ただわれわれはこの文明の一つの転換期にあたって、次の一歩がどのように踏み出されようと、こうした過去の人類の知的営みの総体が、ここにあらためて全面的に比較検討されることが不可欠であると信ずるのである。

ところでこうした比較科学史の立場に立って「世界の科学史」をあらためて探究の主題としようとするとき、そこにはまだ何らの枠組も方法も存在していないのに気がつく。これまで西欧科学だけを科学だとしてきた自明の前提が、こうした問題意識を生ぜしめず、その方向への研究におのずと扉を閉ざしてきたからである。近時、中国科学やイスラム科学をはじめとして非西欧文化圏の科学の個別研究はようやく進展の相を示しつつあるとはいえ、それらの成果を比較する視座をどのように設定すべきかは、いまだ定かではない。真に全人類的な比較科学史を可能にする歴史記述《ヒストリオグラフィ》の枠組を設定するためには、科学そのものだけをとり上げるのではなく、それを一部として含む人類の文明全体を巨視的にとり上げ、そのなかで「世界の科学史」の座標設定を行なわねばならないと筆者は考える。そこでまず次節において地球上の全人類の文明の発展を位置づける比較文明史の基本的枠組について論じ、ついでそれがどのように比較科学史に適用されるかをみてみよう。

2　比較科学史の枠組――文明論的視野に立って

地球上における科学技術の発達を、人類の文明の発展全体のなかに位置づけ、そのことを通じて比較科学史の妥当な枠組を得てくるために、まず、筆者はこれまでの人類文化の進展を次の五つの変革期によって区分する。

(1) 人類革命（Anthropic Revolution）
(2) 農業革命（Agricultural Revolution）
(3) 都市革命（Urban Revolution）
(4) 哲学革命（Philosophical Revolution）
(5) 科学革命（Scientific Revolution）

これらの文化史的革命は、それぞれ人類史の大きな曲り角《ターニング・ポイント》をつくってきたものであるが、それらの革命はまずいくつかの「核地域」に原初的に起り、それが周辺地域に次第に波及していった。これらの革命がそれぞれどのようなものであり、その核地域がどこであり、その起った時代はいつであるかという、この人類史の五つの転換期の what と where と when については本書3章に述べた。それゆえここではこの五つの革命の技術史的・科学史的意味だけを考えてみよう。

第一の「人類革命」とは、霊長類としてのサル（ape）がまさに人間にまで化成された変革期を意味する。この「革命」の根本的な特徴づけは言語の形成や家族の成立など、さまざまな点からなされうるが、筆者は直立歩行とそれに伴う道具の製作を重視した。この見地からすれば、「人類革命」は同時に技術史の誕生を意味することとなる。実際、現在最初の人類とされているホモ・ハビリスは、粗製のものではあるが一定のパターンをもった人工の石器とともに見出されている。すなわち「人類革命」において生物の環境への積極的な働きかけが始まった。人間が動物と区別されるのは、こうした技術をもちはじめることである。われわれは「人類革命」以後、石器、骨角器、武器（弓矢）、運搬器具（ソリ、丸木舟）、さらには火の使用や原始美術などの製作を通して、この時期に地球上のさまざまな地域で人間の技術がどのようにして発達したかを見てとることができる。

人類文化史の第二の変革期をつくったのは「農業革命」であるが、これは人類がはじめて農耕というものを発見して野生植物を栽培化すると同時に、野生動物を飼育化し、そこに食糧を能動的に生産し確保するという積極的な営みを開始したことを意味する。技術史的にみると、これはリリーが「最初の産業革命」とよんだ技術が一大発展を遂げた時代で、人間の物質文化のほとんどすべての基本はこの時代に整えられたと言ってよい。農業技術や牧畜、製陶術や機織、住居など、今なおこの時代につくられたものを改善しているにすぎない。

第三の「都市革命」とは都市が形成され、王・僧侶・書記・戦士・職人・商人などの社会的階層化や分化が生じ、これらが都市の市民となり、周囲の農耕文化とは区別された「文明」をつくり出したことを意味する。科学史的には、はじめて僧侶や書記などの知識階級が生まれ、「文字」が発明され、それによって原初的な数学、天文学（占星術）、暦学、医学の知識が蓄積され、記録されるということが起った。

この時期に人間の環境への働きかけとしての単なる「技術」ではなく、文字によってはっきりと定式化された知識としての「科学」が出現する。通常、科学史が「バビロニアの科学」とか、「エジプトの科学」とか称して、その叙述をはじめるのは、この時期からである。

第四の「哲学革命」とは、3章で述べた「精神革命」と重なるものであり、前八世紀から前四世紀にかけてギリシア、インド、中国、イスラエルにおいてすぐれた深い体系的な思想が生み出された精神的変革期を意味する。「哲学革命」というのは、この「精神革命」の宗教的側面よりも、その知的側面を強調した名称であり、ギリシア、インド、中国における哲学的思索の誕生を指し、普遍的な原理によってこの世界と人生を統一的・体系的に把握しようとする知的試みの始まりを指すものである。

科学史的には、経験的・個別的な日常知にとどまらない、原理よりする体系的で合理的な一つの理論知としての科学が、この「哲学革命」の知的運動の一環として生まれでたことが注目されねばならない。このときより、陰陽五行説によるにせよ、四大説によるにせよ、形相‐質料説によるにせよ、一定の理論をもとにして現象が整序され、説明される組織だった理論としての科学が現われてくるのであり、これはそれ以前の断片的な実用知とは異なったタイプのものとしてはっきり区別されなくてはならない。われわれが通常、近代科学以前の「中国の科学」「インドの科学」「ギリシアの科学」といっているものは、こうした「哲学革命」の一部として生じたものなのである。

第五の「科学革命」は、いわゆる近代科学の創出を意味する変革期であり、これは十七世紀の西欧においてのみ生起した。この科学は、「哲学革命」において生じた体系的理論知とは異なり、単に合理的だけではなく、同時に実証的・実験的であり、単なる自然の「観照」ではなく、自然の「支配」をめざす「力としての知」を実現したものである。これにより科学と技術が本質的に結びつき、「産業革命」を通じて、今日の工業文明をつくり上げたものである。従ってこれはまた前の段階とは根本的に異なる性格をもつ新たな知の体系としなくてはならない。

ところでそのような人類文化発展の五段階が、どのようにして「世界の科学史」の、比較を可能にする枠組設定に適用されるであろうか。いま「科学」を自然に対して働きかける行動様式としての「技術」から区別して、文字どおり、何らかの仕方ではっきり定式化された「知識」scientia と限定するならば、それは「人類革命」や「農業革命」の段階は除外して、文字の発明された「都市革命」以後のものとすることができよう。そこでわれわれは「世界の科学史」を、「都市革命」「哲学革命」「科学革命」に応じて、それぞれ次の三つの段階に区分することができる。

Ⅰ　始源科学（Archaic Science）……「都市革命」によって生じたもの

Ⅱ　古典科学（Classic Science）………「哲学革命」によって生じたもの

Ⅲ　近代科学（Modern Science）……「科学革命」によって生じたもの

そしてこの三段階の科学を、筆者がさきに提出した、十七の基本文明圏を設定する地球的文明史の時空的枠組（三七ページ）のなかに当てはめてみると、図（九三ページ）のようになるであろう。

図に示されているように、ここに「都市革命」に応ずる「始源科学」として

(一) メソポタミアの科学
(二) エジプトの科学
(三) インダス(インド)の科学
(四) 殷(中国)の科学
(五) マヤ(メソアメリカ)の科学

が認められるが、このうち(三)のインダス文明においては文字が解読されていないから、その科学の内容は詳かでない。(四)、(五)の科学も暦法などについてはかなり詳しく調べられているが、その他のことではまだ分からないことが多く、推測を加えなければならない。しかしこの時期の科学の性格はきわめてよく似ていたのではないかと思われる。それらはまず、すべて「都市革命」によって生じた宗教的な王権都市の管理技術としての萌芽的科学であり、たとえば数学は農業経済を管理する計算技術、土木工事のための面積や体積の測定、交換経済のための度量衡などからなり、また天文学は王の責任として時宜に適った農事を行なわせるための暦をつくる暦学を中心とし、また王が天の意志をうかがってよき政治をするための占星術であり、さらに医学も僧侶階級の秘伝としての呪術的医学であり、その自然観は総じて神話的・呪術的であるなどである。もちろん一年の長さをいくらにするとか(バビロニア、エジプトは三六五日、後に三六五・二五日、殷では三六五・二五日――ただしこれについては異論もある――マヤでは実に三六五・二四二〇日!)、記数法を十進法(エジプト、殷)にするか、二十進法(マヤ)にするか、あるいは六十進法(バビロニア)にする

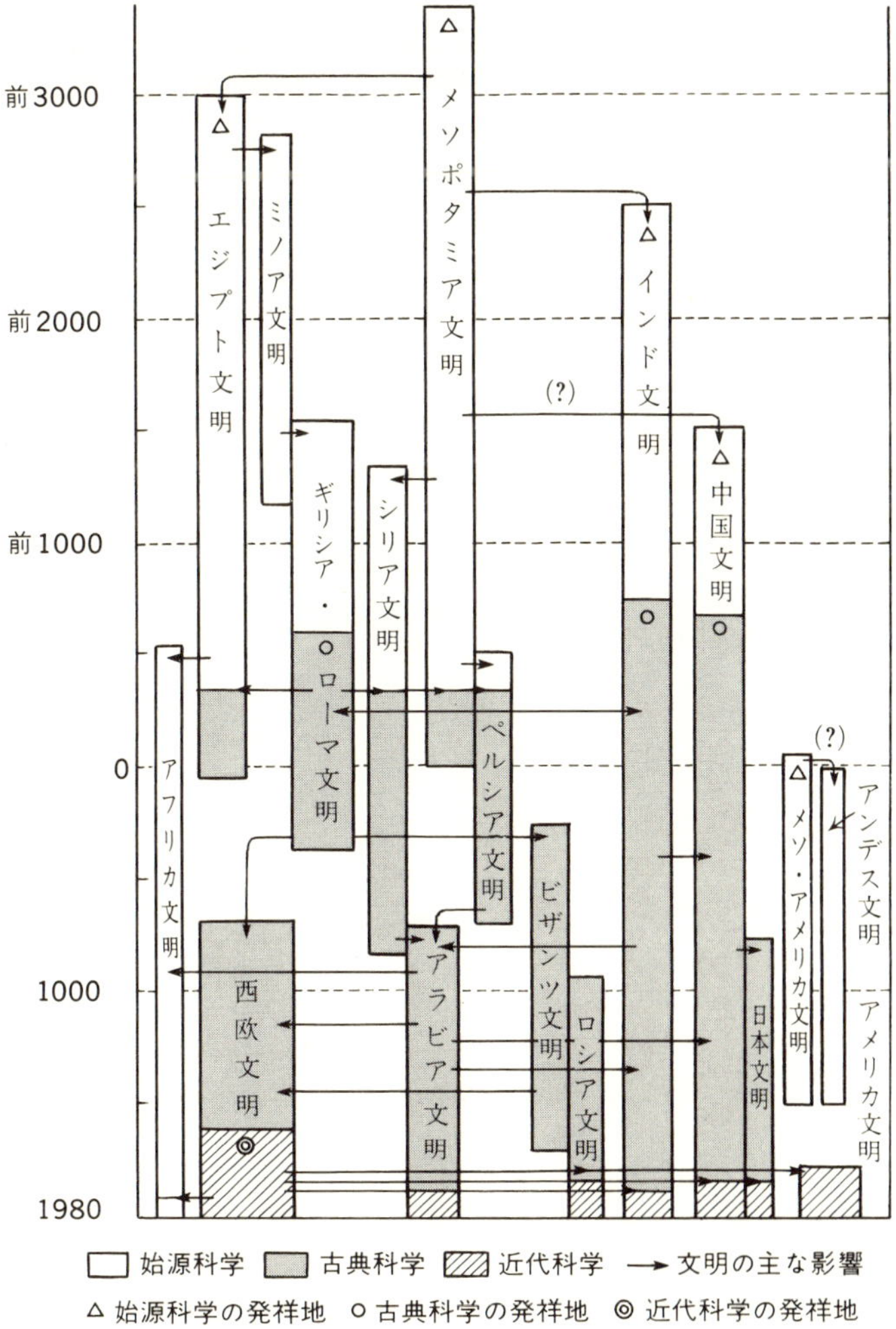
前3000
前2000
前1000
0
1000
1980
メソポタミア文明
エジプト文明
ミノア文明
ギリシア・ローマ文明
シリア文明
ペルシア文明
インド文明
中国文明
アフリカ文明
西欧文明
アラビア文明
ビザンツ文明
ロシア文明
日本文明
メソ・アメリカ文明
アンデス文明
アメリカ文明
(?)
(?)
始源科学
古典科学
近代科学
文明の主な影響
△ 始源科学の発祥地
○ 古典科学の発祥地
◎ 近代科学の発祥地

かといったような個々の事柄においては、それぞれの文明圏において異なるけれども、その科学の担い手、目的、機能という点ではほとんど一致していると思われる。それはこれらの科学が同じ文化的発展段階に属し、その科学を生みだした社会構造が同一次元のものであることを反映していると言ってよいであろう。このような文化的・社会的地盤からバビロニア、エジプト、殷、マヤの科学を比較してみることは有益であり、そのことにより、単に与えられた個々の科学的事実をとり上げるだけでは見落とされてしまう、その科学の社会的機能の本質的同形性が見てとれるのであろう。

なお、マヤの科学の最盛期が六―七世紀であるからと言って、これをギリシアの科学やアラビアの科学と比較するのは当を得ないであろう。それはこの科学の文化的・社会的基盤からして、「始源科学」として、バビロニアやエジプトの科学と比較してはじめて意味をもつ。

つぎの「哲学革命」に応ずる「古典科学」については、これまた図に示されているように、

㈠ ギリシアの科学

㈡ インドの科学

㈢ 中国の科学

三つの系統が考えられる。これらの「古典科学」の段階にあっては、科学は単なる断片的な実用知ではなく、原理からする体系的・合理的な理論知であり、この原理が異なることによって、「始源科学」とは違って互いに強烈な個性をもつ。つまり「始源科学」の同質性は消えて、それぞれの文化圏の思想革命の特殊性が色こく彫印されているのである。しかしこの三つの「古典科学」の個性は、いっそうよく見るならば、実はまたそれを生みだしたそれぞれの社会のエートスを反映してい

ると見られるのである。われわれは単に中国の名家の論理とインドの因明の論理、インドの原子論とギリシアの原子論、またギリシアの暦法と中国の暦法といったような個々の理論内容を比較するだけではなく——そのことも大いに必要であるが——それらの科学的営為がそれゆえに営まれるそれぞれの社会の基本的なエートス、価値志向をとり上げなければならない。そのことによってはじめて、三つの「古典科学」における個々の成果の意味するものが、はじめて根底から了解される地平が開かれると思われる。

それゆえ次節において、こうしたいわば「科学社会学」的視点から、比較科学史の方法を考え、それを実際に適用してみたい。

3　比較科学史の方法——科学社会学的視点から

ここに筆者が「科学の世界史」を可能にする比較の視座を設定しようとするに当たって、まず必要と思われることは、以下の事実である。すなわち筆者の考えでは、いかなる文化圏にも、その文化活動を支える基本的な「価値志向」というものがあり、これが他の文化的営為と同様に、科学的営為にも色こく影響を与えているのだということ——これをこそまず把えてゆかねばならない。そこでその知的営為にかかわる「価値志向」を「知のエートス」(Wissensethos) と名づけておきたい。つまりそれぞれの文明圏や社会において知を追求するエートスはそれぞれ異なっており、それが科学を研究する態度の違いを生み、またその結果として生ずる科学の性格の相違をもたらすのである。ここには一々の科学的成果の細かな差異に先だって、科学研究の根本的な Gesinnung の違いが見出されるのであり、それを把えなければ比較ははなはだ表面的で場当たり的となる惧れなしとしないであろう。むしろそうした個々の科学的所産の違いの意味も、こうした根本的エートスの違いが見出されたとき、はじめてその意味が根本的に了解されるのではなかろうか。

本稿はこうした視点から、三つの「古典科学」、中国科学とインド科学とギリシア科学を比較し、またこうした「古典科学」が「近代科学」とどう異なるかを考察しようとするものである。

そこでわれわれはまず次の問いから出発しなければならない。

a　この三つの文明圏（インド、中国、ギリシア）の基本的な価値志向はいかなるものであり、それがもたらす「知のエートス」の相違がこれらの文明圏の「古典科学」（インド科学、中国科学、ギリシア科学）にそれぞれどのような性格を与えているか。

b　これら三つの文明圏の「古典科学」の担い手は、一体どのような階層の人々であったのか。そしてそれがそれぞれの「古典科学」の性格にどのようなかかわりをもっているか。

c　これら三つの文明圏における「古典科学」の支持者（それを承認し、その推進を援助し、その結果を享受するもの）は、一体だれであったのか。

d　そして最後に「近代科学」は、以上の三つの点において、「古典科学」とは異なるどのような変革を行なったのか。

「古典科学」相互の、また「古典科学」と「近代科学」との差異に関するこれらの問いに筆者なりの解答を与えるまえに、「古典科学」を成立せしめた「哲学革命」の共通の性格についてまず触れておきたい。それは「古典科学」を「都市革命」に応ずる「始源科学」から異ならしめるものであり、三つの「古典科学」の間の差異とはこの共通の類的性格をともにした上での種差だからである。

第一にここにはじめて個人の思考というものが登場し、固有名詞つきの思想が出現する。それ以前においては人びとの精神生活を支配したものは部族全体、社会全体の集団の思想・信念であり、たとえばバビロニアのマルドゥク信仰、エジプトのオシリス信仰、殷の天帝信仰、マヤのチャック信仰など、みな個人の思想ではなく、レヴィ＝ブリュールのいう「集団表象」である。しかし「哲学革命」の段階にいたってはじめて、このような「集団表象」をぬけでた個人の思想――タレスの思考、仏陀の思索、孔子の教説がたち現われてくる。この「集団表象」からの脱皮、思想の個性の確立は、「哲学革命」の共通の特徴である。

第二にあげるべき共通の特徴は、それ以前の神話的思惟をこえでて、思想の合理化の方向に向かったということである。それまでのアニミズム、トーテミズム、マナイズムなどの纏綿した、やおよろずの神々の跳梁する世界は、狩猟や農耕文化のなかに根ざし、「農業革命」の大規模な成功を基盤とする都市革命期の人びとの観念形態を決定していた。「哲学革命」の段階において、こうした神話的世界から脱却し、呪術的思考から解放され、人間理性にもとづく世界の合理的把握に向かって新しい精神の飛躍が開始された。ギリシアにおいてはタレスにはじまるイオニアの自然学における神話の消滅、アナクサゴラスやエウリピデスの啓蒙、プラトンやアリストテレスの合理主義が、何よりもこれを示しているといえよう。インドにおいてもすでにバラモンは古い呪術的儀礼のオルギアを否定したが、ウパニシャッドの思想家にいたれば、ブラフマンとアートマンの一致の真理を体得するものにとっては、ヴェーダ的な神々に対する供犠祈禱すらなんらの意味もないとした反神話的態度、また六師外道の哲学における徹底した合理主義、さらには超現実的なものについては語らないとした仏陀のさめた理性の立場などが、これの傾向を雄弁に物語っている。中国においても、春秋時代から神話的・呪術的な天に対する信仰への懐疑が生ずるが、やがて鄭の子産のように、天道という超人間的世界と人道という人間世界とをはっきりと理性によって区別してくる合理主義や、さらにこの神話的・呪術的内容をもつ「天」の概念をさまざまな人間的原理、仁や礼や道に還元しようとする諸子百家の試みなど、すべてこれを表わすであろう。そして孔子の「怪力乱神を語らず」という言葉によって示される儒教の合理主義こそ、その典型的なものと言えよう。

さらに「哲学革命」の第三の共通特徴としてあげらるべきは、こうした神話から脱却して新たに彼らが何を求めたかということにかかわる。彼らはひとしく日常的・個別的な感覚経験をこえて、精神の目によってのみ把えられる普遍的な究極の原理を求め、そこからこの世界全体の意味を統一的に見直し、そのうちにおける人間のあり方を自覚しようとした。しかしこの求められた普遍的・究極的原理がなんであったかは、三つの文明圏においてそれぞれ異なっていた。

かくしてわれわれは、第一の問い、すなわち三つの文明圏における基本的な「価値志向」がどのようなものであり、それがそれぞれの「知のエートス」にいかなる影響をもったか、という問題に接続することになる。以下さきの四つの問いに対し、それぞれ筆者の暫定的な解答を試みておこう。

a 「知のエートス」について

ギリシア思想の基本的「価値志向」は、この世界を知的に正しく観照すること（Weltansicht）であり、そのさい観照されるものは、彼らを囲繞する自然《ピュシス》であった。彼らの求めた普遍的・究極的原理とは何よりもまず、こうした自然の原理《アルケー》であり、森羅万象がすべてそれからなり、それへと帰一する「もとのもの」としての元素、水や空気や火や原子であった。しかしいっそう考察がおし進められるや、それらは「もの」がそれからなる素材、質料たるにすぎず、「もの」を真にそのものたらしめるのは、かえってそのものの本質たる「イデア」であるとされた。ピタゴラスに始まりソクラテス、プラトンによって自覚、主張されたこの「イデア」は、また「形相」としてアリストテレスにうけつがれ、それは結局ギリシア思想において最終的に求められた普遍者であったと言ってよいであろう。ギリシア人はこのイデア的・形相的認識を、実用、功利をひとまず措いて徹底してロゴス的・理論的に、そのものとして追求する。こうした「知のエートス」は、まず実践（プラクシス）や制作（ポイエシス）と区別された理論としての理論――「テオリア」を実現させ、特に「形相」のロゴス的探究の典型としての幾何学的認識が重んじられ、これがすべて知識の模範であるとされた。

これに対し、インド思想において求められた普遍的究極者は一応、「法《ダルマ》」であるということができよう。しかしこうした「法」は、とくに仏教の場合、「涅槃《ねはん》」（ニルヴァーナ）への解脱と密接に結びついており、その原動力となるものであった。すなわちこの煩悩をふき消した「涅槃」の境地こそ、彼らが真に求めた究極的なものであり、これは仏教にかぎらず、一般にインド思想は「業」の「輪廻」のくびきを絶ち切ってこれから離脱すること、すなわち彼岸へ向かっての「世界超脱」(Welttranszendenz)をめざすのであって、この点、此岸的な「世界直視」に徹するギリシア思想

	求められた対象	知的営為の目的	世界に対する態度	方　法
ギリシア	イデア	観照的認識	世界直視	理論的
インド	涅槃	宗教的解脱	世界超脱	思弁的
中国	道	倫理的実践	世界適合	直観的

と根本的に相隔たるものがある。ギリシアのイデアの「観照」にたいするものは、ここでは涅槃への「解脱」であり、そこには、「知のエートス」において真の「認識」へと向かう「テオリア」的態度と、真の「悟り」へと志向する宗教的態度との根本的相違がある。このことはインドにおいて、自然的認識といえども、究極においてはこうした宗教的超越への手段ないしは準備としての意味をもつことになるのである。

中国思想の場合は、求められた究極者は、ひろく「道」であったと言ってよいであろう。この「道」はもと神話的・呪術的な「天」の概念を人間的な原理として内在化したものであり、さまざまな学派により、それは主観的な「仁」とされたり、客観的な「礼」とされたり、さらにその客観性をおし進めて「法」とされたり、またひるがえって真の道とはこうした現実社会的なものではなく、いっさいの世事を否定した「無為自然」であるとされたが、いずれにせよ、それは人がこの世で従うべき道であった。中国における「知のエートス」はなによりもまずこうした人倫の道を志向しており、大には天下国家の、小には個人の、よき処世の原理が問題であった。それは天地の道に従うのであるから、インドのように彼岸的な世界超脱ではなく、まさにウェーバーのいう此岸的な「世界適合」(Weltanpassung) であった。しかし此岸的とはいってもギリシアのように、この世界を「テオリア」の対象としてどこまでも理論的ロゴスに分析するのではなく、直観的具象性において事物を全体として把握し、そこから現世的実践の原理を得ようとするものであった。ここでは、ギリシアの観照的・ロゴス的、インドの宗教的・思弁的態度に比して、倫理的・実践的態度が優越している。結局ここでは「修身斉家治国平天下」の実践がめざされ、こうした経世済民的な立場は、科学においては、純粋理論よりも実際に役にたつ技術を大いに伸長させた。

以上述べてきたことを類型的に表に示せば、右の図のようになるであろう。

b「科学の担い手」について

ギリシアにおける科学の担い手は、いわゆる哲学者であった。彼らはこの世界全体を合理的に理解する知的努力の一部として、科学的知識を追求し体系づけた。それはポリスの市民として、奴隷に実践的・実際的な労働をゆだねて、自ら「高貴なる閑暇」をたのしみつつ、純粋な理論知を創出した。彼らが僧侶でも官僚でもなかったことが、知識のための知識である純粋科学を形成せしめた一つの大きな原因であると考えられる。

これに反し、インドにおける科学の担い手は、バラモンの僧侶階級であり、彼らも高貴な知識人層として、儀礼的・哲学的・学問的諸問題に思弁と議論を捧げた。しかも中国の読書人層のような専門家敵視はなく、「法」の個別化・特殊化に応じて、さまざまな領域の「専門科学」が助長され推進された。しかしこれらも、それが単なる実用的知識以上の意味をもとうとするならば、所詮、最後は宗教的救済に向かう、そのための予備学としての役割をもつにすぎなかったと言ってよい。なお仏教の担い手はむしろクシャトリアであり、ジャイナ教は商人層に支持されたが、彼らの知識や行為も究極的には「悟り」「救済」に向けられていることには変わりがない。

さらに中国における科学の担い手は、いわゆる士大夫であり、読書人官僚層である。彼らは現世的な秩序の維持に絶対的な価値を認める伝統的合理主義者で、古典の学習により官吏登用試験に合格した、専門家でない官僚知識人であり、ここでは政治がすべてに優先する。それが彼らの身分倫理である儒教の理想と一致するのであり、したがってここでは科学研究も政治・倫理と切り離しては考えられない。そうした現実社会のイデオロギーから逸脱した道家の人びとが、むしろ自然そのものをあるがままに把えようとするが、しかし彼らは本来ニヒリストであるから、これを何か積極的な原理で理論的に把握しようとはしない。彼らはむしろそうしたことを否定する無垢の経験主義、というより一種の神秘主義に入っていったと言ってよいだろう。

c 「科学の支持者」について

ギリシアではポリスの市民が自らの求知心にもとづいて科学を支持したのであり、したがってそれは市民に向けての市民の間での科学であり、何よりも平等な資格をもつ市民のロゴスの交換によって科学は発展する。それゆえ科学的知識は上から「命法」とはならず、個人相互の間で成り立つ論証説得が重んぜられることになる。しかしヘレニズム期になると、こうしたポリスの市民共同体の科学者は消えうせ、アレクサンドリアの科学のように、文化を愛好する王をパトロンとする宮廷科学となり、科学は専門化するが、王の支持がなくなると直ちに衰微することになる。

インドにおいては、バラモン層とその権威を認める王侯たちが、直接間接にその宗教的目的に役立つ限りにおいて、また実際上の要求に応ずるかぎりにおいて科学を支持する。その限りでは科学がギリシアのように自己目的化されたとはいえないが、さきに述べたように、かなりの専門化が助長された。

中国においては為政者が、国の政治——経世済民に役立つかぎり、科学を支持した。したがってそこでは実用的関心にもとづく官僚科学が優先し、科学は本質的に政治に従属して純粋な求知心によって方向づけられるという機会は少なかったといってよいだろう。

さて以上のような諸要因が結びついて生じてくる、三つの「古典科学」の性格の違いを事実に即して検証してみるために、この期の科学として典型的に発達した「数学」と「天文学」、それに経験科学の基本となる「自然哲学」の三つの面について具体的に見てみよう。

まずギリシアにおける数学はその理論的・ロゴス的観照の性格を反映して、当初より経験的な有用さよりも、数学そのものの理論的性格、つまり「論証」を重んじた。このことはギリシア数学の出発点となるタレスにおいてもすでに明らかである。ここでは数学の実用的計算や応用ではなく、何よりもその「証明」が問題であった。実際、彼こそは当時において「その知恵が実際的必要の枠を超えでて観照《テオリア》に到達した唯一の人物」であった。この趨勢はピタゴラスにおいていっそう徹底される。しかも「形相」の観照をめざす彼らの数学的ロゴス認識は、すぐれて「幾何学」において結実した。幾何学的認識こそ、数学的認識の典型であり、否すべての認識の原型ですらあった。こうした理論的純粋数学はさらにパルメニデスの鋭い論理的洞察を経て、数学的対象が精密に理念化されると同時に、定義、公理、公準から出発する一連の定理の演繹体系としての公理的論証数学へと発展する。その最終的帰結がユークリッドの『原論《ストイケイア》』であることは、ここに言うまでもないであろう。この公理的論証数学の形成は、ギリシアにのみ起った事態であり、それはやがてこれをうけついだ文明とそうでない文明との間に、大きな文化的差異を生ぜしめたと言ってよい。

ギリシアの天文学も、単なる天文現象の観測やその数値計算に没頭するのではなく、右の純粋幾何学の形成と密接に結びつく。すなわち、すでにプラトンと同時代人であったエウドクソスにおいて、天文学は中心を同じくするいくつかの幾何学的球の組み合わせによって天体の運動を説明しようとするものであって、こうしたイデア的な幾何学的モデルを根底におき、それによって天体現象を理論的に解析することは、ギリシアの独創であった。この「同心天球」の理論はカリッポスやアリストテレスにより発展せしめられたが、さらにアポロニオスの「周転球」や「離心球」のような修正を経て、ギリシアの数理天文学はやがてプトレマイオスの『アルマゲスト』に結集する。ここではいちおう実用的な関心を離れ、幾何学的存在を基礎にして、あくまでも数理的に天体の運動そのものを把握する。つまり彼らの言葉によれば、テオリアによって「現象を救う」ことが問題であった。この幾何学を基礎にする天文学のテオリア的性格はギリシア特有のものといってよいであろう。

最後にギリシアの自然哲学について言えば、それはあくまでも「自然《ピュシス》」のテオリアに徹するものであった。タレス以来アリストテレスにいたるまでこの性格は一貫している。そして後者において大成された「形相」－「質料」、「現実態」－「可能態」の対概念によるいっさいの存在把握も、この

「自然」の考察を基盤としている。アリストテレスにおける「政治学」も「倫理学」もこうした自然把握の根本概念によって、それを拡張敷衍したものと言えよう。神ですらこうした自然と分離したものでなく、それは「不動の動者」として自然界の運動の究極にあるものにほかならない。ギリシア思想はこうした意味において、一般に meta-physica としての性格をもつ。

これに反しインドにおいては、数学もまず宗教的なものと結びついて発達した。インド最古の数学書は、人も知るように『シュルバ・スートラ』であるが、これはバラモン僧が行なう祭祀に必要な祭壇の設営の方法を計算することを主眼とするものであり、もともとヴェーダ聖典研究のための補助学《ヴェーダーンガ》の一つである祭事学《カルパ》の一部であった。そこではピタゴラスの定理が一般的な形で述べられているが、ギリシア的な論証とは無縁で、むしろピタゴラスの定理の関係を満たす三つの整数の組などが求められている。このようにインドではギリシアの論証的幾何学が発達しなかった代わりに、インド人の現実そのものではなくその「象徴」を重んずる精神から、シンボリズムが発展して記号的認識を生み、そこから代数的演算が進歩した。またその特有の「空」の思想は、世界数学史に画期的な零の発見をもたらした。実際、零を意味する言葉 sūnya は「空」(sūnyatā) と結びつく言葉である。われわれが今日使用している零記号を含む数記号はインド人が創りだしたもので、それがアラビアを経て西欧に渡り、やがて全世界に広まったことは周知のとおりである。結局、インド数学の特徴は記号を駆使した代数学的演算にあり、この点ではギリシアをはるかに凌いだと言ってよい。しかしインドの数学は、特に発展した三角法の知識とともにしばしば天文学に従属するものであり、実際、のちの高度に進んだ数学的知識は『アールヤバティーヤ』や『バースカリーヤ』のような天文学書のなかに見出されるのである。

インドの天文学も数学と同じく、ヴェーダ聖典研究の補助学として出発した。すなわち祭祀の日時を正確に決めるために天文学的知識が要求されたのである。その後バビロニアの天文学などを導入し、『ジョーティシャ・ヴェーダンガ』などの代表的天文書が生みだされ、しだいに学問的独立の歩を進めるとはいえ、これもなお書名の示すとおり、ヴェーダ補助学の性格を脱するものではない。四世紀以後ははっきりとギリシア天文学の影響をうけた「シッダーンタ」文献が現われて、六世紀にヴァラーハミヒラによって『パンチャ・シッダーンタ』としてまとめられたが、これによって、天文学はますます自立の途を歩み、ギリシア天文学にある点では匹敵するものをつくり出してゆく。しかし、十二世紀にまで下ってもなお最もすぐれたインド天文書の一つ『マハー・バースカリーヤ』が次のような宗教的献辞をもってこの書を始めているのを、われわれは見逃すことはできない。

「謹んでシヴァ神に恭順の意を表す。

光によって四方を照らす月の指を、その額の上にもつシャンブ神（シヴァ神の別名）に我は礼拝す。その足を神々によって崇められ、すべての知識の源であるシャンブ神に我は礼拝す。」

こうした宗教的献辞はこの書だけではなく、インドの数学書や天文書には通常のことであり、このようなことはギリシアや中国の科学書には見られない。ここにインド科学が高度に専門化しつつも、なお宗教的なものと絶縁していないことを示している。

インドの自然学については、インド諸学派のうち、前二世紀後半のカナーダによってはじめられた勝論派（Vaiśeṣika）を代表として挙げることに異存はないであろう。ここではまず、実体（実）、性質（徳）、運動（業）、普遍（同）、特殊（異）、内属（和合）の六つの範疇（padārtha）が区別され、このうち実体には地・水・火・風の四元素と虚空、時間、方角、アートマン、意の九つが属し、さらにこの四元素は各々性質を異にした無数の原子（paramāṇu）からなるとされている。また性質には色・香・味・触をはじめ十七のものが認められ、運動は上昇・下降・収縮・伸長・進行の五種があった。勝論派ではこうした諸概念を、運動論や熱学や光学や音響学の領域に適用して大きな成果をあげ、インド自然学の最大の体系を与えた。しかし「運動」の概念一つとっても、それを意味するサンスクリット karman は同時に「業」の意味をもつものであり、この二つの概念が根底において結びついていたであろうことは疑いえない。すなわち原子の最初の「運動」を起す不可見力（adṛṣṭa）を、この派の六原理の認識とヨーガの修業により完全に滅し去るならば、そこに「業」の輪廻を絶ち切って解脱が成立するとされるのである。

『ヴァイシェーシカ・スートラ』一・一・四には「実、徳、業、同、異、和合の六句義の同相、異相に関する真智より、勝法（dharmaviśeṣa）生ず。これより至善（niḥśreyasa）あり」とある。ここに至善とは「解脱」（mokṣa）の意味にほかならない。つまりインド自然学の最大のものと言われている勝論派においても、究極に目指されているものは、宗教的解脱なのである。そこにおける一見自然学的議論と思われるものの背後にも、こうした含蓄のあることが、つねに見てとられねばならない。このようにしてインド思想は一般に、ギリシアの meta-physica とは異なり、meta-religiosa たる性格をもつことが自覚されねばならないのである。

中国における数学の最古のものは『九章算術』であり、これはその後の中国数学の一つのパターンをつくったといってよいであろう。ところでこの書の内容をみるに、それは田地の面積の計算(方田章)や穀物の量の換算(粟米章)、土木工事に必要なさまざまな立体の体積の計算(商功章)など、要するに中国官僚制における士大夫の科学、官僚のための科学であって、その人民管理の術としてあったといってよい。とくにこのことは「均輸章」と名づけられている田租の運搬の労働負担を均等ならしめようとする問題などに最もよく現われており、中国数学の政治的・経世的な役割をいかんなく示している。正負の数をともに使用し(このことはヨーロッパでは十七世紀までない)、多元方程式を扱い、ピタゴラスの定理を知っているなど、インドの場合と同様であるが、しかし中国の数学は宗教とは結びつかず、むしろ現世的な政治——経世済民にはじめから向けられていたといってよい。それは士大夫の官僚技術として存在し発達したのであった。

中国の天文学も、天子つまり天の子が天上の意志をおしはかりながら正しく世を治めるための技術として早くから発達したのであり、当初から政治と結びついていた。そのために天文学は例外的に早くから中国官僚制のなかに制度化され、歴代の皇帝はたえず天体現象を観測させた。その成果は『史記』「天官書」以来、各王朝の正史のなかに「天文志」として書き加えられた。また暦をととのえて農事を適切に行なわしめることは、為政者の最大の義務であり、またこれが皇帝の権威の源泉でもあったから、この意味でも天文観測は重視された。とくに漢代以後は「受命改制」の思想によって、王朝の交代するごとに改暦が行なわれ、それも正史の「暦志」に記録された。かくして中国の天文学はつねに政治のなかにおいて重要な意味をもったのである。こうしたことはギリシアにもインドに見られなかった。

さらに中国の自然哲学として「陰陽五行説」をとり上げよう。戦国時代の騶衍によってまとめあげられたこの学説は、その後の中国の自然思想をつくったといってよい。しかしこれはまた実のところ、単なる自然思想につきるものではなく、同時に人間や国家の理法をも含むものであった。否、むしろ前者人倫の思想をもって後者自然の思想を律したとすら言える面がある。次にこれを一、二の例によって示そう。

「是故男《ニ》教《ヘテ》不レ修《メ》、陽事不レ得《レバ》、適見二於レ天日為之食一。婦順《ウテ》不レ修《メ》、陰事不レ得《レバ》、適見二於レ天月為之食一。是故日《ニ》食《スレバ》則《チ》天子《ハ》素服《シテ》、而修《メ》二六官之職一蕩《カス》二天下之陽事一。日食《スレバ》則《チ》后《ハ》素服《シテ》、而修《メ》二六官之職一蕩《カス》二天下之陰事一。」(『礼記』昏義、第四十四)

「道徳者天地也。五常者五行也。仁《ノ》発生之謂也。故《ニ》君《ス》于レ木。義《ノ》救難之謂也。故《ニ》君《ス》于レ金。礼《ノ》明白之謂也。故《ニ》君《ス》于レ火。知《ノ》変通之謂也。故《ニ》君《ス》于レ水。信《ノ》愨然之請也。故《ニ》君《ス》于レ土。」(『譚子化書』仁化巻、第四、五行)

これらはともに陰陽ないし五行が自然のみならず、倫理や政治と深く結びついていることを示すであろう。こうした例は枚挙のいとまがないほどで、一般に中国において自然の理法と人倫の理法とは相覆い、物理と道理は連続しており、前者はむしろ後者に従属しているのである。ここに中国思想がギリシアの meta-physica、インドの meta-religiosa に対し、meta-ethica ないしは meta-politica という性格をもつことが認められる。しかもこの場合、「身を修める」個人倫理《エチカ》も、「国を治める」国家倫理《ポリティカ》も、中国においては同一の原理に帰さるべきものとして一つのものであった。なお、近時、こうした倫理や政治を否定して、「無為自然」に依る道家の経験主義的自然研究が高く評価されてきているが、しかしこれとても純粋な自然研究と見るべきではなく、それも倫理を超越する倫理、処世を否定する一つの処世としてやはりmeta-ethicaとしての意味をもつのであり、この点では依然として中国的エートスに従っていると思う。ニーダムのように道家の「道」を単なる「自然」(nature) と解釈しきってしまうのは問題であろう。

以上筆者は、三つの「古典科学」について、それぞれの「知のエートス」「担い手」および「支持者」の違いが、どのようにそれらの科学の在り方を異ならしめてきたかを、具体的に検討してきた。比較科学史は単にこれらの科学の生みだした個々の成果を比較するのみならず、それらの生みだした科学的営為を支えるエートスまで問題にしてゆかねばならないと考えるのである。

それでは次に、「近代科学」はどのように、こうした「古典科学」の在り方を変えたのであろうか——この最後の問題をとり上げよう。

まず「知のエートス」について言えば、「近代科学」のそれは単なるテオリア的「世界直視」でもなく、宗教的な「世界超脱」でもなく、処世的な「世界適合」でもなく、かえって能動的・行為的な「世界支配」(Weltherrschaft) であった。これは「科学革命」のスポークスマン、フランシス・ベイコンが高らかに唱導した「力としての知」の実現であった。そしてこのことは「神の贈与によって人類のものとなっている自然の支配権」という彼らのキリスト教のイデーと密接に結びついている。近代科学を特徴づける「実験」という行為も、神により人間とは独立に創造された第三者たる自然を、それゆえにもはや直接的共感や人間的類比によってではなく、外から操作し、解剖し、利用しようとするものであった。ここにはギリシアの自然を観照的に観る態度とも、中国の自然に順応しつつこれを利用するという態度とも異なる新しい「知のエートス」があり、「自然をむきだしにし、変化させ処理する技術」としての「実験」によって自然を征服し、そこに「人間の王国」をつくり上げようとするものであった。ベイコンはこの自然の統御と利用により「人類の欠乏と悲惨とを征服しうる一連の発明が生み出され」、人間の福祉は無限に増進されると考えたのである。

ベイコンの「自然支配」のイデーと並んで「近代科学」の根底をなした「知のエートス」は、デカルトによって徹底的に仕上げられた「機械論」である。この機械論的自然観もまた、神により人間とは独立に創造された絶対他者としての自然そのものを、人間との類比を絶ち切ってそれ自体の属性により把握しようとすることから生じたといえよう。すなわち、キリスト教の含意する自然の「非人間化」が徹底しておし進められるとき、やがて自然から人間的要素としての色や匂いのような「第二性質」や「生命力」や「目的意識」を追放して、もっぱらこれを延長的な原理——「大きさ」「形」「運動」などの自然自身の要素によって数学的・因果的に分析しようとするに至る。したがってデカルトの「機械論」もキリスト教と無縁ではなく、否むしろそれはキリスト教的な自然の概念が含意するものをあらわにし、キリスト教とアリストテレスというトマスのいささか無理な結合に対し、より整合的な「キリスト教と機械論」という新しい結合を行なったとすら言えよう。がリレオもボイルもニュートンも、一般に近代科学の担い手たちは、みなこの結合の路線の上にある。

結局、中国においては天地をつつむ有機的自然への適応が問題であり、そこでは人倫と自然とは一致していた。インドでは業の輪廻の世界から離脱することが問題であり、自然認識はこの目的のために奉仕するものか、さもなければ単なる特殊な実用知識にとどまった。ギリシアでは、神、人間、自然をつつむ「ピュシス」全体の調和あるテオリア的認識が問題であった。これに対し近代科学は、人間に対立する被造物の機械論的分析と、その実験的操作による支配が問題であった。この近代の「知のエートス」はキリスト教と深くつらなるものであると思われる。

なおここで、なぜ「近代科学」のみがさまざまな「古典科学」とは異なって、あらゆる文化圏を通じての「普遍性」を獲得したのか、という重要な問題に答えておきたい。筆者の見解によれば、これはデカルト、ベイコンと並んで、もう一人の「科学革命」のチャンピオン、ガリレオが創出した独特な「科学的方法」によると考える。すなわち、ギリシア以来の合理的遺産である「数学的方法」と近代の「実験的方法」とを結合したことによるものである。数学的知識が普遍的であることは言をまたない。しかしこれだけでは経験的内容の空虚な普遍性で、自然の知識とかかわりをもたない。実験によって経験的知識が数学的形式のなかにとりこまれることによってはじめて、自然に関する普遍的知識が獲得されるのである。これはどんな世界像やイデオロギーを背後にもっていようと、それとは無関係に、共通の普遍的承認を要求しうるものである。この「科学的方法」の確立こそが、西欧において樹立された科学が普遍性をもちえた理由であり、逆に言えば特殊西欧的に成立した「自然支配」や「機械論」は必ずしもこの科学の普遍性の根拠となっているものではないのである。

つぎにわれわれは「科学の担い手」の問題に入ろう。近代科学の担い手は、哲学者でもなく、バラモン知識層でもなく、士大夫でもなく、科学を科学として追求する自立した「科学者」である。こうした「科学者」の出現は、まったく新しいものであることが、更めて注意されねばならない。それまではつねに、科学は他の何ものかのために研究されたのであって、そのもの自身のために研究されたのではない。すなわち哲学や神学や政治の一部だったのである。それでは科学として科学を追求する「職業《ベルーフ》」としての科学、そうした科学を担う科学者はいかにして出現しえたのか。そこにはまたキリスト教の、とくにプロテスタンティズムのエートスの存在が指摘されている。すなわち自らを「神の道具」として自覚し、ただただ自然に対して働きかける「行為」を通して「神の栄光」を明らかにし、そこに自らの救済の確証を得ようとするものである。その意味で、彼らの「実験」も一つの宗教的行為であった。これはギリシア的観想ともインド的諦念とも、また中国的な「天地の道に従う」こととも異なった、新しい「世俗内禁欲」の行為としての積極的な自然探究であり、それはそれだけで意味をもち、自立した価値をもつものであった。しかも探究の結果は、「神の贈与」として、自然を支配しうるという実効性を併せもつものであった。こうしたエートスだけで近代科学（者）の自立をすべて説明できないとしても、少なくともこうした自覚をもった実践的にして合理的な新しいタイプの知識人と、その活動を支持する市民層の存在が中核となって、近代科学の制度的自立化をおし進めたことは疑いえない。しかしひとたび科学が自立し、その制度化が進むや、こうしたエートスの自覚は次第に稀薄となり、特にこの近代科学を外から受容した国々においては、はじめから意識されず、もっぱらその効用性だけが注目されることになった。

第三の「支持者」の問題についてはすでに半ば答えられている。すなわち近代市民社会における自立した自由な中産階級のブルジョアジーとしての市民自体が、近代科学の支持者である。それはこうした近代科学をおし進めた科学者たち（彼らも多くは中産階級の市民である）とそのエートスを同じくするからであり、またこの近代科学の果実を最もよく享受しえたからである。実際、中産階級の勃興にともなう商工業の発達は、運輸（航海）や採鉱などの実業に、科学の成果を利用しえたのである。しかしこの利用は結果としてであって、このために科学が追求されたのではない。科学はあくまでも個人の自由な探究であった。こうした事態も近代産業国家が発展するにつれて変質し、科学の主なる支持者は国家や企業となってゆくのである。

結び——科学のエートス

筆者は、はじめに、西欧近代科学だけではない、人類の科学的営為をすべて見てとる「世界の科学史」の必要を論じ、ついですべての文明圏での科学的営為を比較的な見地から含みうる歴史的枠組として、「始源科学」「古典科学」「近代科学」の三つの概念範疇を提出した。そしてこれらを比較するにあたっては、単に個々の科学的成果のみならず、もう一歩踏み込んでその個々の成果を生みだすエートスにまで下って考察すべきことを主張し、三つの「古典科学」について、それがそれぞれ meta-physica, meta-religiosa, meta-ethica たる性格をもつことを明らかにしようと試みた（五つの「始源科学」については、そのエートスはほとんど同様のものと考えてよく、そのことがまた「始源科学」の特質である)。「近代科学」はこれに対し、こうしたさまざまな「メタ」をとり除いた「科学としての科学」を実現せしめたが、これがまた西欧の独特なキリスト教的エートスの所産であった。そしてまた近代西欧科学の二つの思想的な柱である「自然支配のイデー」と「機械論的自然観」も、ともに自然に対するキリスト教的な考え方が基盤になっているように思われる。しかしこの「自然の支配」のイデーも「機械論」的自然観も、ともに今日そのまま妥当しうるかどうかは問題であり、むしろその鼎《かなえ》の軽重が問われている。おそらく前者についていえば、自然を人間の対立者としてこれを支配するのではなく、むしろ人間も自然の一員として、その中で自然と調和しなければならないだろう。後者についていえば、機械論における要素主義、分析加算主義は、ニーダムも指摘しているように、全体的なオーガニゼーションのパターン認識をもって補われねばならないだろう。ここに西欧科学思想の修正にとり出されてくるこれらの思想が、ともに早くから非西欧文明圏の科学のなかに内在していたものであることは注目される。

そもそも「古典科学」においては、科学はそれを包む全体知の一部であった。ここにおける科学の担い手、ギリシアの哲人もインドの賢者も中国の士大夫も、文明全体の価値体系のなかに科学を位置づけていた。科学は哲学や宗教や倫理と無関係ではなく、そうした他の文化的営為との相関において科学は求められた。「近代科学」は科学でしかない科学を自立せしめたが、それはもと一つの価値志向をもったエートスにもとづいていた。そのエートスが風化してしまった今日、科学は一体何のために追求されるのか。「神の栄光」のためでないのみならず、「人類の福祉」のためであるかさえも曖昧になった。過去においてこのベイコンのスローガンは文字通りに信じられ、それが科学の市民的支持の暗黙の前提であったとしても、今日現出した公害、環境汚染、核爆弾、生物兵器などは、このバラ色の夢を裏切り、科学技術の未来に対し、人びとは深い懐疑の淵に落ち込んでいると言ってもよい。科学は人間的な営為として、いかなる時代にもその営為を価値づけるエートスなしにはありえなかった。近代科学をつくり上げたエートスはすでに雲散霧消し、非西欧諸国が当初目的とした「富国強兵」もその期を脱し、しかも科学が他の文化価値から孤立して「科学としての科学」になったとすれば、この現代科学の行為を支えているエートスは一体、何なのだろうか。それは今日、定かなものではなくなってきたと言わなければならない。もはやわれわれはいっさいのエートスを欠いた「魂なき専門人、心情なき享楽者」に甘んずべきなのか。そうではあるまい。再びマックス・ウェーバーの言葉に因んで言うならば、これまで「目的合理性」をのみ追求拡大してきた現代科学の、今や「価値合理性」を、ここに更めて根底から問い直さねばならない。

5　比較数学史への途

数学は学問の中で最も普遍的なものと普通考えられている。そして民族や風土、社会、歴史から独立に、いつの時代でも、またいかなる民族、いかなる社会にも共通の一種類の数学だけがあると考えられている。確かに数学の真理内容はあらゆる時代を通じ、またあらゆる国を通して共通なものであり、正しい数学はどこでも正しいのであり、間違っている数学はだれに対しても間違っている。エジプトでは正しいけれどもギリシアでは間違っている数学、あるいはヨーロッパでは正しいが中国では間違っているといったような数学は存在しない。このような意味で数学の真理は時と所とを超え、あらゆる人間に共通であるということは確かなことであろう。

しかし同時に、次のような動かしがたい事実にも注目しなければならないと思う。すなわち、数学もまたある一定の文化の中で発生し、成長するものであって、他の文化形成物――芸術とか宗教とか科学――と同様に、数学もまた文化に拘束されている。ここで「文化拘束性」という言葉が出てくるが、これはこのごろ私が科学史のほうでよく使う言葉で、数学もまたそれから免れていないだろう。つまり、ある社会において数学が持っている意味、価値、役割、機能といったものは、文化圏によって非常に異なっていたと思われる。それぞれが自己の文化に見合う数学の形態をつくり上げていたと思われるのである。

こういう世界の諸文化圏において形成されてきた数学の種として，バビロニア，エジプト，ギリシア，ローマ，アラビア，西欧，インド，中国，日本，マヤの数学および現代数学をとりあえず挙げておく。この数学の種がいくつあるかは議論の余地があるけれども，差し当たりこの十一くらいのものを挙げてその相互関係を見ると同時に，さらに進んでこれらの数学の種を四つの基本類型に分類し，この基本類型の本質を相互に比較しながら，比較数学史の枠組みを設定していこうと思う。このような操作を通して，単なるヨーロッパの数学史ではなくて，本当の世界の数学史というものが描かれはじめるだろう。それの基本的な一つのたたき台になればと思う。

従来，比較数学史というと，例えば π の値がバビロニアではいくらで，エジプトではいくらで，中国ではいくらであるとかいったようなことか，あるいは数の数え方がある文化圏では六十進法で，ある文化圏では十二進法で，またほかの文化圏では十進法であるとか，あるいは円の面積の求め方がこの文化圏ではこうだけれども，他の文化圏ではこんなふうにしてやるとかいったイメージが浮かぶと思う。しかし私のいう比較数学史は，もちろんそういうことも含んでいいのだが，それには尽きない。むしろこうした現象的な違いが出てくるその底にある基本的な，いわば数学の深層構造の違いを見たいと思う。つまり，そういった数学の様々な成果の違いの根底にある，一定文化圏における数学そのものの構造，その数学がめざしている目標，その数学の社会の中での機能にかかわる基本的な深層構造，というべきものを取り出して考えてみようと思う。

1　シュペングラー再考

そうした文化の根底のところに比較の視座を定めて、そこから諸文化圏における数学の性格の根本的違いを見てみるために、まずシュペングラーという一人の先駆者を取り上げて紹介しておきたい。これは、数学は一つだと考えている人に対する反証の例となるであろう。

シュペングラーは、比較文化論の先駆的な著作である『西洋の没落』（*Der Untergang des Abendlandes*）の第一巻を一九一七年に書き、それは今でも古典的名著となっている。シュペングラーがこの本を書いたとき、その第一章は意外なことに、「数の意味について」となっており、この数学の問題から始めている。彼によると、数こそまさしく様々な文化圏における意味形態の違いというものを取り出してくる最もいい例であるというのである。

こうして彼は数概念の比較ないしは数学の比較からこの比較文化論を始める。彼に言わせれば、ただ一つの数学があるのではなくて、複数の数学がある。そしてそのそれぞれの数学がそれぞれの文化の中に根を下ろし、成長し、発展し、衰退し、死んでいくのだと彼は考える。そのへんのところを部分的に引用してみよう。

「数それ自体というものは存在していないし、また存在し得ない。実際には多くの数世界があるのである。それは多くの文化があるからにほかならない。数思考には、インドの型、アラビアの型、ギリシア・ローマの型、および西洋の型がある。この型はどれも根底から特有のものであり、どれも異なった世界感情の表現であり、どれも学問的に正確に限定された妥当性をもつ象徴であり、生成したものを秩序づける原理である。この秩序づけは、唯一であって決して他のものではない魂の、最も深い本質を反映している。すなわちまさしくこの文化であって他の文化ではない、その文化の中心にある魂の反映なのである。だからこそ数学は一つではなく多数なのである。なぜなら、ユークリッドの幾何学の内的構造がデカルトのそれとまったく異なっていること、アルキメデスの解析学がガウスのそれと異なっていること、そしてそれがただその形式、意図および方法においてだけでなく、とくに深部において、学問的に発展してゆく数の本源的な意味において、そうであることは、疑い得ないところだからである。」

「われわれ西欧人が、自己に特有な学問的数概念を、アテナイやバグダードの数学者のしていたことに無理やりに (gewaltsam) 適用しようというなら、適用してもいい。しかしこの同じ学問の主題、意図、方法がアテナイやバグダードではまったく異なったものであったことも確かである。数学というもの (Mathematik) は存在しない。存在するのは複数の数学 (Mathematiken) のみである。数学の歴史は、ただ一つの不変な理想の進歩的実現のように誤まって考えられているが、こうした歴史的表層の欺瞞的な像をとり除いてみると、事実それは自分自身で完結し独立している複数の発展であり、新しい世界形式の幾度かの誕生であり、異なった形式世界の同化と改造と脱皮であり、一定の寿命をもつ純粋に有機的な開花と成熟と凋落と死滅なのである。」

以上が、シュペングラーが数ないし数学というものは決して一つではなく、それぞれの文化圏の文化の魂というものと密接に結びついて、文化圏ごとにその根底において違ったものであるということを主張した部分の引用である。

私は必ずしもシュペングラーのすべてに賛成というわけではない。彼が具体的にやっているところを見ると、ずいぶん間違いもあると思う。しかし、数学と文化との関係について、根本的なところでの深い洞察がこの中に秘められているのではなかろうかと思う。われわれは数学というものをギリシアの数学も近代の数学も、中国の数学も和算も、何もかも一色に考えて単純に同じものとして扱い、その文化の根底と結びつく意味や構造や役割や機能の違いを無視しがちである。特に数学は普遍的であり、きわめて論理的なものだということから、芸術やその他の文化形成物と異なり、数学については唯一性の神話とでも呼ぶべきものが流布されているとすれば、このシュペングラーの主張は、それとは根本的に違った数学の側面をわれわれに見せてくれ、有益なサジェスチョンを与えてくれると私は考える。つまり数学もそれを生みだす文化の基盤と無縁ではなく、それと密接な関係をもつことによって、その文化圏の固有の特性を分かち与えられているということである。このシュペングラーの主張の可能性を認めたうえで、つぎにこうした複数の数学の比較を可能にするような「世界の数学史」の全体構造を鳥瞰し、さらにそれを四つの基本類型に分ける試みに入ってみたい。

2　比較数学史のための鳥瞰図

次の図は西独のオーベルヴォルファッハの数学研究所で催された国際数学史会議（一九七八年）に招かれて、そこで私が「比較数学史の可能性」と題して講演したときに用いたものだが、現在ではこれを若干改訂したいと思っている。ここではバビロニアとエジプトを一緒にしていたが、しかし、それは後でよく考えてみると、やはりエジプトの数学とバビロニアの数学とはかなり性格の違ったものだと思うようになった。これはエジプトの文化とバビロニアの文化が違うことをまさしく反映していると思うので、今だったらこの両者を分けるだろう。エジプトの数学は最初はおそらくバビロニアの影響を受けたのだろうが、その後は一貫して独自のスタイルをとっている。つぎに、ローマをギリシアの亜流と考えてギリシアの中に含めていたが、しかし、数字の記号とか計算方法、あるいはアグリメンソル（土地測量師）の数学とか、ローマにはギリシアにないものがいろいろあり、またギリシアの理論性がなく、もっと実用的で、その点で独自なものがあるからローマの数学を別に入れなければならないと思う。ローマはギリシアからもちろん影響を受けたが、理論数学においてはそれほどの影響は実のところないので、別種の数学と考えたほうがよいだろう。もう一つ、マヤの数学を入れておかねばならない。マヤは新大陸で孤立して、ほかの数学とまったく関係なしに二十進法の独特の数学を、独自の数記号とともに発展させた。

この図では、バビロニア・エジプト、ギリシア、アラビア、インド、中国、日本、ヨーロッパの七種の数学について、それがどこから始まり、どのへんで終るか、それがどのように影響を及ぼしたかを大まかに表わしている。例えばギリシア数学は、当初にはバビロニア・エジプトの影響を受け、タレスあたりから始まる。その後それは独自に発展してギリシア的な一つの形態を築きあげる。また、ディオファントスの代数がバビロニアから来ているかどうかは、図に疑問符がつけてある。このことはまだ未解決である。アラビアにはシリアを経てバビロニアの伝統が入る。一方ではイン

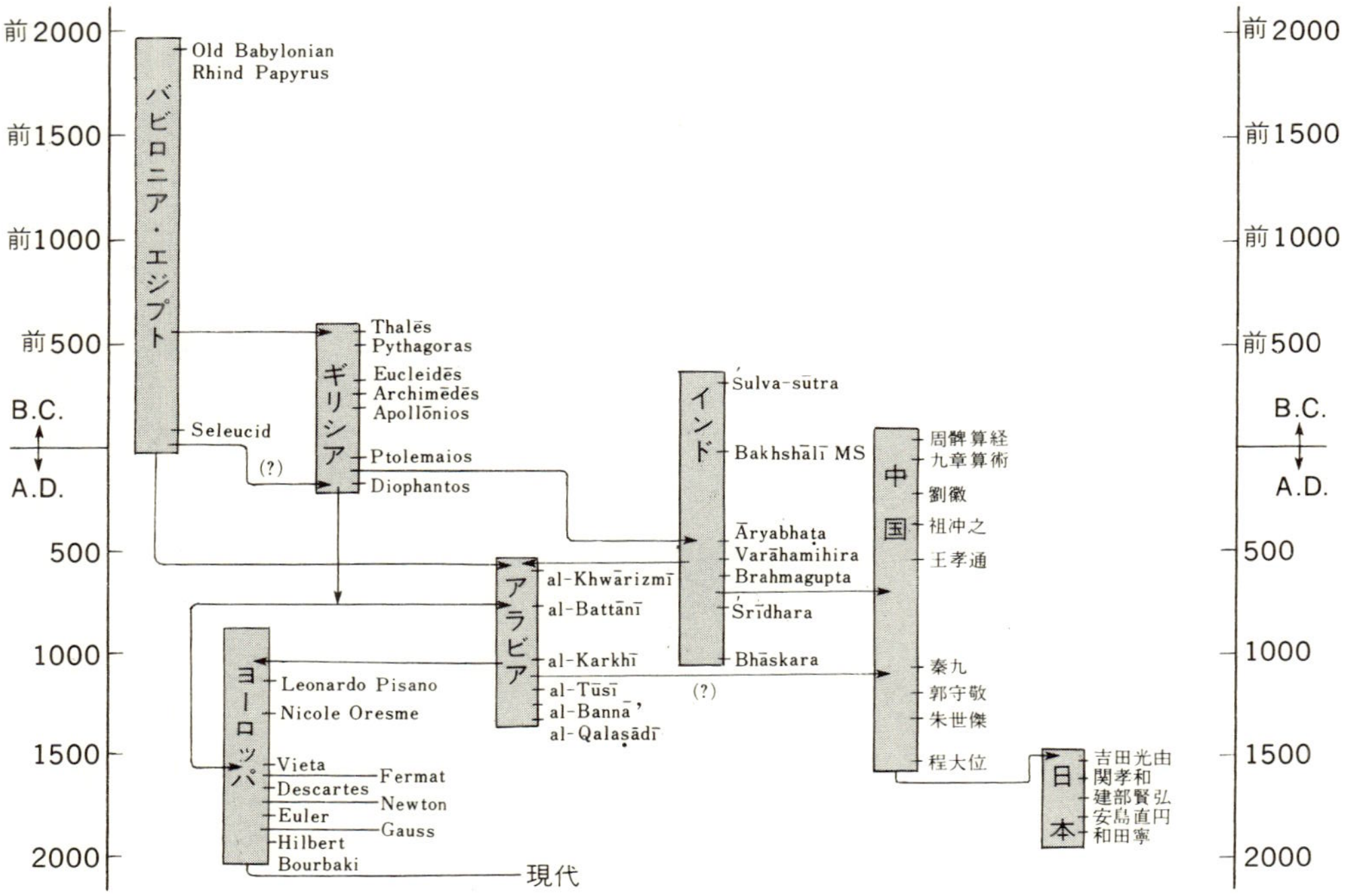

前2000
前1500
前1000
前500
B.C.
A.D.
500
1000
1500
2000
バビロニア・エジプト
Old Babylonian
Rhind Papyrus
Seleucid
(?)
ギリシア
Thalēs
Pythagoras
Eucleidēs
Archimēdēs
Apollōnios
Ptolemaios
Diophantos
インド
Śulva-sūtra
Bakhshālī MS
Āryabhaṭa
Varāhamihira
Brahmagupta
Śrīdhara
Bhāskara
アラビア
al-Khwārizmī
al-Battānī
al-Karkhī
al-Tūsī
al-Bannā'
al-Qalaṣādī
(?)
中国
周髀算経
九章算術
劉徽
祖冲之
王孝通
秦九
郭守敬
朱世傑
程大位
ヨーロッパ
Leonardo Pisano
Nicole Oresme
Vieta
Fermat
Descartes
Newton
Euler
Gauss
Hilbert
Bourbaki
現代
日本
吉田光由
関孝和
建部賢弘
安島直円
和田寧

「世界の数学史」の全体構造

ドからも入ってくる。それから七五〇年のアッバース朝あたりから、ギリシア数学がアラビア世界に入ってくる。

ヨーロッパの数学は、十二世紀にアラビアの衝撃を受け、ピサのレオナルドなどが出てくるが、その後十六世紀から独自な発展をとげてゆく。それを途中で区切って、「現代数学」という別の種を立てた。それは、ヨーロッパの数学がある段階になると世界数学として地球全体に広がり、われわれがいまやっている数学になった、という認識にもとづく。

この図はまだ、これからいろいろ修正しなければならないが、とにかく全体的な世界の数学の興亡を見渡しておこうという意図である。以上を要約すると、こういうふうに十一ほどの数学の種が考えられ、それらは独自の誕生と成熟と終焉をもつ。しかしこれは決してシュペングラーが言っているようにまったく独立ではない。その発生や展開において、この図が示すように他からの影響を受けている。しかしその影響を同時に自らの文化的地盤において消化し、それぞれ独特な個性をもった数学を形成しているということである。

3　四つの基本類型

以上述べた十一種の数学を一応認めたうえで、それらの基本的な性格を考えて、これを四つの基本類型に分類ないし統括することができると考える。内容は順に解説することにし、まず四つの型を列挙しておこう。

I　操作的・実用的（operatorisch-pragmatisch）数学

II　論証的・形相的（apodiktisch-eidetisch）数学
III　記号的・機能的（symbolisch-funktionell）数学
IV　公理的・構造的（axiomatisch-strukturell）数学

以上のほか、混合型として操作的・形相的数学という類型が立てられる。

1　操作的・実用的数学　この類型に入るものとしては、バビロニアの数学、エジプトの数学、インドの数学、中国の数学、日本の数学、マヤの数学、それからローマの数学がある。この類型には数学の非常に多くの種が入るわけで、これはいろいろな文化圏において有力だった数学の在り方だったといってよい。これらの数学においては、数学とは何よりもまず演算（operation）である。具体的・日常的な問題についての様々な計算、演算を行なう。例えば、どのくらいの大麦からどのくらいのビールができるかというような計算がエジプトにはあるし、また土地を分けるときにどういう規格ないし図形で分け、その面積をどうやって計算したらよいかという問題もある。そういう日常的なものについてエジプトのパピルスやバビロニアのタブレットの中でやっているように、演算に関心が集中していく。エジプトやバビロニアの数学をよく見ると、幾何学的な図形について言っていることでも実は数値計算であり、幾何学的な図形に注目しているわけでは決してない。図形について例えば面積計算のアルゴリズムを求めているのであって、むしろ数値計算の問題だと言ってよいと思う。ギリシアのように図形そのものの考察というものではない。数学全部が操作的な性格を持っている。

それからまた、これらの数学はそれぞれみな政治や宗教と密接に結びついている。例えばエジプトの数学は、いわばファラオがエジプトの人民を管理するための知識である。書記が独占している聖なる知識であり、同時に王が灌漑、土地分配、徴税などを行なうための手段として用いられる知識である。またインドの場合、例えば『シュルバ・スートラ』は、祭壇をつくるという宗教的な目的と結びついている。中国の数学も、例えば『九章算術』に政治との結びつきが非常に強く現われているように、やはり治国平天下の学問だと思う。このように、数学はただ日常に役立つというだけではなく、国家的・実践的な役に立つものとして追究された。『九章算術』の中でよく挙げられる均輸章はまさしく年貢の納め方についての数学である。これは空想的なものか実際上のものか分からないが、そういう政治的な、いわば公正を配慮して書かれたものであることは間違いない。こうした点については、小倉金之助氏が「数学の社会性」ということを指摘している。インドの宗教的な儀式の運営の技術としてはヴェーダの補助学として天文学があり、その天文学をさらに助けるものとして数学つまりガニタ（gaṇita）があった。このガニタというサンスクリット語はgaṇという語根からくるもので、もともと計算を意味する。日本の数学も当初は『割算書』とか『塵劫記』に見られるように実用的なものであり、その後、関孝和が出てから、実用を超えて一つの芸になる。そして『遺題継承』などになると、一つの精神的なスポーツとなったと言ってもよいと思う。

以上のように、この類型は本来操作的で実践的・実用的であるが、これがある段階まで発展すると、実用性がある意味で稀薄になり、理論的関心が表に出るようになってくることも多い。そのことを含めた上で操作的・実用的と言っておく。和算でも計算を非常に巧みに、直観的にやることにメリットがある。この類型の数学では、論理的に物事を追究するというよりはむしろ直観的に非常にうまく計算を処理する。そしてギリシアの数学のようにオントローギィッシュな意味を持たない。数学が存在論的な重みを背負うということはないし、西欧の数学のように自然科学と結びつくこともない。日常的な営為に役立つことはあっても、科学そのものが数学的に構成されることはない。

2　論証的・形相的数学

論証的 (apodiktisch) というのはギリシア語のアポデイクティケー、形相的 (eidetisch) とはエイドスのことである。この類型のモデルはもちろんギリシア数学である。

ギリシアの数学はオリエント、インド、中国、日本の操作的な数学に比べて大きな特徴がある。すなわちアポデイクシス、論証というものを基本にすえる。この数学の論証的な性格はまったく新しいものであって、ギリシア数学の特質をなしていると思う。これについてはサボーによるアポデイクシスの起りについての研究もあり、そうした研究が発展すればするほど、証明的・論証的な性格がギリシアの固有のものであって、類型Ｉの数学にはそれがないことがますます明らかになってきている。例えば『九章算術』などには全然証明はない。エジプトのパピルスやバビロニアのタブレットの中にも証明はない。ただ、こうこうしなさい、こうしたらちゃんと計算できますよ、と言っているだけである。証明こそ数学なんだという観念が、そもそもない。

だから、われわれが数学すなわち証明と考えるのはかなり特殊なことであり、いわば一文化圏にたまたま起った特殊な概念をわれわれが受け継いでいると言える。広く見わたせば証明のない数学はいくらでもあるし、むしろそっちのほうが普通だったかもしれない。ギリシアがむしろ特別だったと思われるほどに、これは紀元前五世紀から四世紀のギリシアに起った一つの特殊な事態だったわけである。そしてこうしたことが起ったのは、ギリシアにおいては、市民が平等にロゴスを交換することによって社会生活が営まれたということと密接に関連している。しかしこれはその後、大きな勢力を獲得し、数学の一つの基本類型をつくった。

第二に、このギリシアの数学は有限な形相を重視する。したがって操作的な数学とは異なって幾何学的な形態そのものを重視して、それを主題的に研究の対象とする。これが典型的にはユークリッドの幾何学のようなものになる。先ほどオリエントの数学では幾何学すら算術あるいは代数になったと書いたが、ここでは逆に代数あるいは算術ですら、幾何学になったといいうる。算術についていうならば、これはエイドス化されて「図形数」というものになっている。図形のない数というのはありえないわけで、必ず図形で数を考えている。その図形をいろいろ変換していわば数学的計算をやっている。図形に図形を加えてどんなふうになるか。それをわれわれは図形を取り払って、数字をそこへ入れて単なる数の計算の問題としてやる。例えばヒースなどの数学史を見るとそうなっていて、無理もないことだけれども、しかしそれはギリシア数学そのものではない。それは近代的解釈に過ぎないのであって、ギリシア数学では数そのものが図形である。例えば二次方程式の解法も図でやっていて、これは「幾何学的代数学」といわれる。このように、あくまでも図形、形相を重視する数学は、操作、計算を重視する数学とはやはり非常に違っているものであると思う。

〔混合型〕 操作的・形相的数学　そしてI型とII型の二つの間の混合種として操作的・形相的数学というのがある。アラビアの数学がそれである。アラビアの数学は、一方においてオリエントやインドの操作的数学の伝統をひくと同時に、他方においてギリシアの形相的数学の影響を受けた。ギリシアの影響を受けたと考えられるのは、「これが証明すべきことであった」というユークリッドの常套句が、アル・フワーリズミーの本の最後にやはり同じようにアラビア語で出てくる。このアル・フワーリズミーの代数学は、バビロニアやインドと同じように代数的に解くのだが、同時に図形による幾何学的な証明もしている。そこがギリシアの幾何学的代数学と非常に似ている。今までの数学史家はほとんどギリシアに集中して幾何学的代数学を考えているが、もう少し幅を広げて、アラビアやインドなども入れてこの問題を考えなければいけない。つまり幾何学的代数学を文化圏的に比較してみなければいけないのではないか。もっとも、図形による証明を添えることは、アラビア数学の後期ではなくなるが、アル・フワーリズミーからオマール・ハイヤームにいたるまでは一貫してなされている特徴である。

もう一つ補足しておきたいのは、インド数学にはパーティー・ガニタとビージャ・ガニタがあることである。パーティー・ガニタというのは書板数学で、内容は計算である。アルゴリズムの完成に向かってゆく。一方、ビージャ・ガニタのビージャというのはサンスクリットで「種子」という意味であるが、こちらには証明がある。だから、インド数学に証明がないというのは間違いだと思う。その証明は図形によるものであり、ギリシア的な演繹による証明ではない。したがって、混合型にはアラビア数学とビージャ・ガニタ的なインド数学が入る。書板数学はまったくI型なのでインド数学は二つに分けて考えなければならないかと思う。

3　記号的・機能的数学　これはいうまでもなくヨーロッパ数学である。これがI型やII型の数学と異なっているのは記号を用いるということである。記号の使用はカルダーノやヴィドマンなどによって準備され、ヴィエータによって完成される。数学の記号化はバビロニアやインド、さらにギリシアのディオファントスにおいてすら十分徹底されなかった。ネッセルマンが代数学を修辞代数、省略代数、記号代数の三つに分けたが、ヨーロッパ数学以外はまだ修辞代数ないし省略代数である。ディオファントスさえも省略代数であって決して記号代数ではない。インドでも、プラスとか積とか未知数に対して一種の文字的な記号を使うことがある。しかし、ヴィエータのように既知数を含めてすべてを記号化するということはなかった。ヴィエータがそのことをやったことは非常に大きな意味があったと思う。例えばアルキメデスが近代の微積分学に近づきながらその壁を突破しえなかったというとき、記号化の問題が一つ大きくあったであろう。記号的というのはヨーロッパ数学を支える一つの大きな要素である。なぜ近代西欧においてのみ、この記号化が徹底されたかという問題は、きわめて興味ある比較数学的な研究課題である。

中国では算木を使ったから記号化はなかったということになる。日本では筆算になって甲、乙といったような文字が使われているけれども、完全な記号化にはなっていない。

この類型の「機能的」というもう一つの側面がまた西欧数学を支える、もう一つの柱になる。それは動的に考えるということである。ギリシアの形相の直観にもとづいた数学はどうしても静的である。無限を避けることもそうした静的な性格のゆえだと思う。無限だとどうしても動的なものになってしまう。そういう動的なものそれ自身を対象化するというのは西欧数学の特徴である。無限というものを積極的に取り入れ、極限の概念というようなものが出てくる。ギリシア数学が極限を避けたのはゼノンのパラドックスなどが出てくるからだと思われるが、これは連続量を無限に分解していって究極的に達するもの、つまり無限小が一定の量を持つということで固定したものだと考える静止的な見方によっている。コーシーはこれに対して、無限小を限りなく小さくなっていく変量だと考える。もっと数学的にいえば、0に収束する変数としてとらえる。無限小をそういう変数として考えるという動的な見方、しかも、それを関数関係でとらえる。こうした動的な関数関係というものを前提として微積分学が成立する。機能的というのは動的であると同時に関数的ということで、図形をギリシアのような形相的直観ではなくて、x、yの関数関係の動いていく変化においてとらえていく。これが結局、解析幾何学、変量の幾何学に移っていく。このように、変化そのものが研究の対象となる動的な見方、関数の概念を中心とする変量の数学、これがやはり西欧のデカルト以後の数学の大きな特徴であろう。

4　公理的・構造的数学　このモデルは現代の数学、「ヨーロッパ数学」と一応区別した「現代数学」である。ちょっと歴史をふりかえってみると、一六三七年にデカルトが『幾何学』を書いて解析幾何学ができる。一六六五年から六六年にかけてニュートンが微積分をつくり、七三年から七七年にライプニッツが微積分を仕上げる。十八世紀に入ると、一七〇一年にジャック・ベルヌーイが変分法を開発し、一七四八年にオイラーが『無限小解析入門』を書いて、解析学の高度の技術化を試みた。それから続く一七八八年にラグランジュの『解析力学』ができて、ニュートン力学がもっと精緻な数学的な対象となってくる。十九世紀になって一八二一年にコーシーの『解析学教程』が出て、いちおう近代解析学の基礎ができあがる。そして一八五一年にリーマンが「複素関数論」を確立して多様体の概念を出す。このように「解析学」「関数論」が発展し完成されてくるまでが、デカルト、ニュートンに発するIII型のヨーロッパ数学の発展で、つぎに何が起ったかを考えよう。

まず一八七四年以降、カントールにより「集合論」が形成され、無限な要素をもつ集合が数学的に対象化される。ついで一八九九年にヒルベルトが『幾何学の基礎』を書いて、いわゆる公理主義が始まる。一九〇八年にはツェルメロが集合論を公理化する。一九一〇年にはシュタイニッツが代数学を公理化し、一九二〇年にヒルベルトがさらに『数学基礎論』を書く。そして一九四〇年以後、ブルバキ派が活躍するということになる。このヒルベルトの公理主義やこれと結びつくブルバキ的な構造主義が数学の普遍的な方法となったときからを「現代数学」と名づけておきたい。ブルバキは集合論を基礎にし、集合からはじめてその元や部分集合の間に関係を与える概念を構造と呼ぶ。これがブルバキ派の中心的な概念で、その関係を満たすいくつかの条件を構造の公理と呼ぶ。例えば群は周知の四つの公理によって規定される。さらに、ある集合の上に群構造だけでなく、位相構造その他の基本的な構造をかぶせていくと、複雑な数学的構造が階層的に積み上げられていく。それが公理的・構造的ということで、これは現代数学を性格づけているものではなかろうか。そしてこの基礎には集合の概念があるから、集合論の創始以後をⅣ型の現代数学としてよいだろう。

もちろん問題は前世紀からつながっているけれども、集合の概念を基礎として公理による構造化ということに人びとの関心が向かっているということが重要である。もちろん数学の創造は公理を置くことによって始まるのではない。公理にもられる数学的な内容そのものが大切である。しかしそれをすべて公理的に構造化していくということは現代数学の一般的な傾向であり、この点で以前の段階の数学とは違ってきていると思われる。

4　数学の社会学に向けて

最後に、これから行なうべきことを多少整理してみる。まず「数学」という概念を表わすことばの意味の違いをみよう。ギリシアではマテーマティケー（学ばれるもの）、インドではガニタ（計算）であり、この二つは非常に違う。アラビアではリヤダートと言い、訓練という意味である。中国では算、すなわちかぞえることである。これらの表現の違いは、これらの文化圏における数学のもっていた意味の違いを暗示する。つぎに数概念そのものの文化圏による違いを見よう。ギリシアで数（アリトゥモス）というのは単位の集まりである。だから1は数ではない。また、現代の数学と異なり、ギリシアにおける数と量とは全然別のものである。$\sqrt{2}$は無理数だ、とわれわれは言うが、ギリシアではそもそも無理数は数でない。量の世界ではじめて考えられる概念である。

前節に述べた数学の諸類型を含めて、数学や数概念の文化圏による違いを考えていくと、それは結局、数学の社会史というものに導かれるだろう。つまり、一定の社会が、どのような役割や意義を数学に与えているかという問題である。こうした社会的・文化的基盤によって数学の性格が非常に異なってくる。比較数学史を行なうということは、数学の社会史を追究することと切り離せない。この数学の社会史を考える際に、四つの論点があるということを指摘しておく。数学の社会史は、科学の社会史の一分枝であり、科学の社会史は知の社会史の一部であるから、知の社会史に一般にいえる次のことが数学の社会史についてもそのまま成り立つと考えられる。

第一は、それぞれの社会における知のエートスの問題である。すなわちある文化圏の数学という知がどんな方向に価値づけられ、追求されたか、その研究の目的は何をめざし、どんな役割をもっていたかという問題である。第二に、その知の担い手はどういう人びとであったかという問題、つまり士大夫かバラモンか、またはアラビアのようなハキームか、その担い手の違いにより、知のあり方も大いに異なってくる。第三に、その知を支持し、促進し、その結果を享受するのはだれかという問題である。第四に、研究の手段は何だったか。例えば中国では算木であり、このことによって中国数学の性格のかなりの部分が決定される。方程式を解くときも、ある点では制限を受け、ある点では長所が発揮される。インドでは書板数学、すなわち砂をまいて計算した。結果が残らないから、韻文で数学を書いて暗誦した。そのほか、日本のように筆算したらどうなったか、また現代のように計算機を使ったらどういう変化が起こるか、などを考えなければならない。

このように、数学の文化圏の違いによる固有の文化拘束性を明らかにし、その社会においてもつ数学の位置や役割を検討することによって、従来の「数学は一つ」という神話をこえて、世界の数学的知のあり方を比較数学史的に再建してみなければならない。

6　自然の概念——東洋と西洋

今日「自然」の概念は大きく変わりつつあるように思われる。それは十七世紀の「科学革命」において、デカルトによってつくり上げられた自然観のパラダイムが今や変貌をとげ、それとともに自然と生命との関係、自然と人間との関係も新しく考え直されようとしている。この近時の自然概念の変貌が、今日の新たな生命観や人間観とどのようにかかわるか、以下、自然という概念の歴史を顧みることによって考察してみよう。

そもそも今もちいられている日本語の「自然」ということばは、ヨーロッパで使われたnatureの訳語である。しかしだからと言ってヨーロッパにおける「ネイチャー」の意味をたどり、われわれの自然観や生命観をすべてこれに帰せしめて能事足れりとすることはできない。なぜなら今日の新たな自然観は、近代西欧のつくり上げた自然観がある面で限界に直面し、むしろ東洋の自然観にその突破口を求めているという様相すらあるからである。科学を含めていっさいの文化的営為は、借り物ではなく、自らの伝統に根を下ろしてこそ、力強い独自なものとなる。このことは他の文明から大いに学ぶことをいささかも妨げないし、依然としてそのことは必要であるが、自らのうちに根ことを求めているといえよう。現代の歴史的境位はまさにこのをもたない浮草からは、真に独創的なものは生まれないであろう。

1 中国の自然概念

そこでまず西洋における自然概念の変貌をみる前に、東洋の伝統における「自然」の概念を省みておこう。「自然」ということばは、もともと中国の「自然」(ツーラン)ということばに由来している。この「自然」がはじめて一つの術語として出てくるのは、老子の書物においてである。「悠兮《ゆうけい》としてそれ言を貴《おも》くすれば、功は成り事は遂げて、百姓《ひゃくせい》皆我を自然なりと言わん」(『老子』第一七章)という一節をはじめとして、私が調べた限りでは、老子は五ヵ所で「自然」ということばを用いている。その中で最も有名な一節は、「人は地に法《のっと》り、地は天に法り、天は道に法り、道は自然に法る」(『老子』第二五章)である。

ここで「自然」はどのような意味で使われているのだろうか。「自然」の「自」はもとは「鼻」の字である。自分のことを示すのに、自分の鼻をさしたからであろうが、実際、「鼻」の字の中には「自」の字が含まれている。つまり、「自」とは「自分」のことである。「然」は、状態を意味する接尾辞であり、「猛然」とか「欣然」ということばのように、猛り狂っているさまや、喜んでいる状態を表わすものである。それゆえ「自然」とは「自分のままである状態」をいう。

老子はこうした状態を理想とし、他によって規制されたり、引きずり回されて他律的に生きることをよしとしなかった。あくまでも、人為を加えずにあるがままの自分にとどまることをよしとしたから、この自然は無為と結びつき、「無為自然」という熟語もできてくる。自分が無為であることは、物のあるがままを尊ぶことにもなり、「万物の自然を輔《たす》けて、而も敢て為さず」（『老子』第六四章）とも言っている。つまり、老子の「自然」は「人為の加わらない、おのずからある状態」を意味し、これを人間のよき生き方として重んじたのである。

その後、老子の系統の道家の人びとはこの「自然」を人間の生き方だけでなく、天地のあり方としてとらえ、森羅万象がおのずと発展していく姿を「天地之自然」と言った。すなわち、人生論から自然論のほうへやや重点が移ってきた。しかし、人生論的な意味がなくなったわけではなく、基本的にはそういう意味を持ちつづけながら、道家の人びとは「天地之自然」を研究し、錬金術などを開発していった。たとえば、四世紀の葛洪の『抱朴子』はそれである。そこでは自然の秩序を変えようというのではなく、むしろありのままの自然の機序に自ら参入して、それと一つになろうとするものであり、それが「天地之自然」の探求方法であった。また後漢の王充は、『論衡』という書物のなかで「自然篇」という一章をもうけて一種の自然哲学を展開しているが、そこでも天地が気を合わせて万物が自ずと生ずるのは、「天地の自然」であるとしている。

いずれにせよ、中国古代において「自然」とは「おのずからなる状態」であり、「他者の力によるのではなく、それ自身のうちにある働きによって、そうなること」を意味した。ここではまずこの「自然」の「自《おのずか》ら然《しか》る」自律性、自発性がまず注目される。しかしここではこのような自律的・自足的状態を意味するとしても、今日の「自然《ネイチヤー》」が意味するような森羅万象の対象的世界一般を指したわけではない。当時の中国語でそれを意味することばは、むしろ「天地」や「万物」であった。

今日の中国語では「自然」は nature という意味にも用いられるが、これは nature の訳としての日本語の「自然」が、中国に逆輸入された後のことであると思われる。

2　日本における展開

それでは日本で「自然」の概念はどのように展開されたのだろうか。

弘法大師（空海）の『十住心論』に、「自然《じねん》」ということばが使われているが、これが大陸から入ってきた「自然」が日本の書物で使われた最初の例の一つだと思う。この「自然」ということばは、サンスクリット語の svabhāva（自性＝自分であること）の訳だが、それが老荘の「自然」と同じことだと空海は言っている。「経に自然《じねん》というは、いわく一類の外道《げどう》を計すらく、一切の法は皆自然にして有なり。これを造作するものなし。……大唐にあるところの老荘の教えは天の自然の道にたつ。この計に同じ……」（『十住心論』巻第一）。つまり、ここでは老荘の教えが仏教を介して「自然《じねん》」という形で取り入れられている。

さらに、紫式部の著書や『枕草子』にも「自然《じねん》」ということばが見られる。たとえば『源氏物語』では「少し才《かど》あらん人の、耳にも目にも、とまること、自然《じねん》に多かるべし」（「帚木」）とある。つまり、才能のある人はどうしても目立つことが多いのは自然のなりゆきだと言っている。これらの例を見ても「自《おのずか》らある状態」を表わす形容詞または副詞として用いられている。

自然を「自《おのずか》ら然《しか》る」と動詞的に読んだのは、筆者の知るかぎり、親鸞がはじめてではなかろうか。彼は「自然法爾《じねんほうに》」ということを説明して言っている。「自然といふのは、自はおのずからといふ、行者のはからひにあらず、しからしむといふ言葉なり。然といふは、しからしむといふことば、行者のはからひにあらず、如来のちかひにてあるがゆゑに、法爾といふは、この如来の御ちかひなるがゆゑに、しからしむるを法爾といふ。」(『末燈抄』「自然法爾章」)。

このように、日本でもはじめ「自然《じねん》」ということばが使われたのは、老荘や道家や仏教が意図しているような「自《おのずか》らなる状態」を意味するもので、まだ nature のような対象的自然一般を表わすものではなかった。この「自然《じねん》」が「自然《しぜん》」になったのは、この言葉が儒教において用いられるようになったからであろう。山鹿素行は『聖教要録』のなかで、「凡そ天地人物の間、自然の条理ある。是れ礼なり」と言っている。しかしここでは「自然」が、形容詞的なものから森羅万象をさす名詞のほうに近づいていると言えよう。この「自然《しぜん》」を人生論的な意味から対象的な世界にその意味を大きく変換させたのは、安藤昌益の『自然真営道』であろう。彼は、この天地自然がもっている、他に依存しない活真《かつしん》(活ける真実在)の「自《ひと》り然《な》す」自発・自主・自生の積極的・主体的な運動を強調した。ここでは「自然」は、今日われわれの用いている意味に近く、しかもその自律的変化運動を強調した意義に注目すべきであろう。

しかし、決定的に「自然」ということばが nature と等置されるような形で日本語のなかに入ったのは、蘭学によってである。稲村三伯が一七九六年に日本最初の蘭日辞典『波留麻和解《はるまわげ》』を編んだときに、オランダ語の natuur(ナトゥール)に「自然」という訳語をあてた。その後、藤林普山のいっそう普及した蘭日辞典『訳鍵』などを通して「nature = 自然」という等置が日本人の間に次第に定着するようになった。しかしこの等置は果たして正しかったのであろうか。あるいはこれは誤解・誤訳であったのだろうか。よしんば誤訳であったとしても、この誤訳には今日ある種の積極的意味が認められないだろうか。そこで次にヨーロッパにおける自然概念の運命をみてみよう。

3 ヨーロッパの自然概念

ヨーロッパでは「自然」はどのように考えられていたのであろうか。古代ギリシアでは、「自然」はギリシア語でphysis（ピュシス）とよばれ、このことばはphyomai（ピュオマイ、生まれる）という動詞と結びついており、おのずと生まれ、成長し、衰え、死んでゆくことを意味する。アリストテレスのことばで言えば、「自分自身のうちに運動の原理を持つもの」が「ピュシス」であった。この「運動」（キーネーシス）というのは、近代のように単に位置の移動だけではなく、「実体」の生成・消滅や「質」の生成・変化、「量」の増大・減少などを含む広い意味のもので、内在的に成長・発展する生命の原理に近いものである。すなわち古代ギリシアにおいては、死せる自然――他から力が加えられなければ、静止するものは永久に静止し、その運動状態を変えない（ニュートンの第一法則）、他律的自然観ではなく、内に生成発展の原理をもった生命ある有機的自然が自然の原型であった。そこでは自然はなんら人間に対立するものではなく、人間はそのような生命的自然の一部に包み込まれていた。神ですら自然を超越するものではなく、それに内在的である。古代ギリシアにおいては、自然は人間や神をそのうちに包み込んだ生ける統一体であり、すべてが「ピュシス」に包まれているという意味で、私はこれを「パンピュシズム」とよんでいる。中国の道教やインドの自然観についても、ほぼ同じことが言えると思う。

ところで、中世キリスト教世界に入ると、自然は natura（ナートゥーラ）として把えられた。natura というラテン語は、もともとは、ギリシア語の physis と同様に nascor（ナースコル、生まれる）という動詞から出ており、ローマ時代につくられた「ピュシス」のラテン語訳で、「ピュシス」とほぼ同様の意味をもっていた。しかしこれが中世のキリスト教世界にとり入れられた後、natura としての自然は古代ギリシアの physis としての自然とは大きく異なる位置をもつようになったことが注目される。つまり、さきに述べた「パンピュシズム」の神・人間・自然の一体性は破れて、代わって神―人間―自然という截然たる階層的秩序が現われてきたのである。そこでは人間も自然も神によって創造されたものであり、神はこれらのものからまったく超越している。人間も自然と同格ではなく、むしろ自然の上にあってこれを支配し利用する権利を神からさずかったものとなる。こうした中世キリスト教世界の自然観は十二世紀のシャルトル学派を通じ、ロジャー・ベイコンを経て、十七世紀のフランシス・ベイコンの自然支配の概念においてはっきりとした形をとる。近代西欧の自然観は本質的には、この中世キリスト教世界に含まれていた自然を継承し、いっそうこれを方法的に自覚発展させたものといえる。すなわち自然を人間とは独立無縁な対立者として、これを客観化し、このまったくの他者に、外からさまざまな操作を加え、分析し利用しようとするものである。そこには自然から人間的要素としての色や匂いなどの「質」を追放し、生命や意識をとり除き、もっぱらこれを「大きさ」「形」「運動」などのいわゆる「第一性質」のみに注目して、それを要素に分解し、因果的・数学的に解析してゆく、近代の機械論的自然観が形成されることになるのである。

これを徹底的に遂行したのが、近代自然観の創始者である十七世紀のデカルトである。彼はこの機械論的世界像のシナリオを貫徹するために、まず物体から「実体形相」とよばれていた霊魂のような生命原理をすべて除去し、これを一様な幾何学的「延長」に還元する。彼はここでも「自然」を表わすのに natura ということばを使用したが、それはすでに「生まれる」nascor という本来の意味を失い、生命的連関を断ち切った「死せる自然」となったのである。彼が「自然」ということばで考えたものは、いっさいの質や生命を欠いた幾何学的な「延長」にすぎなかった。この「延長」を切り刻めば色も匂いもなく、「形」「大きさ」「運動」だけをもった「微粒子」となるが、これが近代の原子・分子の原形である。このデカルトの転換の影響を受けて、今日「自然」は単なる原子・分子の機械論的ダンスとなり、ギリシアの「ピュシス」や本来の「ナートゥーラ」が持っていた生命的な意味あいを失うこととなった。

一方、心の側もデカルトにおいて「我思う、ゆえに我あり」のことばで示されているような「純粋思惟」と呼ばれるものとなった。これは幾何学的な理性であり、数学を用いて対象を理性的に構築していくものではあるが、生命の血潮が流れることのない冷たい操作的思考である。そしてこの「純粋思惟」と「延長」の谷間に「生命」は抜け落ち、「自然」がその自らの能動性を持たない原子・分子のダンスとなり、そこから他律的な、決定論的な世界観も生まれてきた。このデカルトによって創始された「機械論的」世界像と、さきに触れたフランシス・ベイコンの「自然支配」の理念とが、あたかも車の両輪ごとく結びつき、近代の科学技術をおし進めてきた。それはたしかにそれまで大きな成功を収め、世界の合理的分析を可能にし、人間の物質的条件を改善し、今日の科学技術文明を出現せしめた。しかしそれは同時に現代において一つの大きなジレンマに逢着している。なぜならほかならぬこの近代の「機械論的」「自然支配的」自然観が、公害や環境破壊や資源枯渇のみならず、こうした環境や資源とともに生きる人間の破壊——しかも物質的のみならず精神的破滅をももたらしかねないものとなっているからである。今や自然観においても、従来の機械論的な——すなわち、他律的で要素主義的で決定論的な自然観に代わる新たな自然観が登場し、その中に「生命」がそのあるべき場所を持ち、そこにおいて「人間」があらためて蘇らねばならない転換期に遭遇している。

4　現代の自然観

この転換期における新たな自然観の問題に入る前に、やや論述をもどして、十八世紀において日本人が nature を「自然」と訳したことは正しかったかどうかを検討しておこう。nature のもととなっているラテン語の natura や、さらにそのもととなっているギリシア語の physis は、すでに述べた「おのずと生まれ、育ち、衰え、死んでゆく」という自律的・自己発展的な意味あいをもっており、他律的な人為が加わっていないということでは、老荘以来の東洋の「自然」の意味と重なりあっている。もっとも老荘においては、「自然」は主として人生の生き方を示すものであり、それが道家の「天地之自然」のように宇宙論に転化しても、その天地のあり方を示す形容詞であり、physis や natura のように宇宙の森羅万象を総括する名詞ではなかった。いわんや近代西欧の nature のように精神や歴史に対立する外的対象一般を指すものではなかった。しかし日本ではすでに安藤昌益が『自然真営道』において、自発・自主・自生の「自然真」ということを言っており、今日の対象的自然一般について「自然」ということばを用いた先蹤もあるから、稲村三伯がnatuurというオランダ語の訳に「自然」ということばを名詞的に用いて、これに当てたのもそれほどおかしなことではなかったと思われる。もっと重要なことはこの十八世紀の段階ではnatureはデカルト的転換をとげており、有機体的なものから機械論的なものへ決定的に変換してしまっていたことである。十八世紀の啓蒙思想の一部（とくにディドロ）やロマン主義では有機体的自然観が復活したとはいえ、支配的なものはデカルト・ニュートン的機械論であり、そこでは「時計モデル」の他律的な決定論的な自然観が優越し、「自《おのずか》ら然《しか》る」自立的・自己形成的な有機的自然観は陰におしやられていたことである。デカルト以後、機械論的自然は実は文字通りの意味での「自然」ではない。この意味では稲村の訳語はすれちがいであった。しかし現代ではどうだろうか。

そこで現代の自然観の問題に入りたいが、最近のニューサイエンスでは、この自然観が大きく変わってきたように思われる。それは、self-organizing system（自己組織系）という概念で代表されるものである。プリゴジン、アイゲン、ハーケン、ヴァレラ、ヤンツ、モランなどが、こうした考えを推進する人びとに属する。共生進化説のマーギュリスやガイア仮説のラブロックもこの流れに入ると言ってよいであろう。そこに共通に見られることは、自然を自律的な自己形成的なものと把えることであり、そのためには機械論的要素主義を超えて、自然を全体的（ホリスティク）なシステムと考え、環境との密接な相互作用のもとで、自律的に自己を保存する（負のフィードバック）のみならず、適当な条件のもとでは、新たな自己形成を遂げ（正のフィードバック）次第に発展してゆくものとしていることである。宇宙の形成から生命の進化を経て、人間の誕生にいたるまで、さらには文化の形成をも含めて、こうした自己組織系の発展として把える新たな世界観が生まれつつある。

それは従来の他律的また要素主義的で、決定論的な機械論的自然観とは真っ向うから対立するものであり、生命を失った死せる自然——時計モデルの自然観を超え出る、有機的な生けるシステムに定位する自然観である。なぜなら生命体こそ自己形成的なものだからである。この意味では、人間や生物はおろか宇宙も、地球も生きている。そして現に生きつつ進化している。人間とは実のところ、こうした宇宙の生命体の一環にほかならないのだ。ラブロックは最近『地球生命圏』(*Gaia*)という本を書いて、地球がいかに微妙なバランスを保って「生きている」かを明らかにした。すでにルイス・トマスは、地球は「一個の細胞のように生きている」といった。われわれはこうした生ける地球の一員として生きている。そしてこうした自己組織系としての生命体を他から強引な干渉によって壊してしまうのが、公害であり、環境汚染なのである。人間という自己組織系を親の身勝手な干渉によって歪めてしまうのが教育公害なのである。われわれは育てること、育成することは必要である。しかし自己組織系をこわしてはならない。

われわれは死せるものを規準として生けるものをそれに還元するのではなく、逆に「生ける相」をもとにして、自己組織系として自然全体を見直さねばならない。しかしそれは単に古代ギリシアの「ピュシス」やかつての「生気論」に戻ることではない。古代ギリシアで自然（ピュシス）を生かすものは「霊魂」(プシューケー)であったが、このプシューケーはアリストテレスによれば一つの「形相」であり、それは全体的・直観的に把握されるが、内部的に十分、分節化されていなかった。またそれは生気論の「エンテレヒー」のように把えどころのない実体を導入するのでもない。現在の「自己組織系」の理論は、「開放系」「非平衡熱力学」「散逸構造」「ゆらぎ」等の明確な概念をもって、まだ不十分なところは多々あるとしても、科学的に探究可能なものである。われわれは「無知のかくれ場」としての神秘主義に逃げこむ必要はない（そしてもちろん真の神秘主義とはこうしたものではない）。それにしても、このようなニューサイエンスの唱導者たちが東洋の思想に親近感をもち、積極的にそれに学ぼうとしていることは、注目さるべきであろう。

『自己組織的宇宙』（*The Self-Organizing Universe*）の著者ヤンツは、その章のはじめに、仏陀や荘子の言葉を掲げているし、「自己形成」(autopoiesis) なる言葉を造語し、それについていくつもの論文を書いている嘱望すべき神経生理者ヴァレラに国際会議で会ったとき、その言葉はわれわれの伝統における「自然」（＝自ら然る）と同じものだと伝えてやったら、彼は我が意を得たりとばかり、「オー・ビューティフル」と言った。このように新しい自然観として登場しつつある「自然組織系」self-organizing system の概念は、奇しくもわれわれの「自然」の概念と踵を接するものとなった。なぜなら「自然」とは「自ら然る」ものとして、まさに self-becoming であるからである。単にこの「自然」の概念だけではなく、決定論的因果性ではない「縁起」の概念や、実体ではなく、関係的全体をみてとる「場」ないし「場所」の考えや、自然支配的でなく自然共存的なエコロジカルな見方など、東洋の思想が西洋において最近あらわれてきた思想傾向と相覆うところが少なくない。今や広い意味で西洋と東洋が融合するときが来ているように思われる。

III

地中海世界

――イスラムとヨーロッパ

7　地中海文明の構造

1　地中海世界の二元性

地中海世界（The Mediterranean World, die mittelländische Welt, le monde méditerranéen, orbis mediterraneus）とは一体どのようなものを指し、どのような特質をもつものであろうか。それはまず何よりも、地中海をめぐる周辺の世界の謂であり、この人類の文明の一大源泉の形成と発展に、その北側（ヨーロッパ）も南側（アフリカ）も東側（西アジア）もともに大いに寄与したのである。しかるに従来はこの地中海世界というものを単にその北側からのみ、すなわちギリシア↓ローマ↓西欧という立場から、ヨーロッパ史の一部としてのみとり扱ってきたきらいがある。地中海世界とはギリシア世界のことであるとか、それはローマ世界のことにほかならないとかいう見解が、わが国でもこれまで支配的であるかに見える。しかしこれは地中海世界をヨーロッパ文明とその起源とされているギリシア・ローマに焦点を合わせた、ヨーロッパ中心主義の考え方を――それを意識するとしないとにかかわらず――前提しているように思われる。地中海世界というものを、よりとらわれない立場から、より広い視野のもとでみるならば、それは一方、北側に〈ギリシア→ローマ→ビザンツ→ヨーロッパ〉というインド・ヨーロッパ系の文化があり、他方、南側や東側に〈エジプト→フェニキア→シリア→アラビア〉といったハム・セム系の文化がある。地中海世界とは、本来この二つの系統の文化が、気候、風土を同じくする一つの場――すなわち地中海という場において相互に渉りあい、影響しあいながら発展してきた二元的な複合的世界、複数の文明の関連しあう文化の坩堝、アマルガムであると言ってよい。

このヨーロッパ、アフリカ、アジアの三つの地域にまたがる地中海世界の北と南と東に共通するものは、まずこの地中海の沿岸地方の地勢である。紺碧の海と透明な空気につつまれ、緑の点在するなかを茶褐色の岩肌を露わにした山々が海にまで迫り（例外はリビアの中央部とエジプト）、山あいの平野は概して地味がやせている（例外はエジプトとカルタゴ）。そのため穀物栽培も家畜飼育もそれほどの成果をあげることができない。一般にまばゆい陽光を浴びたのどかな風景とは裏腹に、地中海の自然は食糧生活に大きな制約を与えている（このやせた地に生育する生産物は主としてオリーブとブドウであり、飼育動物としては羊である）。したがって、ここにおいては早くから植民活動が行なわれると同時に、海を利用しての通商が盛んになる。地中海世界の繁栄は、収穫率のよい大規模な農業生産によっているのではなく、この海を利用する商業活動によっている。

地中海世界の東西南北に通ずる第二の共通性は、その気候である。いわゆる「地中海性気候」とよばれる半乾燥圏で、夏は乾燥が著しく、秋になって北西風が強まると雨が降り出す。しかしその年間降雨量はアテネで四〇〇ミリ、ローマ六〇〇ミリであり、東京の四分の一ないし三分の一にすぎない（実際、私が二月末から四月はじめにかけて四〇日間この地方を旅したあいだ、雨が降ったのはたった三日だけだった）。こうした乾燥した気候とやせた土地に適するものは、オリーブやブドウのような耐乾性の果樹栽培であり、海べりの小平野や島々では、これを中心とした小農経営が行なわれる。しかし常に穀物が不足するから、人口がふえるとさきに述べた植民活動が活発に行なわれるようになる。

地中海世界に共通する第三のものは、その生活様式である。以上のような地勢や気候条件に制約され、地中海周辺の人びとの活動の中心は農業から商業へと転じ、いたるところにそうした商業を中心とする都市ができ、それが海路により互いに結びつけられているのが、地中海世界である。地中海世界は農耕社会ではなく、本質的に都市社会であり、それを相互に結ぶ海洋文明である。地中海人は何よりもまず海の民であり、また地中海人たるためには海の民たらねばならない。フェニキア人ははじめから海の民であり、ギリシア人ははじめは遊牧民であったが、やがて海の民となる。アラビア人も砂漠の民だったが、一世紀たらずのうちに海の民となる。ヨーロッパ人は、十一世紀ごろヴェネツィア、ジェノバ、ピサを中心として海上活動が活発となる。

このように地勢、気候、生活様式における共通性が、地中海世界の統一性をもたらしているのであり、それは決して単一の人種、単一の宗教、単一の政治体制、一般に単一の文明によるものではない。むしろこうした地理的環境、気候風土、生活様式を同じくすることにおいて、上述の二系列の文明――ヨーロッパ的なそれとハム・セム的なそれとが、互いに交渉することから形成された一つの複合的文明、オリエント・ヨーロッパ的ないしヨーロッパ・オリエント的文明が、地中海文明といえよう。そしてこの地中海世界の変化発展のダイナミズムの根源も実にこうした両者の複合的連関の中にこそ求められると考えられるのである。

われわれが今日、西の文明の一大源泉である地中海世界の構造を考えるに当たって、これまでなされてきたように北のヨーロッパの側のみではなく、よりこの世界の歴史的現実に即して、その南や東のアフリカやアジア側をも公平に視野のなかに収めながら、この両者の相関に注目することにより、いっそう完全な全体的地中海像を再建しなくてはならないだろう。これが西欧中心主義の時代から真に人類の時代に突入しつつある現代世界における、人類の文明史に対するわれわれの一寄与となりうればと思う。

2　地中海世界の時代区分

かくして地中海世界とは、単にギリシア世界とかローマ世界というものではなく、またヨーロッパ世界の一部というのでもない。ギリシア世界の前にも地中海世界はあったし、ローマ世界の後にも地中海世界はある。またそれがヨーロッパ世界の一部だったのは、その歴史的全期間のほんのわずかの間である。そもそも地中海世界はこのような歴史上の特定の一時代のものではない。それは悠久の古代から現代にいたるまで脈々と続いている。いうなればそれは地中海の存する限り、存在している一つの歴史的交流の場である。

筆者はここに、古代から現代にまでいたるこの地中海世界を、従来の西欧中心主義から自由に、あくまでも地中海そのものの現実に即して巨視的・全面的に把える、一つの時代区分を提起したい。

これまでこうした新しい立場で地中海世界を見るということがなかったから、したがってまたこのような時代区分の試みも、わが国ではもちろん、世界的にみてもはじめてであると思われる。それだけに識者の批判的検討を望みたい。

筆者の考えでは、地中海世界は次ページの表に示すように六つの時代に区分され、それぞれの間にやや短い中間期がある。

このように見てくると、地中海世界は第I期のエジプト＝エーゲ期、第II期のギリシア＝フェニキア期、第IV期のアラビア＝ビザンツ期、第V期のトルコ＝ヨーロッパ期、第VI期の欧米＝アラブ期を貫いて、ヨーロッパ的な文化とハム・セム的な文化とが対立・連関しながら、二元的な複合世界をつくっていることが分かるであろう。第III期のローマ期だけが一元的であるが、このローマ時代もそのなかに立ち入ってみるならば、ローマとカルタゴ、ローマとイスラエルなどの、ヨーロッパ的なものとセム的なものとの拮抗・連関があり、とくに後者の関係（ローマとイスラエル）においては、思想的にローマ世界はキリスト教というセム的なものによって支配されるに至るという事態がある。ローマが軍事的・政治的に地中海を統一したといっても、その内部構造は単純に一元的に把えられないであろう。以下それぞれの時期における、この二つの文明の系譜の相互作用に光を当てながら、おのおのの時期の内容的特質を考えてみよう。

第I期　エジプト＝エーゲ期（前三〇〇〇―前一一〇〇）　エジプト文明の成立からエーゲ文明の滅亡まで。

この第I期が紀元前三〇〇〇年頃にはじまるのは、エジプト文明（初期王朝）がこの頃おこり、地中海世界へのこの文明の進出が次第にはっきりとしてくるからである。初期王朝においてすでにレバノン杉の輸入をはじめとして、シリア地方と交渉がなされていた痕跡があり、エジプト文明の地中海との関係は従来考えられていたように閉鎖的でなく、その初期にはじまっている。さらにクレタ島のミノア文化がエジプト文明の影響をうけながら前二八〇〇年頃からはじまり、前一六〇〇年頃まで栄える。ついでミケーネ文化がこれに代わり、前一一〇〇年頃までつづく。またこれよりやや先んじて前三〇〇〇年頃からキクラデス文化がおこり、ナクソス島のグロッタ、メロス島のフィラコピ、テラ島のアクロチリなどで栄える。キクラデス、クレタ、ミケーネの三文化をエーゲ文明と総称すれば、この時期の地中海文明をエジプト＝エーゲ期と規定することができる。エジプト

I　エジプト＝エーゲ期
Egyptio-Aegean Period
前3000—前1100
　第1中間期：フェニキア期
Phoenician Period
前1100—前900
II　ギリシア＝フェニキア期
Graeco-Phoenician Period
前900—前332
　第2中間期：カルタゴ＝ローマ期
Carthagino-Roman Period
前332—前146
III　ローマ期
Roman Period
前146—476
　第3中間期：ビザンツ期
Byzantine Period
476—661
IV　アラビア＝ビザンツ期
Arabo-Byzantine Period
661—1096
　第4中間期：十字軍期
Crusades Period
1096—1270
V　トルコ＝ヨーロッパ期
Turco-European Period
1270—1798
　第5中間期：ヨーロッパ期
European Period
1798—1947
VI　欧米＝アラブ期
Europeo-Americo-Arabic Period
1947—

文明のクレタ文化への影響、クレタ文化のミケーネ、キクラデス文化への影響は明らかであり、このうちエジプトはハム系、クレタとキクラデスはおそらくセム系、ミケーネはヨーロッパ系であるから、ハム・セム系とヨーロッパ系の文化交流はすでにこの第I期に活発に行なわれたのである。

このようにして地中海世界のあけぼのは、エジプト文明とエーゲ文明を中心として、まず東地中海にはじまる。

第一中間期　フェニキア期（前一一〇〇―前九〇〇）　すでにフェニキア人は前一三〇〇年頃からシドン市を中心として地中海進出を試みているが、この時期になるとテュロスを中心にして、フェニキアの全地中海的活動がはじまり、その活動範囲は北アフリカ、南スペインから、はるかブリタニアにまで及んだ。この時期の特質は、東地中海にはじまった地中海世界が、フェニキア人の活動により確実に西地中海にまで拡がったということである。

第II期　ギリシア＝フェニキア期（前九〇〇―前三三二）　ギリシア文明の形成から東フェニキアの滅亡まで。

前一二〇〇年頃ドーリア人の南下がはじまり、ミケーネ文化は滅んでギリシアは暗黒時代に突入する。しかしこの第II期のはじまる前九〇〇年頃から新たにポリスを形成し、しだいに植民活動を行ない、かのホメロスやヘシオドスの固有の意味でのギリシア文明が誕生し、発展する。しかし同時にこの時期は、前八一五年のカルタゴ建設にはじまるフェニキアの植民地が隆盛をきたし、ギリシアと地中海を東西に二分して勢力を競った時期である。われわれはギリシア文明の隆盛期が同時にカルタゴを中心とするフェニキア文明の隆盛期であることを忘れてはならない（エジプトはこの時期にはすでに他民族により支配され、地中海の主勢力ではなくなる）。このヨーロッパ系の文化（ギリシア）とセム系の文化（フェニキア）との交流においては、ギリシアがフェニキアからアルファベットを借用したように、後者のほうが先輩であり、軍事的にもしばしばギリシアに対して優勢を保っていた。しかしフェニキアがペルシア戦役においてペルシア側に協力し、その海軍力を提供して、サラミスの海戦で破れた後は、ギリシアに押され気味となり、ついに前三三二年にアレクサンドロス大王がテュロスを攻撃して、東方フェニキアは滅びる。

第二中間期　カルタゴ＝ローマ期（前三三二―前一四六）　この時期には、ホメロスからペリクレスの時代を経てアレクサンドロス大王の東征にいたるギリシア世界の発展拡大が、大王の死によって一頓挫し、固有の意味でのギリシアの時代が終り、ヘレニズムの時代に入ると同時に、すでに前六世紀から勃興しつつあったローマが、前三四〇年から前三三八年にかけてラティーニを制圧し、前二七二年にはイタリア半島を統一し、西地中海に勢力をうかがうこととなる。同時にフェニキアは東方の本土を失って、もっぱら西のカルタゴを中心に北アフリカ、スペインに勢力を張り、最後の隆盛期を迎える。そして前二六四年から前一四六年にかけて、三回にわたりポエニ戦役が起り、ローマとカルタゴは西地中海の制覇をかけて雌雄を決する。ローマがカルタゴを滅ぼした前一四六年は、またマケドニア・ギリシアをローマの属州とした年であるから、ローマがそれ以前の地中海勢力に代わって、自らが地中海の主人となる途を準備したのがこの時期であると言える。

第Ⅲ期　ローマ期（前一四六―四七六）　ポエニ戦役の終焉から西ローマ帝国の滅亡まで。

前一四六年に宿敵カルタゴが滅ぼされ、地中海はローマの海となる途が開かれた。さらに同じ年にマケドニア・ギリシアを、前六四年にはシリアを、前三〇年にはエジプトを、それぞれローマの属州とし、ここにローマの地中海制覇は完成される。このローマが地中海を「われらの海」mare nostrumとした時代は、四七六年の西ローマ帝国の滅亡まで続く。この時期はめずらしく、地中海世界がローマによって一元化された時代であると一応いうことができる。

しかしこの第III期においても、ローマの文化や制度が地中海周辺に浸透してゆくという一方的な見方だけでは把えられず、逆にローマがシリア、エジプト、ヌミディアなどと接することにより、どのような影響をうけたかという逆の反作用の面も見なくてはならないだろう。特に思想問題では東方パガニスムの浸透ということがローマ世界の根本問題となった。つまり東方のミトラ、キュベレ、イシスなどの宗教、とりわけキリスト教がローマ世界の心臓部に入って精神的にはこれを征服する。ローマによって地中海世界は軍事的・政治的には支配されるが、精神的にはキリスト教によってしだいに支配されるという二元的構造（ヨーロッパ的なものとセム的なものとの）が、ここにも見出されるのである。

第三中間期　ビザンツ期（四七六―六六一）　西ローマ帝国が四七六年にゲルマン民族の移動によって滅んだ後、東のビザンツ帝国が地中海世界の中心となる。東ゴート、西ゴート、ヴァンダルなどが、西地中海周辺を領するが、しかしこれらの蛮族国家はすべてビザンツの方を向いており、精神的にはこれに服従していた。特に六世紀のユスティニアヌス帝の時代には、地中海は文字通り「ビザンツの海」であった。こうした状態は、六六一年のアラビアのウマイヤ王朝の成立まで続く。したがってこの中間期をビザンツ期と称してよいであろう。

第Ⅳ期　アラビア＝ビザンツ期（六六一―一〇九六）　ウマイヤ王朝の成立から第一回十字軍まで。六二二年のマホメットのヘジラ（聖遷）にはじまるイスラムの興起と発展は、四代カリフの時代に急速に地中海周辺に拡がり、六六一年のウマイヤ王朝の成立のころには、東はシリアから西は北アフリカまで、地中海の東南部を占拠する。さらに七二〇年までにスペインとシチリアを手中に収め、七三一年のポアチエの一戦に破れるまで進撃をやめず、南フランス、イタリア西部沿岸をもしばしば侵し、地中海は「アラブの海」となったと言ってよい。しかしこの時代を通じて、ビザンツ帝国はイスラムの攻撃に耐えよく生きのこり、東地中海の一角にギリシア文明の伝統を維持した。

文化的にはこの時代は最初ビザンツがアラビアに大きな影響を与える。すなわち五世紀から六世紀にかけて、ビザンツのギリシア正教会を追われた異端キリスト教徒であるネストリウス派や単性論者がシリアにおもむき、彼らのキリスト教を広めるとともに、シリア語訳されたギリシア文化を伝える。その成果がササン朝ペルシアのジュンディー・シャープールに結集し、七五〇年後のアッバース王朝にとり入れられ、かくしてギリシア文化がシリア語訳やギリシア語原典からアラビア語訳されてアラビア世界に入ってくるのである。こうした「アラビア・ルネサンス」を背景として、十世紀から十一世紀にかけて、東にアッバース王朝（バグダード中心）、南にファーティマ王朝（カイロ中心）、西に後ウマイヤ王朝（コルドバ中心）が鼎立して地中海の東西を領しつつ、アラビア文化の絶頂期を迎える。このときはまだ西欧諸国は、地中海に「板子一枚浮かべることができなかった」（インブ・ハルドゥーン）といわれるほど、大陸部におしこめられていた。

第四中間期　十字軍期（一〇九六―一二七〇）　この時期は西欧がはじめてアラビアやビザンツに攻

撃をしかけた時代であり、一〇九六年から一二七〇年にかけて前後七回にわたって行なわれた彼らの十字軍運動が地中海を席巻した時代である。この十字軍の海上の輸送を受けもったのが、ヴェネツィア、ピサ、ジェノヴァの北イタリアの諸都市であり、これらイタリア都市の地中海における活動がはじまる。

しかし文化史的にみると、この時代のいっそう重要な出来事は、いわゆる「十二世紀ルネサンス」とよばれるものであり、西欧がアラビア、ビザンツを介して、はじめてギリシア文化をわがものとし、その後の文化的発展の基礎をつくったことである（次章参照）。この文化的な十二世紀ルネサンス運動は、軍事的な十字軍運動とは、一応独立に行なわれたというべきである。まず東への十字軍運動とはまったく関係をもたないスペインにおいて、トレードを中心として西ヨーロッパの各地から集まった知識人によって、アラビア語文献を大量にラテン訳する活動が起り、いわゆる「大翻訳時代」がはじまる（これはもちろん「レコンキスタ運動」と関係があるが、スペインにおける「レコンキスタ」を東方への「十字軍」と同一視するのは間違いである）。ついでノルマン王朝支配下のシチリアにおいても、この王朝の寛容で開明的な文化政策により、アラビアやギリシアの多くの重要な学術文献がラテン訳される。この時代において、地中海の真ん中に位置するシチリアで、ノルマン王朝が果したアラビアと西欧との文化的交流の実績は、高く評価されてよい。さらにヴェネツィアやピサの北イタリア都市でも、ビザンツとの通商関係を通じてギリシアの文献をもたらし、これをラテン訳した。

この時期は西ヨーロッパがはじめて地中海に足をつっこんだ時代といえる。しかしこれも一二五八年にモンゴルを撃退したトルコ系のマムルーク王朝のバイバルスが、第七回十字軍を徹底的に攻撃して地中海沿岸をまもり、一二七〇年についに彼らを海上にほうむり去って、十字軍問題にケリをつけた。かくして次にトルコ・ヨーロッパ期がはじまる。

第V期　トルコ＝ヨーロッパ期（一二七〇—一七九八）　十字軍運動の終焉からナポレオンのエジプト侵入まで。

すでに一〇三七年にセルジュク・トルコがおこり、アナトリヤとシリアをおさえ、一二五〇年にはトルコ系のマムルーク王朝が立ってエジプトを領し、一二九九年以後はオスマン・トルコが興起するという具合に、一連のトルコ系国家が十字軍運動が終る頃から東地中海域に覇をとなえる。そして一四五三年にオスマン・トルコのメフメット二世がコンスタンチノープルをおとして、ついにビザンツ帝国を滅ぼす。十六世紀のスレイマン大帝の頃には、東はウクライナからバルカン半島、シリア、南はエジプトから北アフリカのアルジェリアまで領して、地中海を文字通り「トルコの海」とする。しかし一五七一年のレパントの海戦において、スペイン、法王庁、ヴェネツィアの連合軍に破れて以後、次第にヨーロッパ諸国におされ、漸次領土を縮小してゆく。

この時代において経済的に地中海世界にとってきわめて重要な意味をもつ事件は、いわゆる「大航海時代」に突入したことで、一四九八年のヴァスコ・ダ・ガマによるインド航路の発見により、西欧諸国はもはや地中海を介さずにアフリカの南を周航して直接東方との貿易にたずさわるようになり、このことが地中海世界の商業活動に甚大な影響を与えることになる。東方との仲介貿易によってその富を築いてきたヴェネツィアやカイロの没落はこれによる。地中海世界の経済的衰退はこのときに始まる。

また文化的には、西欧はこの時期に「ルネサンス」を経験し、ガリレオやニュートンによる「科学革命」を遂行し、さらに「産業革命」を惹起して近代資本主義の基盤をつくり、いわゆる「ヨーロッパ列強」を形成することになる。

結局、この時期の地中海世界は、前半はトルコ、後半は西欧が有力となり、とくにスペインを中心にアメリカ大陸やアジアに植民地を開拓しつつ、地中海でも一方の主導権をにぎり、次第にトルコを圧迫してゆく過程であるといえる。しかし一方、トルコも十六世紀ではもちろんのこと、十七世紀、十八世紀においても依然として地中海の東半分を堅持していたことを忘れてはならない。むしろこの東におけるトルコの強固な存在が、西欧諸国をしてアフリカ周航によるアジアへ、また新大陸へと発展すべく駆り立てたとすら言える。

第五中間期　ヨーロッパ期（一七九八—一九四七）　この時期は、いよいよ北のヨーロッパ列強が、南のイスラム諸国に侵入して、これを植民地化する時代である。この時期のはじまりをつくる一七九八年のナポレオンによるエジプト遠征は、そのもともとの動機をイギリスとインドとの連絡を断つことにおいており、トルコはこのヨーロッパ列強の争いにまき込まれたにすぎない。しかもそれは失敗に終り、翌年には撤退する。しかし十字軍の終り以来ながらく保たれていたヨーロッパ諸国とイスラム圏の均衡をやぶり、西欧列強がイスラムの土地にはじめて侵入したという事実が重要であり、事実、以後せきを切ったようにイスラム諸国の植民地化が行なわれた。一八三〇年にはフランスがアルジェリアを占領し、一八八一年にはフランスがチュニスを保護領とし、一八八二年にはイギリスがエジプトを占領する。

この時期の地中海世界は、トルコの勢力が失墜し、完全にヨーロッパのものになったと言ってよいだろう。しかし注意すべきことは、完全にそう言われてよいのはこの「中間期」の一五〇年の間だけだという事実である。地中海世界は永遠の昔からヨーロッパのものだと考えている人びとは、この事実をよく見ておかなければならない。これは別の面から言えば、トルコが意外とながく地中海世界に勢力を保っていたということである。

第Ⅵ期　欧米＝アラブ期（一九四七—　）　第二次世界大戦が終り、ヨーロッパの西アジアや北アフリカの植民地に終止符がうたれ、ふたたび地中海周辺のそれらの国々が独立して地中海世界の一翼を担うようになった時代である。まず一九四八年のイスラエル独立を皮切りに、一九五一年にリビアが独立、一九五三年にエジプトが独立、一九五六年にはモロッコとチュニジアが独立、一九六二年にはアルジェリアが長い闘争のすえ独立する。

他方アメリカが一九四七年のトルーマン・ドクトリンを宣言して以来、ギリシアやトルコを中心として地中海問題に介入することとなり、今日の地中海世界はヨーロッパとアラブ諸国だけではなく、アメリカを加えて三つどもえの渦中にあると言えよう。

さて以上のように見てくると、地中海世界は常に北のヨーロッパ的なものと南のセム的なものとが相互に拮抗しかつ連関しながら発展する二元的な世界であり、それは単一の文明圏というよりも、むしろ「文明交流圏」と称すべきものである。

(付)「文明交流圏」の設定

トインビーやその先駆者シュペングラー、さらにその先駆者と言ってよいダニレフスキーらが提出した文明圏の概念(ダニレフスキーでは「文明・歴史的タイプ」、シュペングラーでは「高度文化」、トインビーでは「文明社会」)は、世界史や人類史を考えてゆくうえで、それまでの国家単位のナショナリズムを超え、かつヨーロッパ中心の普遍主義をも超えた、具体的・現実的な概念装備を与えるものとして、きわめて適切、有効なものであったと言ってよいであろう。もっともこの(基本)文明圏の数をいくつとし、どれを基本的なものとするかというようなことについては、まだ問題が残っており、つねに最新の考古学や歴史学の発展とともに問い直され、考え直されてゆかねばならない。しかしこうした文明圏の考え方は、さまざまな文化をもった民族が、この一つの地球の上に生きあってゆく地球時代の世界史、文明論をつくり上げてゆくうえでの実り豊かな設定であるのみならず、未来に向かう歴史構築の不可欠の方法的概念であることは今や疑いない。

しかしこのようないくつかの基本文明を設けるだけでは、まだ実のところ片がつかない。地球上のあらゆる文明を考えてゆこうとすれば、こうした基本文明のほかにそれをとりまく周辺文明というものを考慮に入れなくてはならない。すなわちその基本文明の影響下にあり、またときには「基本文明」そのものに逆に影響を与える、周囲の多くの「周辺文明」を含むことによって、地球の文明ははじめて覆われることになるのである。これは文明論を実際に具体化してゆく上に欠かせない概念であり、トインビーを批判する形で、この概念の重要性を指摘したバグビーの功績は大きい。

ところで私は、最近このような「基本文明」と「周辺文明」という考え方で文明を切ってゆくやり方は、それだけではまだ十分ではないと考えるようになった。ここでもう一つ発展させねばならない。この「基本文明」「周辺文明」という枠組だけでは、まだ文明の把え方が静的であり、諸文明の発展というものをもっと動的に把えるためには、それを可能にする概念枠組——すなわちたんに「文明圏」ではなく「文明交流圏」というものが必要だと思われてきたのである。この概念にたどりついたのは、実は「地中海文明」というものの性格を考えてゆく過程においてである。昔からよく「メディテレイニアン・シビリゼイション」ということが言われているが（たとえばリントンはこれを一つの文明圏としている）、しかしこの地中海文明というものを歴史的・文化的によく検討してみると、これは筆者が前節で詳しく論証したように、いかにしても単一の文明圏とはいえず、複数の文明の渉りあう「文明交流圏」なのである。そこでも示したように、地中海世界は六つの時期、すなわちⅠエジプト・エーゲ期、Ⅱギリシア・フェニキア期、Ⅲローマ期、Ⅳアラビア・ビザンツ期、Ⅴトルコ・ヨーロッパ期、Ⅵ欧米・アラブ期、に分けられるが、これらを通じて言えることは、地中海文明の一方の北側に、エーゲ→ギリシア→ローマ→ビザンツ→ヨーロッパというインド・ヨーロッパ系の文化があり、他方の南側や東側にエジプト→フェニキア→シリア→アラビアといったハム・セム系の文化がある。これが地中海という気候風土を同じくする場で相互に渉りあい、影響しあいながら発展してきた二元的な複合世界であり、複数の文明が関連しあって新しいものを生み出してきた一つの文化の坩堝であるという認識に到達した。すなわち地中海文明とは実のところ単一の文明圏ではなく、複数の文明圏の交流し、その間に橋を架ける「文明交流圏」だということを発見したのである。そしてこの文明交流圏は西方の諸文明の発展に対し、きわめて大きな意義をもったのである。

　このように見てくると、こうした「文明交流圏」という、一定の時代の一定地域における恒常的な歴史的交流の場が他にもなかったかといえば、それはいくつかあったということが言えそうである。例えば「シルクロード文明交流圏」といったものが、まず挙げられる。これはまさに陸の地中海で、船の代わりにラクダにのって、イラン系のインド・ヨーロッパ文化と東アジアの中国系文化とが交流し、相互に文化的刺激を与えた「文明交流圏」である。さらにわれわれはモンスーンを利用した「インド洋文明交流圏」というものも設定できる（ここにインド洋とは広い意味のもので、東シナ海やアラビア海や紅海までを含む）。これは古くからインドと中国のみならず、インドを介して中国とアラビア世界とを結びつけ、またルネサンス以後はヨーロッパと東アジアとをつないだ「文明交流圏」である。このほかまた北アフリカとブラック・アフリカとを結びつけた「サハラ交流圏」やメソアメリカとアンデスの両文明をつなぐ「中米交流圏」――これはまだ仮説的なものだが――などが考えられよう。

　ともあれ従来の基本文明―周辺文明という静的枠組に対して、このような「文明交流圏」という動的枠組を併せ考えることによって、一定の時代における複数の文明圏の恒常的交流を明らかにしてゆくことは、人類の文明のダイナミックな発展をよりいっそう適切に把えてゆく手だてとすることができるように思われる。

8　十二世紀ルネサンス

――西欧文明へのアラビアの影響

1　ヨーロッパの転換期

まず最初に、この十二世紀ルネサンスという概念について、私の考えを述べてみたい。イギリスの中世史家であるバラクローは『転換期の歴史』のなかで、ヨーロッパが歴史的な発展を遂げる創造的な局面をなしているのが十二世紀ルネサンスであり、それはフランスの市民革命にもまさってヨーロッパをヨーロッパたらしめた重要な事件だということを述べているし、またもう一人オランダの文化史家であるホイジンハも『文化史の課題』のなかで、十二世紀というものが西欧文明の形態を決定づけた非常に大きな要因であることを語っている。しかし、「十二世紀ルネサンス」という言葉を造り出したのはアメリカの中世史家チャールズ・ホーマー・ハスキンズで、彼の『十二世紀ルネサンス』(*The Renaissance of the Twelfth Century*, 1927) という本によって、いわゆる「十二世紀ルネサンス」という言葉が定着をみることになった。そこでは、具体的にラテン史の復興、ラテン語の純化、ローマ法の復活、歴史記述の復活といったようないろいろな事例があげられている。

しかし、筆者の考えでは、この十二世紀ルネサンスの本質は、西欧がアラビアやビザンツの文化と出会ってそれを吸収し、学術、思想、文化の大転換を遂げる時代だというふうに定義したい。この意味でハスキンズの十二世紀ルネサンスの概念とは、かなり隔たるところがある。『十二世紀ルネサンス』では、イスラムのことについてわずかしか言及されていない。西欧においてなぜあの十二世紀に活発な知的運動と文化の興隆が促されたのか。いわゆる西欧文明の「離陸」take off が可能となったか。そのような知的地盤を一挙に獲得した背景には、やはりイスラム文明との出会いがあったと考えられる。つまりこれを比喩的に言えば、日本文明は西洋文明に出会った幕末から明治にかけて決定的な転換を遂げ、その後の発展の基盤をつくった。ちょうどそれとパラレルのことが、十二世紀の西欧についていえるかと思われる。

もちろん西欧は、たんにアラビアを模倣しただけではない。その後、十三、十四世紀を経て徐々に自分自身の足で立つようになり、自分自身の個性をそなえた独自な文明へと発展していく。そして、十七世紀の科学革命にいたり、はっきりと世界史的な主導権を掌握していった。しかし、その基盤を可能にした十二世紀ルネサンスというものは、アラビアとの出会いということを除いてはありえなかった。これは、もっと重視さるべき文明史的な問題であると考える。このように十二世紀ルネサンス像を考えるのはまだ少数派かもしれないが、日本人としてかならずしも西洋文明にばかりかたよらないで、世界のさまざまな文明を公平かつ平等に見つめる、つまり西欧からもアラビアからも等距離にたち得る者にとっては、どうしてもそのように把えざるを得ないのである。いわゆる西欧の文脈内だけでのことではなく、「文明間の交流」という視点を構築することが、この十二世紀ルネサンス研究にとって非常に重大な意味をもっていると考えられるのである。そのような観点から、「イスラムと西欧」という問題について述べてゆきたいと思う。

通常「ルネサンス」というと、中世から近世にかけておよそ三つのルネサンスが考えられている。一つは「カロリング・ルネサンス」で、八世紀後半から九世紀頃までにかけてのシャルルマーニュの時代に起った。これは、主としてラテン語の純化といったような聖職者の教養を高めることを目的とした教化的・教育的なものであり、その質的レヴェルはかならずしも高いものではなかった。シャルルマーニュ自身があまりラテン語がよくできなかったようだが、しかしカロリング・ルネサンスは、その当時の西欧においては少なからぬ意味をもっていた。これは、ヨークのアルクィンをシャルルマーニュの宮廷に呼んでイギリスから移入されたものである。このイギリスというヨーロッパのはじっこに、とくにノーサンブリアにまずギリシア・ローマの文明が移植され、つぎにアーヘンを中心とする中部ヨーロッパに逆輸入されるという、おもしろい現象が見られた。これに反し十二世紀ルネサンスの場合、その特徴は哲学、科学、法学、それから文学の分野に焦点がある。カロリング・ルネサンスが教育的・教化的でエデュケーショナルなルネサンスだと規定するならば、これは知的側面が目立ったインテレクチュアルなルネサンスと言ってよい。それから第三番目のルネサンスが、十四、五世紀にくりひろげられる、よく知られたイタリア・ルネサンスである。イタリア・ルネサンスの最初の歴史は、主としてビザンツ経由のものであり、その特徴は絵画、建築の分野であろう。そしてやがてブルネレスキー、レオナルド・ダ・ヴィンチ、ミケランジェロ等をはじめとする様々な偉大な芸術家を輩出している。カロリング・ルネサンスがエデュケーショナルであり、十二世紀ルネサンスがインテレクチュアルだといえば、イタリア・ルネサンスの場合は、さしずめアーティスティックであるというように規定できるかと思う。つまり、この最後のルネサンスは芸術的なものが一番秀でていたといえる。しかしインテレクチュアル・ヒストリーという観点から見ると、十二世紀ルネサンスが最も大きな意味をもっていると言ってよいだろう。

2　アラビアとの交渉

十二世紀ルネサンスの成立は、アラビアと西欧との交渉、あるいは西欧文明圏によるアラビア文明の消化吸収という事実を前提とするものであった。これがどういうところで起ったかと言うと、一つはスペイン、それにもう一つはイタリア南部のシチリアである。この二つの地域が、十二世紀ルネサンスの代表的なイスラム・ルートであったと言っていい。スペインは、いうまでもなくイスラム圏と西欧圏とが踵を接する地帯であり、古くは七一一年にイスラム勢力が北アフリカからスペインに北上し、ジブラルタルあたりに入った。そもそもジブラルタルとは、〝ジャブル・アル・ターリク〟ということで、侵入の指揮をとったアラビアの将軍の名ターリク・イブン・ヅィヤードの名を冠した「ターリクの山」を意味する。それ以来、七三二年のトゥール・ポワティエの戦いにおいてイスラム勢がカール・マルテルによって破れるまで北進を続け、今日のカタルーニャ周辺に両者の境界線ができた。したがって、一番古くからイスラム文明をとり入れ、それに馴染んだ西欧圏が他ならぬカタルーニャであり、歴史的に十世紀にまでさかのぼる。たとえばゲルベルトゥスの場合

（この人は後に法王シルヴェステル二世となる人で、フランス語読みすればジェルベール）、彼は当時のカタルーニャに赴き、いち早くアラビアの知識を吸収している。ジェルベールは一面〝マジシャン〟だと言われたりしたが、当時の西欧にとってイスラムの知識があまりにも新奇であり大変斬新なものだったので、いとも摩訶不思議なことをやってのけるというような伝説ができたのであろう。当時カタルーニャはバルセローナ伯領となっていたので、西欧文化圏のイスラムに対する前哨地域としてそこへ留学した。彼が学んだビックという土地の近くのリポールには、サンタ・マリア・デ・リポールという素晴らしいロマネスク彫刻に飾られた修道院があり、実はここではじめて、アラビア科学のラテン語訳がなされている。

このリポールから徐々にヨーロッパの中部にいたり、十一世紀には、ヘルマヌス・コントラクトゥスがライヒェナウのベネディクト派修道院でアラビア起源の学術を教えている。ジェルベールから一世紀ほど遅れるが、これなどはカタルーニャのイスラムの知識が入っていたとみてよいと思う。

これらはアラビアの文化を受容する原点となったが、しかし、まだヨーロッパの中に普遍的にとり入れられたというわけではない。それだけに当時の人びとにとっては、そういう新奇なことを勉強する人は、一方において称賛の的にもなったろうが、他方では非常に変なことをやっているという目でも見られるという両面があったかと思われる。しかしその後、レコンキスタ、すなわち西欧の再征服運動が進み、一〇八五年にはトレードが西側に帰属する。そこで、本格的にアラビア文化の導入ということが始められることになった。トレードの司教となったライムンドゥスは、そこに翻訳学校を創設し、ドミンゴ・グンディサルボを校長にしてアラビア語文献を大量にラテン訳していった。尊者ピエールなどもアラビア文化に理解を示した当時の数少ない知識人で、非常に先見の明があった人と言えよう。もちろんクリスチャンとしての立場から、イスラムに対して批判的な立場に立っていることも事実だが、それにもかかわらず、これは異教徒をただやっつければいいという姿勢ではない。そういう十字軍的な意識ではなく、やはりキリスト教世界の人びともイスラムというものを客観的に学んでみなければならないという聡明な見識を示している。この尊者ピエールに勧められて、十二世紀にカリンティアのヘルマンとチェスターのロバートがそれぞれ『コーラン』のラテン語訳をつくる。またペドロ・アルフォンソという人が出て、いろいろな科学書の翻訳に従事し、やがてイギリスに渡り、イギリスにおけるアラビア科学の先達者となるバースのアデラードと結びついた。このアデラードは、十二世紀ルネサンスにおける非常に大きな存在で、まさにこのルネサンスのチャンピオンの一人であった。

バースのアデラードは、「グロステストやロジャー・ベイコン以前におけるイギリスのもっとも偉大な人物」といわれているが、しかしまだ生涯も定かでない点が多い。いろいろな資料を調べてみると、南イングランドの温泉郷として名高いバースに生まれ、若くしてフランスのトゥールで学んでランで教えた。またこの頃、マグナ・グレキアつまりギリシアからシチリアを広く旅行している。さらに研究のためキリキアからシリアを経てパレスチナに赴いた。このように地中海のイスラム圏をずっと旅してアラビア語を勉強し、そして故郷のバースに帰り、後のヘンリー二世の先生になったと言われている。こうして、当時東方旅行で学んだものを土台にして、有名な『自然の諸問題』を書いた。その前に『同一と差異について』という本も書いているが、これはスコラ哲学の常套的な著作で、まだアラビアの影響は現われていない。『自然の諸問題』は、東方旅行から帰り、アラビア人から学んだものを中心に彼の甥と対話をするという内容で、その甥のほうは、まだ当時の低いヨーロッパのレヴェルを代表するにすぎないが、アデラードのほうはアラビアの啓蒙を経てきている。この二人の対話が、期せずして当時のアラビアの高い文明と、当時のまだ未熟なヨーロッパの文明との落差をみごとに垣間見せてくれている。合理的な実証的態度と伝統的な神学的態度とのあざやかな対照を示しているともいえる。さらに彼の最大の功績として、ユークリッドの『原論』全十三巻を、アラビア語からラテン語に訳した。それまで西欧は、いわゆる「ボエティウスのユークリッド」と言われているわずかな断片くらいしか知らなかった。ユークリッドをはじめ、プトレマイオスやアルキメデスといった人物の著作を西欧の人が知ったのは、やっと十二世紀に入ってからであり、アリストテレスにしてもあの『オルガノン』の一部しか知られていなかったし、ヒポクラテスやガレノスも十分知られていない。十二世紀にいたってイスラム圏と接触して、はじめてユークリッドの『原論』という幾何学の一番基本的な文献をはじめとして、多くの科学書が西欧の中に紹介され、大変なインパクトを与えることになった。それはちょうど西欧の近代科学にたいし幕末から明治にかけての日本人が目を見開いたような経験だったと思われる。

さらにトレードを中心として、それからカタルーニャ、パンプローナ、サラゴーサのあたりでギリシアの科学や哲学の重要な著作がほとんど訳されることになる。なかでもバースのアデラードとならぶ知識人をあげるとすれば、やはりイタリア、ロンバルディア出身のクレモーナのゲラルドであろう。彼は、はじめラテンの学問をしていたが、当時ラテンの世界にはまだ知られていなかったプトレマイオスの『アルマゲスト』を求めてトレードに行く。そこで多くの絢爛たるアラビア語の学術書に出会い、アラビア語を学び、それらを訳した。一一七五年には宿願の『アルマゲスト』の翻訳を完成し、一一八七年に七十三歳でトレードに没したが、その間にじつに七〇種以上のアラビア語の書物をラテン訳している。その中には、アリストテレス、ユークリッド、アルキメデス、アポロニオス、メネラオス、プトレマイオス、ガレノス、アルキンディ、アルファラビウス、アヴィセンナ、アルハーゼンといったギリシア、アラビアの第一級の哲学者、科学者の主要なものがほとんど全部含まれている。しかも、彼の翻訳はきわめて正確で、質量ともに優れたものであった。

つぎに、十二世紀ルネサンスのもう一つの中心地であるシチリアに目を転じてみよう。シチリアも、やはりアラビアとラテン世界が踵を接しているところだが、それにもう一つギリシアの伝統が加わる。この地はもともとギリシアの植民地であり、六世紀にビザンツ帝国の一部となるわけで、ギリシアの文化が根づいている。さらに八七八年にチュニジアからアラブが進入してきてイスラムに帰属することになった。パレルモなどは最初にアラブ化するが、ギリシア文化の拠点であったシラクーザなどは一番遅れた。その後一〇六〇年には、ノルマンによって征服される。ノルマン王朝はもともとヴァイキングの出であり、これという固有の文化を持っていず、それだけに他の文化を大切にするという気風があり、シチリアに蓄積されたアラビア文化やギリシア文化を大変尊重した。パレルモの宮廷では、人種や信仰にかかわりなく、有能な優れた人びとが登用された。たとえば、イスラム人イドリースィーといった中世最大の地理学者もその一人で、十二世紀における最も文化的な啓蒙君主であったロジェール二世の宮廷に招かれ、有名な世界地図を編纂している。そこではまた、セルビーのロバートというイギリス人が宰相になっている。ニロス・ドクソパトレスというギリシア人は五総主教の歴史を書き、さらにはギョーム一世の治下にパレルモのエウゲニウスというこの王朝の高官が、プトレマイオスの『光学』をアラビア語からラテン訳している。このように、ラテン人、ギリシア人、ヨーロッパ人、それからアラビア人が一緒になって生活し、平和裡に共存して、全然差別されずに協力して文化を推進した。その結果、このノルマン王朝の寛容な文化政策によって、非常に高い文化が栄えることになった。そしてそこではアラビア語からラテン語へ、またギリシア語からラテン語へといった翻訳が精力的に行なわれた。

しかもここシチリアでは、スペインと違って、アラビア語だけからではなくギリシア原典からも直接翻訳がなされている。ちなみに、パラッツォ・ノルマンニ（ノルマン宮殿）の壁には、アラビア語とラテン語とギリシア語で書かれた公文書のプレートがはめこまれている。つまりそこではアラビア語とラテン語とギリシア語の三つの言語が等しく公用語として認められていたのである。これをみても分かるように、シチリアではギリシア、アラビア、ラテンの三文化の交流が積極的に進められていたわけで、それでこそ、パレルモを中心とするアラビア・ノルマン様式の素晴らしい文化の開花が可能だったといえる。ロジェール二世が用いた宮廷付属礼拝堂（カペッラ・パラティーナ）には、アラビアの鐘乳石状の美しい天井があり、ビザンツ風の素晴らしいモザイクがあり、またアラビア文字でみごとに装飾された壁面が見られるが、このように繊細に完成された芸術作品は、十二世紀のヨーロッパにはまだありえなかった。こうした豊穣な文明が生まれたのは、やはりアラビア文化やビザンツ文化との交流といったコスモポリタン的な雰囲気があったからであろう。さらに十三世紀になると、神聖ローマ帝国の皇帝フリードリッヒ二世が即位し、シチリアに居を定めパレルモでアラビア風の衣服をまとい、アラビアの学問に強い関心をもって、自分でも研究したが、マイケル・スコットなどに様々な学術書を翻訳させた。マイケル・スコットはアヴェロエスの『アリストテレス注釈』を訳しているが、これがヨーロッパに紹介されると、いわゆるラテン・アヴェロイズムというのが生じてパリの大学を席巻するにいたった。

こうして、スペインとシチリアの二つの拠点が中心となってイスラム文化を導入し、またそこからイスラム文化のヨーロッパ浸透が始まった。そしていわば、一種の「文化変容」をヨーロッパの内部にまきおこしたと言ってよい。次にそれらの具体的な展開を、哲学、科学、文学の三つの領域において追跡してみたい。

3　西欧学術とアラビア

まず、十二世紀ルネサンスの哲学的側面から見てみよう。この十二世紀というのは、ヨーロッパの中世哲学史の上でもひとつの分水嶺をなしているといえる。それ以前の神学は結局、弁証論的なものであった。たとえばアンセルムスや、もう十二世紀に近づいてはいるがやはり十一世紀的な知性の上に立っていたアベラールは、非常にすぐれた弁証家であった。しかし、その持っている学問的な素材といえば、アリストテレスの「オルガノン」の中の『範疇論』と『命題論』だけで、これらのいわゆる「旧論理学」だけは、ボエティウスによって例外的に早く訳されていた。アベラールはこれらの文献をもとにして神学的論証を展開したが、しかし所詮それはディアレクティクをもととするものであった。その後の神学は、これとちがい形而上学や自然学が結びついている。これが、十二世紀以前と以後を分ける非常に大きな違いではなかろうかと思われる。この背景には当然、十二世紀におけるアリストテレスの移入ということがあった。つまり『形而上学』や『霊魂論』が北イタリアでギリシア語からラテン訳され、さらに『ニコマコス倫理学』『政治学』『詩学』なども訳された。その他にも『自然学』『気象学』『天体論』『生成消滅論』『トピカ』といった本が全部訳され、ここで神学が形而上学や自然学と結びついて革新されるわけである。これらのギリシア、とくにアリストテレス哲学の復活とともにアラビアの哲学者の知識が導入されることによって、新しい合理主義的な科学方法論も勃興することになる。このことは、ヨーロッパの思想史上、非常に大きな転換ではなかったかと思う。

その過程について、便宜上、四つの段階に区切って把えてみたい。まず第一の段階では、アデラードの『自然の諸問題』が、哲学ルネサンスののろしをあげることになった。それが、従来の古いスコラ学に対して新しい動向をさし示した。それまでは道徳主義的な象徴論、つまりシンボリックな議論が主流であったが、それが、もっと自然学的な原因にもとづいて議論していく方向に変わっていった。これは実際に、『自然の諸問題』における甥との次のような対話の中に認められる。「存在するすべてのものは神に由来し、神に依っている。しかし自然は混乱しておらず体系をもたぬわけではない。それゆえ人間の知識についても、それが明らかにする諸点については、耳をかたむけるべきである」このように自然的原因ということを主張する。また「なぜ植物は地から生えるのか、その原因はなにか」という問いに対し、「それは神の御業に帰した方がよくはないか」という甥の質問に対して、アデラードは「植物が地から芽を出すのはたしかに創造主の意志であるが、これらの過程には自然的原因もある」と答える。これなどは、やはりアラビア自然科学の影響をうけたアデラードの新しい立場が表明されていて、後のトマス・アクィナスの立場へもつながるものである。

つぎに、第二番目の段階がシャルトル学派で、その位置づけはなかなか微妙であり、これから研究すべき課題である。シャルトル学派においても自然学的な研究の勃興を認めることができる。たとえば、その創造論、つまり六日間でどうして世界ができたかという解釈について、自然学的な合理主義から考察している。その典型がシャルトルのティエリによる『六日間の御業』だといえる。ティエリは、シャルトル学派におけるもっとも優れた人物だが、その弟子にカリンティアのヘルマンがいて、彼は『コーラン』を、さらにプトレマイオスの天文表をアラビア語からラテン訳し、ユークリッドの『原論』も訳した。カリンティアのヘルマンはあまり注目されていないが、じつはシャルトル派のティエリの弟子としてシャルトルでプラトンを学んでいた。そこでアラビアの学問が入ってきたとき、いわばシャルトル学派から派遣されるようにしてアラビアの地に行ったのだと思われる。そこで尊者ピエールに出会い、『コーラン』を訳すことになったので、やはりこうした人たちを介してアラビアの情報がひたひたとシャルトル学派に入っていっただろうと思われる。シャルトル学派は、これまであまりアラビア的文脈で考察されたことはなかったが、そういう視点から見ていくと、いろいろなことが新たに解明されてくるのではないかと思う。たとえば、十二世紀のなかばにつくられたシャルトルの大聖堂の西側のティンパニーには、ユークリッドやプトレマイオスの像が現われるが、こうした異教の学者が聖堂の前面を飾るということはどうして起ったか、を問うてみるのも興味あることだろう。なぜならユークリッドやプトレマイオスは、アラビアを介してはじめて本格的に移入されたものだからである。

いわゆる「大学史」についてはそれほど詳しくはないが、大学ができる前のもっとも早い学校の形態は、シャルトルのような司教座聖堂付属の学校だったと思われる。ところで、この司教座聖堂付属学校という今日の大学の原型が、いったいどこから来たのかを考えてみる必要があろう。たとえば中央アジアのブハーラという都市（ここは、アヴィセンナが生まれ教育されたところ）の名は、「ビハーラ」というサンスクリットからくるもので、もとは仏教僧院という意味で、ブハーラの地には仏教僧院（サンガ）がいくつもあったのであろう。その形式をまねて、イスラムのモスク付属の学校として「マドラサ」ができあがったのが十世紀のブハーラである。アヴィセンナがブハーラのあんなに遠いところから来ることから、辺境の出かといえばとんでもない、そこは当時は大変な文化の中心地であった。そのモスク付属のマドラサは、たちまちイスラム圏に普及することになり、それが何らかの形でヨーロッパに影響したとき、司教座聖堂付属の学校というのが誕生したのではなかろうか。それが発展して今日のパリ大学になり、オクスフォード大学になるわけである。このように大学史の一例をみても、十二世紀におけるヨーロッパの大学の成立は、やはりイスラムの影響によるのではないかと推察される。つまりヨーロッパの大学のモデルの中に、イスラムのモスク付属の「マドラサ」が、その前には仏教僧院の「サンガ」というものがあったと想定される。もちろん、その間に大きな変容はあったであろう。サンガとマドラサは違うし、またマドラサとヨーロッパの大学は違う。しかし、起源において、そうしたインスティテューショナルな、制度的影響があったらしいことは無視できないと思われる。

その後、第三段階として、シャルトルの科学的伝統はオクスフォードに移った。当時オクスフォードに行けばパリ大学以上の自然学の研究ができた。そして、アラブ的伝統の研究について同じことが言える。いわゆるロバート・グロステストとロジャー・ベイコンに代表されるもので、この二人の背後には、アリストテレスとともにアウグスチヌス主義といったものが顕著にみられる。よくドミニカンを中心とするパリ大学のアリストテレス主義に対して、オクスフォードのアウグスチヌス主義ということが言われるが、これはプラトン的伝統ということにつながるもので、その上にアリストテレスを消化しているわけである。他方、それと同じくらいに、あるいはそれ以上に影響を与えているのがアラビアのアルハーゼンであり、アルファラビウスであり、アヴィセンナであるといえる。とくにアルハーゼンの『光学』という書物は、ロジャー・ベイコンがそのまま継承して研究し、尊重してやまなかった本で、そのアルハーゼンの『光学』に表われている実験科学の概念が、ヨーロッパの新しい科学方法論をつくり出す。もちろんアリストテレスの『分析論後書』にみる科学方法論を媒介にするが、アルハーゼンの先蹤をモデルとして、彼らの「経験科学」scientia experimentalisといわれているものが十三世紀にできあがった。

しかし、一方において、ロジャー・ベイコンはアラビアに対する対抗意識をもっていたともいえる。当時、イスラムは異教徒であり、アンチ・キリストだといわれたが、現実には非常にアラビアに影響されていった。それをよく勉強し、それに負けないようにキリスト教的知識をしっかりとしたものにしなければいけないということを自覚した人だと思う。それから、信仰者の共同体というものをもう一度イスラムなどに対抗してつくり直さなければいけない、という非常なあせりを感じていたのだと思う。そのあせりが、保守派に対する激しい罵倒となり、それが勘にさわった連中から牢獄に入れられるという羽目になった。それは彼が奇嬌な性格であったというよりも、イスラムとのあまりにも大きな落差に気づいた知識人の焦燥感であったと言えよう。彼はむしろ非常に誠実であり、またキリスト教徒としてきわめて真面目であったと思う。それは、ロジャー・ベイコンの著作を読んだ私の率直な感想である。

それから、第四段階であるアルベルトゥス・マグヌスとトマス・アクィナスの場合も、やはりイスラムを介してアリストテレスが入ったことが非常に大きな意味をもっているといえよう。アリストテレスの文献は、後にはギリシア語から直接訳されることになり、したがってそれも使用した。しかし、ギリシアから来たものとイスラムから来たものとを比べると、イスラムの方が一歩前であり、またイスラムのほうが同時代的に生きている知識であった。それだけに、イスラムの影響のほうが当時非常に大きかったといわねばならない。このことはとくにユークリッドやプトレマイオスの場合に言える。すなわち、これらもギリシア語とアラビア語の双方から訳されているが、通常の考えでは、ギリシア語から直接訳したほうが正確であり、その方がいいのではないかと思われるが、どうもイスラムから来たほうを使っている。やはり同時代人の手になるもののほうが迫力があるのであろうか。であるから、アヴェロエスが書いたアリストテレスの注釈も、やはり非常に重くトマス・アクィナスにのしかかったにちがいない。いわば、そういうイスラムに対する対抗意識と同時に、また彼らを知的な先輩として意識するという、アンビヴァレントなコンプレックスを持ったのではなかろうかと思う。

少し極論した形で言うと、いわゆる「スコラ哲学の形成」、つまりアルベルトゥス・マグヌスからトマス・アクィナスにいたる西ヨーロッパの知的独創は、十二世紀ルネサンスの成果を土台としなければ考えられない。じつは「トマスの革新」の新しさというのは、アラビアの新しさだったとも言えよう。実際トマス・アクィナスは、フリードリヒ二世がアラビア研究の前進基地として建てたナポリ大学で若いとき教育され、早くからこの新たな刺激的文化に接し、その光に浴していた。彼はアラビアの長所はよく分かっていた。彼らが自分達のやった一歩先をやっていたというのを、よく自覚していたと思う。スコラにおける神学的議論にしても、その同じタイプのものがすでにイスラムやユダヤ神学では一足さきに行なわれていた。たとえば、トマス・アクィナスとマイモニデスを比べてみればよい。現にマイモニデスの『迷えるものの導き』とトマス・アクィナスの『神学大全』を比べてみると、たとえば神の存在証明といったことについて前者がやはり一足先に同じことをやっているわけである。トマス・アクィナスは『対異教徒大全』の中で、アラビアの異教徒に反対する使徒的情熱を示しているが、その使徒的情熱が強ければ強いほど、逆に彼がいかに深くそれに影響されていたかを裏づけているのではないかと思う。これはやや皮肉な見方かもしれないが、ゲーテも、「自分がもっとも影響されたものについてもっとも強く反対する」という意味のことを言っている。

とにかくこれらの思想の影響関係について、一つの宗教的立場に立つと、カトリックだからカトリックの立場、あるいはイスラムだからイスラムの立場ということで固定され、事態の本質を把えることを困難にしていることがなくもない。カトリックの人がカトリックの立場で研究する。またイスラムの人がイスラムの立場で研究していくということも大いにやっていっていいし、そうする必要もあるだろう。しかし、だれかがその中間に立って巨視的な立場から公平に両方を観察するということも、必要ではないだろうか。筆者のような両者に等距離に立つものが「いや待ってくれよ、そんなに両者は別々ではないんだ、歴史の事実はこんなふうになっていたんだ」と発言してもいいのではないかと考えるわけである。事実、人間の思想というのは、それほど宗派別に分けられるものではなく、やはり相互に影響しあって進展している。以上、大分脱線したが十二世紀ルネサンスにおけるギリシア・アラビア哲学の移入は大きな意味をもち、その後のヨーロッパ思想の出発点を形成していると言ってよいと思う。

さて二番目に、科学のルネサンスの問題があるが、これは私の専門の分野でもあり、たとえば『近代科学の源流』（中央公論社）に詳しいことはゆずりたい。さきに哲学においては十二世紀が分水嶺になると言ったが、科学においてはもっと大きな分かれ目になっている。すなわち十二世紀以前の西欧は、科学史的にはまさに「暗黒時代」といってもよい。しかしその後は「暗黒時代」どころではなく、ギリシア・アラビア科学の受容により、ヨーロッパの科学的知識の財産は膨大なものとなり、そこから代数学、化学、力学、天文学といった学問がつぎつぎに噴出してくる地盤が形成される。その点、哲学の場合は、科学に比べればまだ連続性があるといえる。たとえば、アベラールとソールズベリのジョンをアルベルトゥスやトマスにつなげていくことも可能であろう。しかし科学の場合は、その間に大変な断絶があり、十二世紀ルネサンスのインパクトが最も大きかった領域といえる。

4　西欧文学とアラビア

それでは最後の文学の場合はどうであろうか。私は、文学でもやはりこの十二世紀に分水嶺があると考えている。その例としては、『シャンソン・ド・ローラン』の世界と「トゥルバドゥール」の世界を対比してみれば分かるだろう。『シャンソン・ド・ローラン』は十一世紀に書かれたもので、つまりイスラムの影響を受ける以前のヨーロッパの文学であると言ってよいかと思う。このローランの歌の中には、武士の魂というか、イスラムの軍勢に追われて、彼らが攻めてきたことを角笛を吹いて知らせながら死んでゆく騎士ローランの情景が切々と描かれている。つまり自分の義務を確固として守っていく騎士的な精神への高らかな謳歌がある。これはこれなりに一つの感動をわれわれに与える。しかしそこには、愛や雅びの精神というものがない。愛といっても特に女性に対する愛のようなものはまったくない。そこにあるのは粗野で無骨な戦闘的ゲルマン人の一途な騎士魂の発露である。彼は故郷に許嫁がいるが、自分の死に直面してもその許嫁のことを頭の一片にも思い出すこともない。当時、ゲルマンの騎士の世界では、女性の存在を男性の従属物としてしか考えていなかったきらいがある。男性が全身全霊をあげて愛し、一つの人格として尊敬するという存在ではなかった。

ところが、十二世紀になると突如として南フランスのプロヴァンス地方に、トゥルバドゥールの愛の抒情詩が奏でられるようになる。そして、女性を非常に高く評価する宮廷風恋愛というものが現われてくる。この急激な変化は、一体どういうことなのだろうか。このトゥルバドゥールの世界には、それ以前の北ヨーロッパには全く存在しない一つの新しい感性の発露がみられる。そしてこの風潮は、やがて北フランスのトゥルヴェールやドイツのミンネジンガーへと発展し、さらにペトラルカやダンテの〝ドルチェ・スティレ・ヌオーヴォ〟の詩人たちに受けつがれていく。ところでこの男性中心の無骨なゲルマンの世界から、女性への純愛を語るこの雅びの世界への移行はいったい何によってもたらされたのであろうか、ということが大きな関心事になる。それはトゥルバドゥールの発祥地が示す通りアラビアに起源をもつものであり、その後スペインのカタルーニャを経てラング・ドック、プロヴァンスへと伝えられたものであろうと考えられる。その一例として、『オーカッサンとニコレット』をあげてみたい。この作品はまさしく十三世紀の前半にかかれた愛の歌物語であるが、このようなものはそれまでの西欧文学にはなかった。そして興味深いことに、オーカッサンという名前であるが、これは実はアル・カッシームというアラビア語であり、ヨーロッパ風の名前を持っているが、じつはアル・カッシームというアラビア人の名前をヨーロッパ風にならせたものである。そしてニコレットというのは、アラビアの王女なのだ。であるから表題だけでも、アラビアの影響、アラビアの愛の物語の影響を受けていることは明らかだといえよう。

このような新しい愛の形態は、南からやってきてだんだんと北へ移っていった。それを例証すべきいろいろなことがある。まず、アラビアではまことに多くの愛が語られていた。アラビアにおける愛の系譜としては、はるかマホメットの時代にウズラ族によって素晴らしい愛の抒情詩が生み出されている。それから、イブン・ダーウードの『花の書』というのは、みごとな愛の抒情詩集であった。さらに、トゥルバドゥールが生まれたスペインでは、十一世紀にイブン・ハズムの『鳩の頸飾り』のような卓越した恋愛文献が存在していたのである。そして、そのような抒情を歌うイブン・クズマーンという大詩人もいた。この人はザジャールという詩型を使ったのだが、このザジャールの詩がトゥルバドゥールの愛の詩に影響を与えているということが考えられている。専門家によるとザジャール体の詩型とトゥルバドゥールの詩型は韻のふみ方などが共通しており、やはり影響関係が認められるということである。またアラビアの愛の歌というのは、リュート（アラビアのウード）という楽器を伴って音楽とあわせて歌うのである。プロヴァンスのトゥルバドゥールもリュートを奏でて歌ったのであり、このリュートはアラビアの楽器ウードに定冠詞のついたアル・ウードから、最初のアが取れてできた言葉で、明らかにスペイン経由のものでありイスラム起源のものである。この楽器との共存関係を考えてもイスラムの影響を見落すことはできない。

このように、西洋は十二世紀に新しい時代を迎え、そこにトゥルバドゥールの詩も形成されて新しいヨーロッパ文学の世界が誕生したといってよいであろう。それは、根本的にそれ以前の武勲詩とは異なっており、あたかもペトラルカ風のソネットに近い完成された優雅さや繊細な雅びの世界が登場するのである。一言でいえば、クリストファー・ドーソンが言ったように、西欧における「ロマンティシズムの成立」をみることができる。この意味での西欧文学の発生は、まさしくアラビアによっていると言えよう。あらためて、女性への高い評価、女性へのはるかなる愛というテーマをとっても、トゥルバドゥールの世界と『アラビアン・ナイト』の世界には非常に深い関連があると考えられる。たとえばトゥルバドゥールの一節では、「我は知る。御身を愛するあまり、耐え難き苦しみが、恋にやつれし心をさいなむ。それは御身の姿を見し時より、狂わしく御身をこい、ひたむきに御身を慕うが故なり。われ遠き国にある時は、御身を思いて、気も狂わんばかり御身のことを語るも、御身と共にある時は、万感こもごも胸に迫りて、おしのごと一言の言葉も出でず」と謳っている。しかしイスラムの世界ではすでにその三〇〇年も前の『アラビアン・ナイト』の世界で、つぎのように語られている。「我、遠き国より御身の姿を思い描きぬ。御身また遠き国より我をうたわん。我が心、我がまなこ、君ゆえに悲し。我が魂は君と共に、また君は我と共に、つねにつねに共にあり。御身の姿見えざれば、我には生くる楽しみなく、天国を、また永遠の国を見ぬよりも悲し」。要するに、当時のイスラムの世界では女性の地位が高く、また女性に捧げられた愛も深かったといえよう。その投影がトゥルバドゥールの世界に映しだされているのである。したがって両者には非常に似た状況があり、似た気分があり、また似た感性がみられる。しかもそれは、ヨーロッパにとってはこれまでにない新しい感性だった。この雅びの華やかな感性こそ、イスラムに芽生え、スペインで育くまれながら、西欧に受けつがれることになったと思われる。

もちろん、このような見解に対して反論があることも事実である。ヨーロッパの学者の間には、他の文明の影響を拒否した自己中心的なと言うか、エスノセントリックな信仰があるから、なかなかイスラム文明の影響を認めるわけにはいかないということもある。たとえば、ダヴァンソンの『トゥルバドゥール』などもヨーロッパの中だけでこの問題を解決しようとした本であるが、どうも少し無理しているように思われる。私は、そんな無理をしなくてもいいのではないかと思う。

最後にもうひとつ、ダンテの例をあげよう。ダンテのベアトリーチェというのは、いわゆる「はるかなる愛」の象徴である。このはるかなる愛を捧げた同じ人が実はアラビアにいる。ほかならぬ神秘主義者のイブン・アラビーで、彼はダンテのベアトリーチェと同じような女性と会って永遠の愛をよせ、それから終生、強い影響を受けているわけで、そのイブン・アラビーの「マホメットの昇天」(ミラージュ)の記述は、まさにダンテのあの「天国篇」の先蹤といえるものである。この『ミラージュの書』は一二六八年に訳され、それからラテン語訳とフランス語訳が出たが、この訳が出たその翌年にダンテが生まれているのであり、ダンテがこれを読んだ可能性は非常に大きいと言ってよい。こうした新たな見解を示した人は、アシーン・パラシオスというスペインの有名な学者で、『ダンテとイスラム』という本の中で述べている。この説が発表された当初は、まだこの訳が何年に出たかということが不明であり、したがって仮説の域を出なかったが、その後、訳出の年代が明らかになり、ダンテとの結びつきも非常に具体的になった。それからもうひとり、フリアーン・リベーラという人がおり、この人はパラシオスの先生で、やはりアラビア文学とヨーロッパ文学の関係を研究した。リベーラの説によると、先ほど述べたザジャールの詩型はやはりイスラム・スペイン起源のものだということになる。それがトゥルバドゥールに継承され、さらにはヨーロッパ近世を飾るルネサンス文学にまで及んでいる。ダンテの『神曲』も、そういう射程でみるといろいろなことが分かってくるであろう。

結論的に言えば、アラビアの西欧に対する影響というのはまだ不分明な点が多々あるにしても、相互の歴史的偏見をこえ、単線的な理解からもっと文明間交流の深層にまでくだって考察するとき、これまでみてきた哲学、科学、文学の分野をはじめとしてその全容がしだいに認められることになるのではないかと期待している。そしてこのことは、従来のエスノセントリズムをこえて、さまざまな文明をばらばらに孤立させて把えるのではなく、人類全体の文明の発展の一環としてもっと総合的にグローバルに考察することが必要とされる現在、解明さるべき重要な歴史的課題と言ってよいであろう。

9　地中海世界の風景

1　西地中海の旅――西欧とアラブ

一九七八年の二月下旬から五月の上旬にかけて、前後二回にわたり地中海を旅する機会を得た。最初の旅行は南フランス→スペイン→モロッコ→チュニジア→シチリア島と、西地中海地域を四〇日間で一周してまわる一人旅であり、後のものはイタリア→エジプト→イスラエル→トルコ→多島海→ギリシア本土→クレタ島と、東地中海周辺を他の人びとと船で巡る十八日間の研修旅行であった。本節では前者の西地中海の旅について語り、後者については次節にゆずる。

さてこの旅行は、西ドイツのシュワルツヴァルトの森の中にあるオーベルヴォルファッハの数学研究所（Mathematisches Forschungsinstitut）で行なわれた国際数学史会議に招待されたのを機会に、その帰路、西地中海に足をのばし、この世界を西欧とアラブの相互関係という目で見直してみたいという筆者のかねてからの念願を実現するものであった。

通常、地中海世界といえば、これまでこの海の北側、つまりヨーロッパ側からのみ見られてきたように思われる。そしてこのヨーロッパの祖先としてのギリシアとローマがそのまま地中海世界であると観念されていることが多い。もちろんギリシアやローマが地中海でもった意義はきわめて大きい。しかし西欧中心の立場から自由になって、もう少し地中海世界そのものに即してみるならば、それはエーゲ海とエジプト、ギリシアとフェニキア、ローマとカルタゴ、西欧とイスラムというように、インド・ヨーロッパ系の文化とセム・ハム系の文化が互いにわたり合い、影響しあって発展した一つの文明のアマルガムであり、この世界の脈動するディナミスムの根源もここにあるのではなかろうか。筆者の見解によれば、地中海世界はギリシア以前にも、またローマ以後にも存在し、それは悠久の古代から現代まで脈々として続いており、7章に述べた六つの時期に区分されると思われるのである。一五三ページの時代区分だけでも、地中海世界が、北のヨーロッパ的なものと南のセム・ハム的なものとが相互に拮抗しかつ連関しながら発展する二元的な複合世界をつくっていることが見てとれる。

しかし今は「地中海世界」論をここでやろうというわけではない。もっと気楽に、副題の「西欧とアラブ」という点に多少とも焦点を合わせつつ、私の「体験的地中海」の雑多な印象のいくつかを点描することにしよう。

私の地中海の旅は、かつてギリシアの植民地であり、その女神の名（ニケー）にちなんで呼ばれたニースの町に始まった。それはまことに色彩豊かな、いかにも地中海らしい明るい町並みであった。そこではじめて見出した見事なオリーブの樹が、ここが南国であることを紛れもなく示していたが、その近くの公園のベンチに腰を下して休んでいると、前の方のベンチでアラビア系らしいひとかたまりの人びとが話し合っている。隣に坐っていたおじいさんに念のため聞いてみると、やはりアラビア人で、ここではマルセイユのように特定の地区をつくってはいないが、やたらとアラビア人がおり、自分の親戚にもいるということであった。はじめからフランス人というつもりで彼らを見てしまうので、こういう点は見逃されやすいが、気をつけてみると街を行きかう人のなかにもアラビア系の人びとが実に多い。これがマルセイユに来るともっとひどく、カフェーでコーヒーを飲みながら見ていると、アラブ系、ニグロ系、ユダヤ人など入りまじって全く多様である。夕方町かを散歩していたら、アラビア語の看板を掲げ、アラビア音楽を奏でているレストランを見つけ入ってみたが、まさにアラビア人の溜まり場という感じで、その中にところどころフランスの白人がまざって何くわぬ顔で食事していた。このあたりのプロヴァンス人はシャルル・マルテルが北から攻めこんできたとき、アラビア人と一緒になって戦ったことがある位なのだから、こんなことは当然なのかもしれない。地中海の南側にヨーロッパが入り込んだように、その北側にはアラビア人が紛れもなく入り込んでいる。

「プロヴァンスのポンペイ」といわれるフレジュスには、ローマの遺跡（円形闘技場や水道）が多いことはよく知られており、それらも興味深いが、案外見落とされているのは、ここにおける十二世紀のカテドラルである。それは明らかにノルマン様式のものであってアラビアの影響が認められる。それはノルマンとアラブを結合した、後に見るパレルモのあの壮麗なノルマン宮殿のミニ形

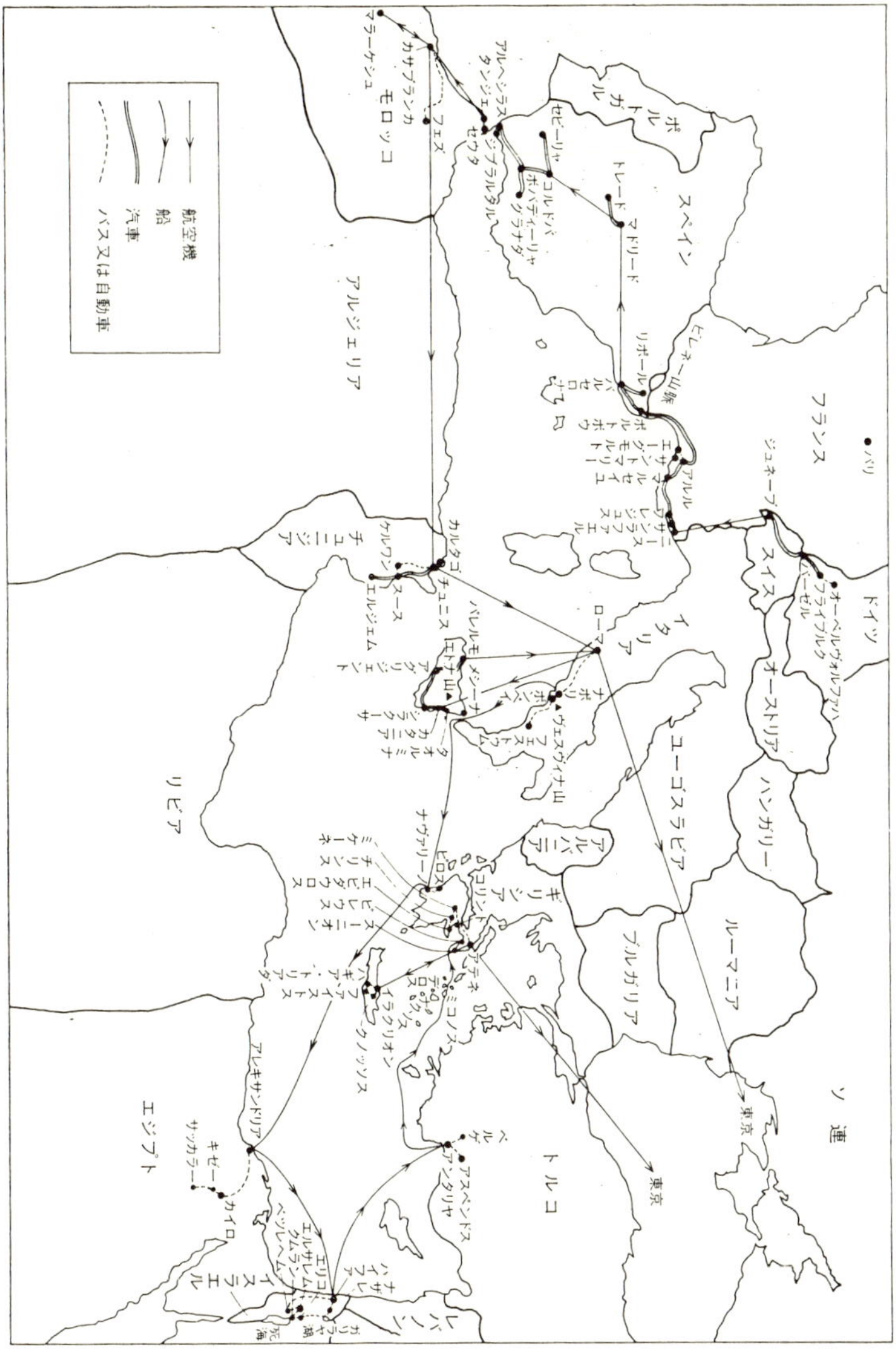
航空機
船
汽車
バス又は自動車
ポルトガル
スペイン
フランス
ドイツ
スイス
オーストリア
イタリア
ハンガリー
ユーゴスラビア
ルーマニア
ブルガリア
アルバニア
ギリシア
トルコ
ソ連
モロッコ
アルジェリア
チュニジア
リビア
エジプト
イスラエル
レバノン
パリ
ジュネーブ
バーゼル
フライブルク
マドリード
トレード
コルドバ
セビーリャ
グラナダ
ジブラルタル
セウタ
タンジェ
カサブランカ
マラーケシュ
フェズ
バルセロナ
ピレネー山脈
アルル
ローマ
ナポリ
ポンペイ
ヴェスヴィオ山
パレルモ
メッシーナ
エトナ山
シラクサ
タオルミナ
カターニア
アグリジェント
カルタゴ
チュニス
スース
ケルワン
エルジェム
コリント
アテネ
デロス
ミコノス
クレタ
クノッソス
イラクリオン
アレキサンドリア
カイロ
ギゼー
サッカラー
エルサレム
ベツレヘム
エリコ
ナザレ
ハイファ
死海
ガリラヤ湖
ペルゲ
アンタリヤ
アスペンドス
東京

式が、この南岸に上陸し、そのフランス的ミニアチュールとして鎮座しているというべきか。

アルルもまたローマの円形闘技場や劇場で有名であり、それはフレジュスのものよりよく保存され立派であるが、ここでは静かな町とやや不調和と思われる次のような体験をもった。ホテル・ゴーガン（ここはゴーガンとゴッホの町でもあり、ホテル・ゴッホというのもある）というのに泊ったら、そのちょうど前が「平和のカフェー《キャフェ・ド・ラ・ペ》」という酒場で、何やらひどく騒がしいので行ってみると、そこで文字通りまことに平和な光景が演ぜられていた。それは一人の白人の女性がテーブルの上で踊っており、そのまわりをアラブ系の男が七、八人で囲み、けたたましく楽器をならし、拍子をとっていた。それはすでに荒っぽい調子のフラメンコであり、やはりアルルは確実にスペインに近づいていた。

さらにタクシーをとばしてエーグモルトに行く。ここは聖王ルイが十字軍を発進させるのに築いた堂々たる城壁の町だ。その中には今、色とりどりの商店が賑い、まさに中世と現代が同居している。この十字軍の町に見合うかのように、後にチュニジアのカルタゴの丘で、私はサン・ルイを記念する教会を見上げた。彼はエジプトで戦って敗れ、最後はこの異郷の地で倒れたのである。

いよいよ海岸沿いに汽車でスペインに入りバルセロナに着くと、私はすぐにピレネー山脈の麓の小さな町リポールに向かった。今でもカタロニア語の用いられているこのひっそりした町の修道院では十世紀という例外的に早い時期に、アラビア語の学術文献がはじめてラテン訳されたのである。後に法王シルヴェステル二世となったジェルベールがその若き日々をカタルーニャで過したとき、ここでそうしたアラビアの新しい学問に出遭って胸おどらせ、それを学んでヨーロッパにもち帰り人びとを驚嘆させる原点となった場所はここである。

その後マドリードを経てトレードを訪れたが、ここはムデハル芸術のメッカであり、太陽の門やアラビアの城壁など、かつてアラビアとヨーロッパの接点として十二世紀ルネサンスの中心地となった面影を今に残している。さらにコルドバまで来ると、このアンダルシアの地はマドリードの喧噪と比べて何となごやかな雰囲気であろう。頬を吹く風まで何か南国のまろやかなのどかさを伝えてくる。ソコー（ユダヤ人地区）を通りコルドバの城門にいたる途中で、マイモニデス、セネカ、アヴェロエスというユダヤ人、ラテン人、アラビア人の銅像が続いて立っているのに出会ったが、こんなところに西欧とアラビア・ユダヤの融合点としてのコルドバの面目が表われていて面白い。セビーリャやグラナダの、あの夢幻的なアラベスクの美については、私がここであらためて喋々するまでもなかろう。

この旅で最も強い印象をうけたのは、スペインを去ってアルヘシラスから船に乗り、地中海を横切ってアフリカに向かったときだ。一時間たらずで対岸のセウタにつくのだが、向こう側にヘラクレスの一つの柱——モンテ・アチョがくっきりと姿を現わす頃には、地中海の風は物凄く今にも吹きとばされそうな感じだったが、船の手すりにしがみついて振り向くと、もう一つの巨大な柱——ジブラルタル、すなわち「ターリクの山」が眼前に屹立していた。

セウタからタンジェに入り、そこでたまたま乗ったタクシーの運転手に、「ここはたしかイブン・

バットゥータの生まれたところだが」と話すと、「その家を知っている」というので案内してもらった。メディナ（旧市街）の一角の、狭い道に面した五、六坪の小さな白壁の家で、驚いたことにはそのなかにバットゥータの子孫という人がどっかりと坐っていたことだ。なるほど十四世紀のアラブ最大の旅行家の末裔らしい威厳のある顔立ちで、その物腰も大変もったいぶっていたが、案内の運転手の示唆で何がしかの志をおいて帰ろうとしたら、メッカからもってきたものだといってさらに数珠を売りつけてきたのは、ご愛嬌であった。

モロッコではこのほかカサブランカを中心にマラーケシュとフェズを訪れたが、前者の町を象徴しているクトゥビアの塔は、セビーリャのヒラルダの塔と同じ時代に同じ様式で建てられたものであり、南スペインと北アフリカの文化的一体性を疑問の余地なく立証しているように思われた。

このへんまで来るとわれわれ異国の旅行者に対する好奇のまなざしもかなり強烈なものとなり、いたるところでシノワかジャポネかときかれ、あるところではパキスタンかといわれ、思わず苦笑したが、この頃はたしかに最高にやけて真黒だった。しかも寄ってくる人びとの親切には常に下心があり、必ずといってよいほど金品をせびられる。これはいわゆる「バクシーシ」というもので文化の違いだと言ってしまえばそれでよいのだが、彼らも人目のつかないところへ連れて行って言うのだから、やはりやましいところがあるのだろう。何かせっかくの親切がだいなしになってしまうようで、がっかりしてしまう。

そんな経験をもってチュニスに渡り、この町の美しい海岸を散歩しているときだった。五、六人の小学生の上級か中学生の下級（とおぼしき）一群が近づいてきて、例のシノワかジャポネかとやりはじめ、最後にダルジャンやゲルトをくれという（こんな言葉はドイツ語も知っている）。そのとき筆者はモロッコ同様に彼らに金をやるべきかどうか一瞬、迷った。しかし次に私の口をついて出たのは「アンデパンダンス・ドゥ・チュニジア」（チュニジアの独立）という言葉であった。さらにまた「アンデパンダンス・ドゥ・ラ・マンタリテ・チュニジエンヌ」（チュニジアの心の独立）とも言った。このまるで論文の題名のような固苦しいフランス語しか、とっさの私には出てこなかったのだ。ここで言いたかったのはもちろん、「君たちは独立した。それなのにいつまでも植民地的おねだりをやっていてよいのだろうか。その独立にふさわしい心の自負と自尊とをもつべきではないか」ということである。しかし私のこの舌足らずの言葉の意味するところを彼らは理解したのである。なぜなら筆者の唐突な発言に驚き、逃げ腰になったものもいたが、その緊張がおさまるや、彼らはやがて「メルシー、メルシー」と言い出したからである。「セ・トレ・ザンポルタン」（そのことはとても大切なんだ）と言いそえた私にも一抹の感動がよぎった。私は彼らにお菓子を買って分け与えながら別れを告げた。

チュニジアではその後イスラム第二の聖地ケルワンを訪れ、さらにスースを経て、エルジェムにまでたどりついた。ここにはローマのコロッセウムにつぐ第二の巨大な円形闘技場がある。夕暮に黒く、くっきり聳え立つ姿が汽車の中から見えだしたとき、私は思わずその壮大さに息をのんだ。しかし同時にここでは、もっと小さいものにも深い感動をおぼえた。それは私が宿をとったホテル・ユリウス（ホテルもこれ一軒しかないさびしい町である）の近くにあったサディ・マンスールという小さなモスクである。この町についたとき日もとっぷり暮れて、どこへ行くあてもなくこのモスクまで来ると、三々五々と町の人びとが夜の静かな祈りのために集まってくる。折しもコーランの朗誦が塔の上から星しげき空に朗々と響き渡り、人びとは私の存在などまったく無視してひたすら一心に祈っている。それはあまりにも有名になり賑々しくなってしまったマラーケシュやフェズの大モスクには見られない真摯で素朴な信仰の姿であり、私ははしなくもこの辺境の地においてイスラムの真髄に触れたという思いにひたった。

再びチュニスにとってかえり、カルタゴの遺跡を訪れた後、私はいよいよこの旅の終着地シチリア島へと飛び立った。ローマからカタニアに下り、エトナ雄姿を仰ぎ見ながらタオルミナ、シラクーサ、アグリジェントと、主としてギリシアの遺跡をたずね歩いたが、「西欧とアラブ」という観点からすれば、なんといってもパレルモが最も興味深い。まず大聖堂《ドゥオーモ》のアラブ・ノルマン建築の素晴らしさに圧倒され、続いてノルマン宮殿《パラッツォ・ノルマンニ》における、これまたアラブ・ノルマン様式の美しい列柱、そしてその回廊の壁にはノルマン王朝の文化的寛容を示すように、同じ文章をラテン語とギリシア語とアラビア語で書かれたものがはめこまれていた。さらにその中の王宮礼拝堂《カペッラ・デ・パラッツイーノ》に入るならば、ビザンツのモザイクと、アラベスクや天井のスタラクティト装飾などのアラビア芸術が、渾然一体となり、まばゆいばかりの華麗さをもってわれわれをつつみ、この二つの文化を結合した十二世紀ノルマンの地中海文明の高さをものの見事にわれわれに明示してくれている。さらにモンレアーレの大聖堂のモザイクも礼拝堂のものより大規模で同様に素晴らしいが、しかし筆者は礼拝堂の凝縮した美をいっそう好む。その他ここの僧院のアラブ・ノルマン様式も、聖ジョヴァンニ・ディ・エレミティのそれと並んでまことに美しく、これらはすべてロジェール二世の時代を中心とするノルマン王朝下におけるヨーロッパとアラブの優れた綜合の所産でないものはない。もし地中海がヨーロッパ的なものとセム的なものとの交渉の場であるとするなら、その中心に位置するシチリアのパレルモこそ、最もよき意味におけるその証人である。

2　東地中海の船旅

四〇日間の「西地中海の旅」を終えて、四月五日に帰国した筆者は、席のあたたまるひまもなく、同じ月の二十一日から五月四日まで、再び東地中海の旅に出かけることになった。さきの旅行はまったくの一人旅であったが、今度は朝日移動教室「東地中海文明」の講師として、他の三十五人の方々といっしょに行なう船による研修旅行であった。講師としてもう一人、朝日新聞の論説委員をされている牟田口義郎さんが同行された。われわれの任務は、東地中海周辺のさまざまな遺跡や名所を見てまわる前に、船の中でそれらの理解に必要な予備的知識を講義しておくということで、筆者は過去の歴史的な見地から、牟田口さんは現代の立場から、それを担当するというわりふりであった。筆者にとり、このへんの東地中海地域は、一九六三年以来一五年ぶりの再訪であったが、その若き日の感動をもう一度新たにすると同時に、前のときに見残したり見落としたところを今回は見てまわることができたのは収穫であった。講義はややしんどかったが、あらかじめ整理しておくことは私自身の勉強にもなり、現地の見聞とつき合わせて得ることがあった。

われわれはスイス航空でチューリヒを経由してローマにつくと、まず型どおり、フォロ・ロマーノやパンテオンなど古代ローマの遺跡をひと通り見学したが、筆者にとって特に興味深かったのは、前に訪れることのできなかった「エトルスク博物館」で、ここではローマ文明の起源について、いろいろ実物をもって考えさせられるところが多かった。さらに貸切バスをやとって南へ下りポンペイとパエストゥムを訪れたが、ポンペイは前に一人で訪ねたときのほうがはるかにゆっくり見物できたので、今回はものたりなかったが、パエストゥムの堂々たるギリシアの建築の遺構には完全に圧倒された。マラリアが流行してこの地帯がまったく棄て去られ無人の地となったために、かえってよく保存されたと言われるバシリカ、ポセンドン、ケレスの三つの神殿が、噂にはきいていたが、このような素晴らしい姿で残っていようとは思わなかった。さらに最近それに隣接して建てられた博物館に収められている例外的に多数の、ディテイルに富む壁画は、ギリシア絵画の研究にとって、またとない貴重な資料であろう。なぜならギリシアの彫刻に比し、その絵画は資料がほとんどないためにこれまで実態が分からないとされていたからである。

再びバスでナポリにとって返したわれわれは、ここでいよいよ英国P&O汽船会社所有の一万七千トンの大型客船「ウガンダ号」に乗りこみ、東地中海の海に船出することとなった。まず船はイタリア半島の長靴のさき、シシリ半島に面するメシーナ海峡を渡り、一路ペロポンネソス半島の西岸ナヴァリーノに向かった。ここはかつてヴェネツィアの植民地で、今でもその城塞の島が残っているが、またギリシアの独立戦争のとき、イギリス、フランス、ロシアの連合艦隊が、トルコ、エジプトの連合艦隊を破ったところとしても有名である。しかしわれわれの目標は、さらにここから北上して、かのホメーロスの老王、ネストールの都であったピュロスを訪れることである。ここは通常の旅行ではなかなか行けないところなので、今回の旅程に特に入れてもらったのである。オリーブが両側に豊かに繁った道を何台かの自動車に分乗して半時間も走ると、こじんまりはしているが、大変よく保存されているピュロスの遺跡につく。ここで、アメリカのブレーゲンがおびただしい量の線文字B文書を発掘し、それによりミュケーナイの社会構造がにわかに脚光を浴びるようになったところである。ネストールのいた部屋だと伝えられる王室の真ん中にある炉の端にすわって、しばし昔をしのんだ。これから少し離れたところにある博物館も、小規模ながらミュケーナイ時代の遺物について、アテネの国立博物館とはまた一味ちがったコレクションを蔵しており、一見に値する。

船はさらにアレクサンドリアに向かい、ここの有名な灯台のあった場所を見てから、また貸切バスでカイロに向かい、エジプト博物館を見学したのち、ここでナイル河を見下すホテルに一泊した。それは一応一流ホテルとなっていたが、換金のサービスが悪かったり、風呂はあっても肝心の栓がなくて実際には使えなかったりで、同行の人びとの間でも大変不評であった。翌日キゼー、サッカラーとピラミッドや墓を見てまわり、夜ははじめてベリー・ダンスというのにお目にかかったが、これはあまりいただけない。むしろそこで演ぜられたエジプトの音楽と楽器に大変興味をもった。

ついでわれわれの船はイスラエルのハイファの港に入った。サダト大統領のイスラエル訪問以前の緊張状態のなかで、エジプトから入ったのだからちょっとスリリングだった。事実われわれがバスでハイファからエルサレムに向かう途中の道路上で、それより数週間前にアラブ・ゲリラによりイスラエルのバスが襲われるという事件が起っていたのである。しかしわれわれは無事にベツレヘムを経てエルサレムに到着し、ここでまた一泊した。同行の人びとの一致した感想は、古代さながらの怠慢なエジプトと近代的で効率的なイスラエルというはっきりした対照が目立ち、ここのホテルはすべてが行き届いて何の不便もないという。日本的感覚では文句なくイスラエルに軍配が上がるだろう。しかし牟田口さんのお話では、エジプトは住んでみるとよい所だそうである。氏はパリとカイロの両方の支局長をされたが、帰るときに家族がもっと長く居たいと言ったのは、前者ではなく後者だったということである。この聖都を見学した後——一五年前「嘆きの壁」はアラブ側にあって、そのあたりはスラム化していたが、今はそれらはきれいに一掃されてイスラエルの老若男女が一心に祈っていた——、死海のほとりのクムラン洞穴をたずね、さらにケニヨンによって発掘された世界最古の都市エリコの遺跡を訪れた。さらに貸切バスでキリストの育ったナザレに赴いたが、ここの告知教会にある、日本から送られた細川ガラシャをかたどった聖母像は、他の国から送られたものに比べても優雅で美しく、ひときわ抜きん出ているように思われた。それからガリラヤ湖畔で、「ペテロの魚」を食べ、カルメルのブドー酒を飲んだが、さわやかな風とともに、そのおいしかった味が今でも忘れられない。

ハイファにもどった後に、われわれの船は今度は南トルコのアンタリヤに向かった。トルコの西海岸とは異なり、ここも普通の旅行では行きにくいところである。めざすは、その近郊にあるアスペンドスの円形劇場であり、このローマの壮大な遺跡は、ほとんど完全な姿でわれわれの目の前にそそり立っていた。さらにアレクサンドロスゆかりの地であり、パウロが説教したヘレニズム都市ペルゲを訪れたが、この広大な遺跡はまだ十分に整理されているとはいえず、草深い周辺にまだ何か底知れぬものを残しているような感じであった。

船はここからさらに多島海に入り、ギリシアのカプリといわれている、まばゆく白い町並みのミコノス島に寄り、ついで小船に乗りかえて、デロス同盟の中心地であった「アポロンの島」デロス島に渡った。赤いきれいな花が咲いてはいたけれど、飲み水もろくに得られないこの小さな島が、何ゆえ全ギリシアの信仰の中心になりえたのだろうか。あの立ち並ぶ獅子たちは、一体なにに向かって咆哮しているのであろう。ここも筆者には十分、神秘の島であった。

アテネでウガンダ号から下船して、直ちにコリントを経てアルゴリス地方に向かい、ミケーネ、チリンス、エピダウロスの劇場跡を訪ね、翌日アテネのアクロポリスに登り、さらにスーニオン岬にまで足をのばした。ついで飛行機でクレタ島のイラクリオンに飛び、クノッソス、ハギア・トリアダ、ファイストスと、ミノア文明の遺跡を三つも比較してまわったのだから、いかに研修旅行とはいえ、一般人の旅程としてはかなり念が入っていたといえるであろう。クノッソスについては、エヴァンスがあまり手を入れすぎて人工的だという意見と、あれだけ再現してくれたから、見るに値するものになったという意見に分かれた。筆者自身はヴンダーリヒの『迷宮に死者は住む』を読んでいたので、彼の仮説が成り立つかどうかを検討してみたが、結果はほとんど否定的だった。しかしその理由を述べることはここでは差し控えて、最後に少し船の中のことを紹介しておくことにしよう。

まず朝起きるとボーイが個室にミルクやコーヒーなどお好みのものを運んできてくれる（寝坊な人は起してくれる）。それから食堂でゆっくり朝食をとり、午前中は例の講義で、これは筆者に大変な仕事だったが、参加者の皆さんは大変熱心で、いつもほとんど全員が出席された。午後はまったく自由で地中海の海の青さを眺めるのもよし、行きかう島影を追うもよし、さまざまなゲームを楽しむのもよしといったところである。夕食は大変デラックスで、いろいろなチョイスのあるフルコースは、選ぶのにとまどうほど種類が豊富で、かつどれをとっても大変美味である。同行の船舶会社の社長さんがさっそく原価計算をはじめて、これでは安すぎると言っておられたが、筆者もこれには賛成である。隣に牟田口大先生――氏は筆者の旧制高校の文字通りフランス語の先生であった――がおられ、ワインの飲み方から何まで懇切丁重にご教示くださったので、ふだん粗末なものしか口にしていなかった筆者なども、これでとたんにひとかどの食通になったような気がする次第で、今でも感謝に堪えないところである。同行の人びとの知的水準も高く、かつ好奇心も旺盛で、特に女性が夫をおいて一人で旅に出るという現象が起っていることに興味を覚えた。今までの日本にはこの逆しかなかったとしたら、これは大した進歩ではなかろうか！　われわれを除いては二、三のアメリカ人やオーストラリア人がいたようだが、他はすべてイギリス人であった。この中にあってわが同行者は少しも物おじせず、常に対等以上のつき合い方で、日本の国際的地位の向上とそれに伴う自信を示していたように思う。毎晩のように行なわれるダンス・パーティやディスコその他の催し物でも大活躍で、七十歳を超えた老紳士は金髪の女性とみごとなステップを踏み、すでに還暦を迎えたと思われる「日本の貴婦人たち」は、若者にまじって、おもいおもいにゴーゴーを踊り、ある中年のご夫婦は何やらの競技で賞をとり、シャンペンをものにして拍手を浴びていたし、十八歳の少女は船員の美青年に一目惚れして、人を介して想いを伝えてもらい、たどたどしい英語で楽しそうに彼と話しているといった風である。われわれの先輩が三等船室の片隅で小さくなってヨーロッパに出かけた時代とは大きく変わったのである。しかも彼ら（イギリス人たち）は港に停泊中も、船の中に留っているか、港で日向ぼっこするか、せいぜいその近辺を歩いてみるだけである。しかるにわれわれ日本人はその間バスや自動車を借り切って、遠くの遺跡や歴史的名所を訪ねまわり、感嘆し、質問し、勉強し、吸収しているのである。そのバイタリティと好奇心の強さ――これは一体、何を意味するのだろうか。簡単にどちらがよい悪いと言うつもりはないが、そこにかつて七つの海を支配した国民のかすかな衰えと、今日の日本人の新しいエネルギーの対照を、かいまみる気がしたのは事実である。同行者たちは、下船のときが近づくと、楽しく過させてくれた謝辞や感想を書きつけたノートを、船長の手元に残してくる思いやりと礼節も忘れてはいなかった。そのノートには筆者は、シーザーにあやかって「veni, vidi, vera.」と書いた。直訳すれば「来たり、見たり、真なり」であるが、その意味は「来て、見たら、すばらしいと言われていたものはその通り本当だった」ということである。

筆者にとってこの船中の一八日間は、まるで桃源郷のようなものであったといっても言いすぎではないかもしれない。今や楽園は地上に残ってはおらず、海の上だけに存在しているのだろうか。陸に上ってすでに半年、久しい「楽園喪失」を嘆いている。

IV 比較文明論の対話

10　比較文明学の建設

対談／梅棹忠夫

梅棹　私は、比較文明論ということを言いだした者のなかでは、わりに早いほうですが、ずっと孤立無援という状況でした。そのころの状況、反応から考えて、きのう（一九八三年十二月二十日）の「比較文明学会」創立総会なんか、ほんとに感無量という感じです。ようここまで来たな、と。

伊東　先生は、ほんとにその方面の先駆者でいらっしゃいますね。梅棹先生がずいぶん苦労されて、いままで土壌を養ってくださったので、われわれも安心して門出ができます。

ところで先生が「文明の生態史観序説」をお書きになってもうずいぶんになりますが、あれは何年でしたか。

梅棹　一九五七年の『中央公論』一月号に出るはずやったんですけど、それが遅れて、二月号に出ているんです。

伊東　あれはエポック・メイキングな、目からうろこが落ちた論文ですね。僕なんかも、非常に衝撃をうけました。

梅棹　とにかく文明の比較という観点が、まったくなかったんです。それまでは全部、文化論ですから。私も文化論に興味はありますけれど、文化論というのは、結局は日本文化の起源、あるいは伝統と変容というような問題で、文化がどこからどこへどう伝わって、どうなったという話ばっかりなんです。

伊東　そうなんですね。

梅棹　せいぜい比較をやっても、文化がどう違うかという話で、文明論という発想は、まったくなかったと思うんです。

いままで不思議なことなんですが、実証的な文化研究は、東西文化交渉史というかたちではあるんですね。ところが、東西文明の接触・対決という観点は、スポッと抜けている。文化要素の伝播で考えている。

伊東　先生がこれをお書きになったときの基因というのは、アフガニスタンを旅行されたことにあるんですね。

梅棹　そうです。一九五五年にアフガニスタンから、パキスタンとインドを旅行したんです。イスラム文明とインド文明に、はじめて接触しているわけです。それで私は、びっくり仰天した。

イスラム文明もインド文明も日本と非常に異質の文明だという発見も衝撃的でしたが、もうひとつの発見は、そこで私ははじめて、中国の文明がわかったんです。それまで中国に二年いて、わかっているはずなんですけどね、意義づけができなかった。インドを通ってはじめて、「ああ、これは中国と同じや」と、それでいっぺんに、中国がわかった。私は中国社会とインド社会のパラレリズム（並行現象）に、そのときはじめて気がついたんです。

伊東　なるほど、ぼくの方ではどうして比較文明論にふみこんだかという体験を話させていただくと、ぼくの専攻が科学史だもんだから、みんながやるような、ガリレオとかニュートンとか、デカルトとか、十七世紀の近代科学をつくった偉大な科学者を研究することから、勉強をはじめたわけです。つまりヨーロッパの正統の近代科学の成立の問題を研究してたわけですね。

そのうちに、十七世紀のガリレオやデカルトのやったことが、実は十四世紀の半ばに、もうやられていたんだということがわかった。しかしそれにはラテン語で書かれた古写本を読まなくてはいけない。最近光を当てられるようになった十四世紀の写本を読みますと、たとえば落体の法則とか、運動量の概念とか、あるいは慣性の原理の萌芽みたいなものが、みんな書かれてあるわけなんです。

梅棹　十四世紀に、あるんですか。

伊東　あるんですよ。ビュリダンとかオレームとかいう十四世紀の後期スコラ学者が、やっているわけです。そういうことが、ここ二、三〇年前にわかりかけてきた。それで、科学史は実にセンセーショナルなことになったわけです。今まで、十七世紀に近代科学がおこったということが常識だったのが、中世にまでさかのぼるのかと。

レオナルド・ダ・ヴィンチなんて、技術や絵画では非常に新しいことをやったけど、彼の自然学説は、みんな十四世紀の写本のひき写しでね、なんの新しいこともない。彼が斬新にみえたのはダ・ヴィンチの手記が、十四世紀のスコラ学者のものよりも早く発見されたからにすぎないことになる。

梅棹 なるほど。(笑)

伊東 ガリレオの理論も、十四世紀につながっている。デカルトの運動量の概念も、すでにあった。これは大変なことになったというので、そのころは非常にホットなショッキングな問題だったわけです。いまでは十四世紀は、ガリレオの先駆者の時代と言われるようになっていますけど。

梅棹 それはおもしろいな。

伊東 僕も、そういうことをやろうと思いまして、クラーゲットという、アメリカのウィスコンシン大学の人文科学研究所の所長をやっていた大家の助手になりました。その人のところで、二年間ラテン語の古文書の読み方を習ったわけです。やっぱりラテン語の古文書を読まないと、もとのところはわからないわけです。そういった中世の古文書を読んで研究していたんです。ところが、そこでやってみてもっと驚いたのは、十四世紀の新しさが実は、十二世紀とつながっていることです。十二世紀にヨーロッパが自己の知的基盤を確立しますが、そういうヨーロッパの離陸を可能にするような基礎が、すでに十二世紀に築かれているんですね。

じゃあ、十二世紀がどうしてそんなヨーロッパの転換点になったのかというと、それはイスラムの圧倒的影響なんですよ。当時は月とスッポンぐらいの違いで――月がイスラム、スッポンがヨーロッパですが、その十二世紀にイスラム文明からしこたま受け入れたものをヨーロッパが手を加えているうちに、十四世紀のそういう理論もできてきたことがわかった。そこで、僕はもうひとつヨーロッパ以外の大きな文明、ヨーロッパと違った文明があることに気がついたわけです。ヨーロッパ、ヨーロッパといっているけど、それだけが文明の中心なんてとんでもない、間違いだということですね。

梅棹 十二、三世紀にどんどん、アラビア語からラテン語に翻訳していますね。

伊東　必死の努力をして、アラビア語を勉強し、翻訳する。その血の出るような努力が、ヨーロッパの知的基盤をつくった。そこではじめてユークリッド、アルキメデス、プトレマイオス、ヒポクラテスという人たちのすぐれた仕事を彼らは知った。ユークリッドなんて、ヨーロッパ人は昔の昔から知っていたかと思うけど、とんでもない。

梅棹　そうじゃない。

伊東　で、ぼくはこんどは十二世紀のラテン語の写本を読みだしたわけですよ。そうしたら、それがまさに粒粒辛苦なんだな。はじめて出会うアラビア語をなんと訳していいのか、わからないんですよ。だから音訳するわけですね。むかし日本人が、電気を訳して「エレキ」と言ったでしょう。音《おん》をとって。あれと同じようなことをやるんです。数学の専門用語はわかんない、化学の専門用語はわかんない。わかんないからしようがない、アラビア語の発音どおり書いちゃえ、というわけでね。

梅棹　なるほど。

伊東　代数学の英語「アルジェブラ」なんていうのは、まったくそのまま音訳というか、本の名前なんですよ。アル・フワーリズミーという代数学を書いた人に『アル・ジャブル・ワル・ムカーバラ』という本があって、なんかわからないから本の名前をつけて、それを学問にしておけというわけで、アルジェブラということにしたわけです。(笑)

　もっとひどいのは、アラビア語はセム語系ですから、インド・ヨーロッパ語系とまったく違うわけですね。そうすると、どうしてもアラビア語の構文にひきずられて、ラテン語に訳しちゃうということがあるんですね。ラテン訳としては意味をなさない、へんてこりんなものを。(笑)でも、それを真剣に、まじめな顔をして、さかんにやっているんですね。当時をみると、ちょうど杉田玄白がオランダの解剖書を訳して『解体新書』を出版した事情と同じなんですよ。

梅棹　そうですね。わからんところは、ただ、「くつわ十文字」⊕が書いてある。

伊東　そうそう。それと同じことを、すこし前にヨーロッパはイスラムを通してやったんですよね。だから日本の文明開化を「黒船ショック」というけど、「イスラム・ショック」というのが十二世紀のヨーロッパにあったと思うんですね。

梅棹　イスラム文明の体系的導入という点からいうと、むしろインドの思想を、玄奘（三蔵）以下、中国の仏教学者が猛烈な努力をして、中国語にうつしかえたのにちょっと似ているかもしれない。

伊東　そういえましょうね。あれもすごい。

梅棹　やっぱり意味がわからんので、しばしば「ギャーテー、ギャーテー、ハラソー、ギャーテー」と音で入れる。菩薩ということばだってそうなのね、ボーディサットヴァ。そのほかたくさんあるんですよ。インドというか、バラモン、ヒンドゥーの文明、それから出てきた仏教をうまく移植するために、それこそ血の出るような努力をした。

伊東　しましたね。

梅棹　とくにヨーロッパの場合は、まだイスラム帝国がヨーロッパの一部のイベリア半島にあるわけですが、中国の場合はそういう条件がないわけです。砂漠を越えて、原典、テキストをとりにいかんならん。あれはたいへんな努力やと思う。その恩恵を、われわれはいま受けているわけですね。

伊東　おっしゃるとおりだと思います。それからスコラ哲学なんて、トマス・アクィナスがやった、ヨーロッパ人の独創かと思っているけど、神学と哲学との関係を考えてゆくということは、実はそれより三〇〇年も前に、イスラムでコーランの内容とギリシア哲学をどう統合したらいいのかということを、やってるわけですよね。

だから、イスラムが三〇〇年前にやったことを、トマス・アクィナスは、キリスト教をイスラム教におきかえて復習しているようなものなんでね。ヨーロッパの人なんか、あんまりそういうことは言わない。イスラムから影響をうけて『神学大全』をつくったんじゃ、カトリックは困りますからね。（笑）

もうひとつさかのぼると、じゃあ、イスラムはどうしてそんな高い文明に到達したのか、ということが今度は問題になるんですよね。いつ、ヨーロッパの先生になれるような、すばらしい黄金時代をつくったのか。だって、あれはもと砂漠の遊牧民じゃないか、ということになるわけですね。

それは十二世紀からさかのぼって四〇〇年前、つまり七五〇年ぐらいから、アッバース朝下で、ギリシア、すなわちビザンツから十二世紀のヨーロッパがやったような努力をするんですね。ウマイヤ朝ではまだ始まらないんですが、アッバース朝になって、ペルシア人がずっと入ってきまして、アッバース朝の高官たちがみんなペルシア人になりました。そうしますと、そういう人たちはヘレニズムでギリシアの文化の偉大さを知っていますから、王様を教育するとき、「おまえはやっぱりギリシアをちゃんとやらなきゃいけないよ」と教えますから、第五代のハールーン・アッ・ラシードや第七代のアル・マムーンが成長すると、ギリシアの文化をとり入れるイニシアチブをとる。アル・マムーンは、「知恵の館」という翻訳学校をつくる。そこで今度は、ギリシア語からアラビア語へたくさんの本が訳されましてね。ユークリッド、アルキメデス、プトレマイオス全部ですよ。それがわーっとアラビア世界に入りましてね。

梅棹　ある意味では、ギリシアのいろいろの文明は、イスラムで維持された。

伊東　そうですね、維持されただけじゃなしに、イスラム独自のものに組み替えられ、発展したということも重要だと思うんです。今までは、ヨーロッパ人はイスラムをいうとしても、ギリシア文化をスッと入れて、パッと吐き出したようにいうんですよ。それは全然違うので、ギリシア文化はイスラム化されるんです。

あるひとつの文化が、いやしくもひとつのシステムをもった文明のなかに入ったら、素通りするということはないですよ。そこで必ず変容し、その土着の体験によって解釈され、そのシステムのなかに入って、独自なかたちをとりますよ。いつでもそうなんです。

梅棹　私も、科学史はサートンのものなど、多少読みましたけれど、ヨーロッパの科学史家の説は、科学はいっぺんギリシアからアラビア語に翻訳されて、それでそのまま温存されて、またヨーロッパに入っていく。だからもともとヨーロッパ起源だというのが主流でしょう。私は前から、それにたいへん大きい疑問をもっていました。

伊東　そんなことは、実際ありえないんです。

梅棹　あのイスラム文明の絢爛豪華さを考えたら、素通りということはありえないです。

伊東　おっしゃるとおりです。

梅棹　イスラムで、ギリシア文化の花が咲いたんや。

伊東　そうなんですね。しかもイスラム的文脈で花開いたんです。

梅棹　起源をいえば、すべて文明の起源は、どこかよそにある。すべてそうだ。全部とりいれて、交雑して、そこで新しい花が咲くもので、起源論というのはダメだということなんです。

伊東　ですからぼくは、文明間の交流があって、刺激しあって発展する、これをもっと見なきゃいけないとおもう。どっかに文明の中心があって、そこだけがひとりで、いわば自家受粉して発展するんじゃなくて……

梅棹　そんなこと、ありえないです。

伊東　ありえない。そういう、文明交流が、いろいろあって発展してきたんだということ、これを見なきゃいけない。と同時に、それぞれの文明が、それにもかかわらず個性をもっていて、独自のシステムを維持していて、そして受けいれるといっても、じぶんの文脈で受けいれているんですよ。

梅棹　結局、そう。だから私は、文明はシステム論として考えなければいけないんだ、と言うんです。要素は、いくらでも導入できるんです。ただ、統合原理が違う。

伊東　僕は、その点が非常に重要なご指摘だと思うんで、それを見ないと比較文明論は成り立たない。この文明が移動したから同じだ、なんていったら、全然違う。たとえば日本がいい例で、日本はいろいろなものを取り入れているけど、日本文明でなくなったことは一度もないんですよ。

梅棹　そうですね。自己同一性は、典型的に保っているんです。

伊東　これがパラドックスだと言われていたけど、実はパラドックスでないんであって、これはイスラムがギリシアを入れたときも、西欧がイスラムを入れたときも、やはり原型とは違っている。たとえばイスラム文明を取り入れても、西欧はデカルトの時代になりますと、機械論というような独自なパラダイム、あるいは自然把握の枠組でもいいが、そういうイデオロギーで、自分たちの科学をつかみますよね。そしてそれが、こんどは世界的になります。機械論は、ぼくはやっぱりイスラムにはない統合原理だと思います。

梅棹　イスラムには機械論はありませんか。

伊東　ないんです。まだ誰も言ってないんですが、その点が実はイスラムと西欧の根本的な違いなんですよ。

梅棹　おもしろいな。イタリア・ルネサンスも機械論の世界でしょうか。

伊東　ルネサンスではまだ有機体論が主流だったと思います。しかしデカルトの段階は、機械論なんです。それがイスラムにないんです。イスラムは一神教でしょう、ヨーロッパも一神教でしょう？　その点で似ているんですよ。だから「一神教が近代西欧科学を生んだ」という言い方でいくと、じゃ、イスラムからはなぜ近代科学が生まれなかったのか、という疑問は、当然出てくる。その謎をとく鍵は機械論です。デカルト的機械論がないんです、イスラムに。

梅棹　おもしろいなあ。

伊東　「科学はひとつ」なんていうのは、西欧科学だけ見ていて、それが無条件に、普遍的にひとつだと信じちゃうからいけないんで、西欧科学も実をいうと、ひとつの科学にすぎないんです。

梅棹　そのとおりです。西欧科学はたくさんある科学の、ひとつのあり方にすぎない。もっとほかの科学はいくらでもあります。統合原理が違うんです。

伊東　だからイスラムはイスラムの統合原理、中国は中国の統合原理から、違った科学があると思います。ギリシア、中国、インド、イスラム、僕はそれをいちおう古典科学というカテゴリーでやるんですが、この四つの種別が、みんなそれぞれ違った統合原理による科学を形成していまして、それに対して近代西欧科学という、もうひとつ違うタイプのものがある。こういうふうに考えないと、西欧的な近代科学自身が、すでに今ひとつの行きづまりなんで、それを超える原理も考え出せない。

梅棹　きのうの講演では私は言わなかったんですけど、各文明がもっているさまざまな遺産があるわけですね。いっぺん各文明についての財産目録をつくる必要がある。科学思想、科学についてもそうなんです。それを全部、現代ヨーロッパの科学に合わせて、それに合わないものを「これはガラクタだ」といって捨てている。

伊東　いままでの科学史はそうでした。

梅棹　それではいけないと思います。中国は中国の莫大な遺産をもっとるわけです。それの財産目録をいっぺん作ってほしい。中国はある程度ちゃんとやっていると思うんです。

伊東　中国についてはイギリスの科学史学者ジョセフ・ニーダムが大著『中国の科学と文明』(一九五四年より刊行)を書き、非常にいい巨大な仕事をしてくれたので、かなりそういう作業が進んでいると思いますね。

梅棹　ニーダムさんは、わが博物館に来ましたよ。非常におだやかな老紳士で、いい方です。あの仕事というのは、たいへんなものです。よくあれだけやったと思いますね、西洋人が。

伊東　実をいうと、あれは共同作業なんで、彼は偉大なエディターなんです。すばらしいオーガナイザーでもあると思います。しかしなんと言っても、あれだけ新しいアイデアで、まだ西欧中心の時代に、あんな大きなモニュメンタルなことをやったのは、えらいと思う。

梅棹　現代中国をあれだけ把えるのは、えらいと思うな。医学についていえば、中国には西洋医学と完全に対抗できるものすごい伝統医学がある。一般に、中医ということばで呼んでいます。西洋医学一辺倒に、決してなっとらん。薬学がそうなんです。中薬といって、中国人は「薬学体系は違いまっせ」と宣言してるんです。近代ヨーロッパ方に対抗して、別のいわゆる漢方というものがあります、と言っている。

伊東　インドのアーユルヴェーダ、中国の中医、イスラムのアヴィセンナの医学——それぞれ現代に通用するんです。通用して、それが今でも生きているんですね。ですからその点で、日本の西洋医学の導入のときは、いささか失敗したと思う。

梅棹　失敗。ほんまに失敗や。

伊東　東洋医学をまったく否定して、上から強制的にやったでしょう。

梅棹　切りすぎた。ヨーロッパ方にもとづく日本薬局方だけにしてしまって、伝統的な和方、漢方を民間薬レベルに追放してしまった。

伊東　あんなこと、ほかのところはやってないですよ。

梅棹　医学と、もうひとつ日本がほんとに失敗したのは音楽なんです。これは惨憺たるものです。ようあんな無茶なことをやった。

伊東　無茶なことをやりましたねえ。あれは暴力ですよ、ひとつの。

梅棹　明治政府の大失敗のひとつです。邦楽は教育面から全部はずされて、完全にヨーロッパに従属したんです。これはちょっと残念です。邦楽を切り捨てることによって日本人の音楽生活が、いかに衰弱したか。なるほどベートーベンを理解し、年末に「第九」を何万人も歌うという状況にはなりましたけどね、そのかわり失ったものが、あまりにも大きいですね。

伊東　そうですね。日本がいろいろな文明を取り入れてきたとき、それを大きくみると自分のシステムのなかに入れてきたと、僕は思うんですよ。それは仏教やなにかにも言えると思うけど、音楽と医学だけはちょっと失敗で、竹に木をついだようになってしまった。

梅棹　自分のシステムを放棄した。

伊東　それはやっぱり不幸なことで、現在その後遺症がちょっとあると思うんです。

梅棹　ありますね。たとえば日本では、日本医学をまったく否定的に扱ったために、逆に民間療法が全部生きのびたんです。今日において、日本の庶民の感覚からいうと、西洋医学というのは数ある民間医学の一種にすぎない。制圧できなかった。だからまじないとか、おキツネさんとか、そんなものとだいたい同じレベルのものになっとるんです。(笑)大学病院がだめなら、おキツネさんがあるさ……

伊東　日本人はいろいろな諸文明を受けて、そのなかで自分というものをつくりだしてきたということを、歴史的に骨の髄まで体験している民族です。したがって、どれかひとつの文明だけを絶対視するということはなくて、相対的に見ることをはやく身につけて、いろいろな文明に対して比較的公平に、平等な立場で、等距離に立って考察していけるし、そして相互影響や統合の問題についても、歴史的経験をもっているわけです。

つまり、先生も記念講演のなかでおっしゃってくださったけれども、やはり比較文明学は、日本人がやらなきゃいけない学問ですよ。

梅棹　いまや、比較文明論ということは、日本の国民的科学になりつつあると思っています。さっきのお話ですけど、とくに日本人は自己中心性が全然ない。これ、非常にだいじなことなんです。

伊東　だいじなことですよね。それは、比較文明論をやる第一カ条だと思います。日本人はその考え方が自然に身についていて、あたりまえのように思うけれど、ヨーロッパに行くと、そうじゃないですよ。

梅棹　日本は、その点は、インテリから一般大衆にいたるまで、相対論は身についてますよ。

伊東　そうですね。文明論というのは、他人の説じゃなくて、自分の文明的状況に立脚しなきゃ、迫力がないんで……。トインビーやシュペングラーを研究するのも大切ですが、なによりも自分たちの状況から、自分たちの体験に立って、独自の文明論をうちだしてゆくことが、いまや重要ですね。

梅棹　ほんとにそうだと思います。だから私は、文明論は経験科学だと思うんです。経験のうえに立つことが、非常にだいじなんです。

伊東　まったくそうだと思います。これは単なる学説じゃないんです。

梅棹　文明というのは、体感しなければわからない。実地に見なければ、わかるものじゃない。

伊東　そうなんです。そういう実地研究の体験と歴史的な事実研究の経験ですね、この二つにもとづかなければいけませんね。

梅棹　そのなかに自分の身を置いて、はじめて「あ、これは別の文明だ」ということがわかる。

伊東　そういうことなんですね。いままでは、日本はいろいろな文明を受けるばっかりだったんだから、負い目がありますが、これからは無私な精神で、地球全体のことを考えるということを、日本人が始めなきゃならない。ですからそういう全地球のことを、公平な立場から、日本が有意義な仕事のイニシアチブをとることは、むしろ義務じゃないですかね。

梅棹　そうです。そういう時代になりまして、おかげさまで孤立無援の比較文明論も、やっと陽の目をみるようになりました。学会がありますよといって、だいぶ大きな顔ができるようになった。（笑）

（うめさお・ただお　国立民族学博物館長・比較文明学会顧問）

11　比較思想の地平

対談／中　村　　元

伊東　現代では、思想の世界でも、地球が一つになりつつある時代だと言ってもいいと思います。人類のいろんな思想が交流しあい、対話しながら可能な融合を求めている時代ではないかと思います。ある文化圏の思想だけが唯一絶対で、それが世界を支配できるというような状態ではない。それはちょうど政治経済の問題でも、どこか地球の一カ所で起こったことが、すぐ他のところへ波及するのと同じように、思想の世界でも、相互交流とか、対話と融合とかがたいへん重要になってきております。

中村先生はインド哲学の大家であられると同時に、世界の思想を比較検討するという、比較思想のジャンルを先駆的に開拓されました。まずそういう新しいジャンルに立ち向かわれた動機からおうかがいできるでしょうか。

中村　私はまずインド思想のもっている思想的な深み、それに引きつけられたのです。文献を読み、いろいろ苦しんで勉強してみたわけです。ところが思想的な理解というものは、総じて日本の思想研究の部門では軽んじられているんですね。と申しますのは、研究分野、学科が細かく分けられていて、その範囲の文献だけ読むことが学問であるという認識がある。しかし、思想的な問題に入ってゆきますと、人間のもっている苦しみ、悩み、さまざまな問題は、人類に普遍的なものなんですね。

だから当然、他との連関が問題になってくる。また、今われわれが置かれている状況、シチュエーションは、世界中、お互いに交渉が密接になっているので、思想にしても、考え方にしても、生活感情にしても、お互いにぶつかりあっているわけです。どれに従うべきかということで、われわれは不断の選択の必要に迫られている。これは簡単にいえば、日本人が昔からやってきたとおりでいいのか、そうではなく、外国流にすべきなのか、もしそうでないならどういう生き方をすればいいか、どう考えねばならないか、異質的な思想の流れに否応なく対決を迫られているわけです。

ところが、学問の世界ではそれは全然無視されている。それでいいのか、と思ったわけです。思想を追求することになると、どうしても他の文化圏と共通の問題があって、それを取り上げなければいけない。それを無視して研究をすすめると、結局、研究というのは文献学だけになるんですね。日本の思想研究は、極端にいえば、文献学だ。哲学がどこにあるかというと、それは認めがたい。だれがどの本でどう言ったというようなことばかり研究している。その傾向は日本では西洋以上に強い。

思想として取り上げることになると、ひとつの思想が自己を主張しうるレゾン・デートル（存在理由）というものがある。同時に、それが他から論難される点もある。こういうものを明らかにする必要があるのではないか。たとえば、唯物論ひとつとってみましても、これは人類に共通のもので、どこの国にもあった。すると、そこに共通の問題があるわけですね。だから、思想は広い視野から取り上げてみなければいけないと思いました。そこで、学問の分類法とか、大学の構成とかいうことはいちおうカッコに入れて、そういうことを研究してみようと思ったわけです。

伊東　いままでの日本の学問の縦割り的なやり方、それから文献学的な訓詁学——権威ある学者にくっついて、ただ注釈しているのが学問だ、あるいは思想研究だと思い違えていることに、不満足でいらしたのですね。

中村　そうなんです。

伊東　思想そのものを本当に取り扱ってゆけば、たとえばインド人が考えたことを、ヨーロッパ人はまた違った側面からかも知れないが、当然考えている。あるいは中国人もそうだということで、それは自分のもっている思想の基盤を深めてゆくことにもなる。また他の思想との対決を通していろいろ発展させていくことにもなる。

ところで先生はいろんな文化圏の思考の違いについては、『東洋人の思惟方法』という優れた本のなかで具体的に述べておられますが、東洋諸民族の思考にはそれぞれどういう特徴があるのか、ここで簡単に述べていただけませんか。

中村　非常に大ざっぱにいうと、南アジア、東アジアの共通の思想として、仏教、あるいはヒンドゥー教がある。仏教的な思惟というものはアジアに広がったが、それぞれの民族に受容されて変容してしまうんですね。決して元のままではない。たとえば中国仏教はインド仏教とはかなり違っているし、それが日本へ入ると、また変わってくる。チベットへ入ればまた違ってくる。

民族の持っている固有の思惟方法、ものの考え方、生活様式などが無理に変えてしまうのですが、これはおもしろいと思い、そこで違いを集めてみることにした。そして帰納的に結論を出した。たとえばインド人は抽象的表現が好きだが、中国人は具体的な表現を好む。なんでも具象的なものでいう。また、インド人は論理学を発展させたが、中国人はその面では全然だめだった。また、インド人は歴史意識がないが、中国、日本は歴史意識がはっきりしている。書かれた書物をみてもインドには空想をたくましくして書かれた宗教文学が多いが、中国などは現実に即してことを論ずる。

また、中国と日本が似ているといっても微妙な違いがある。たとえば、中国人は言葉を修飾したり、字の組み合わせからくる連想を楽しんだりするが、日本人は簡単な表現を欲しますね。和歌や俳句は発達したが、長詩は発達しなかった。

中国の風土は茫漠としていますから、同じ文芸表現でも、茫漠としたところがある。たとえば、『無門関』(中国南宋の禅僧、無門慧開の書)に出てくる詩ですが、「春に百花あり、秋に月あり、夏に涼風あり、冬に雪あり、もし閑事を心頭に挂《か》くることなくんば、これ人間の好事節」とあって茫漠たるものを出している。これを日本では良寛が同じことを言っているんですが、「かたみとて何残すらん、春は花、夏ほととぎす、秋はもみじ葉」とこじんまりしたものをもってくる。情緒あふれている。エモーショナルな点が日本文化の特徴ですね。

伊東　たしかにそうですね。

中村　だいたい日本では論理学が発展してこなかった。だから論理的表現でなく情緒的表現でかたづける。狭いところに定住して相互の信頼感で親和的な生活をしてきたから、それを害することは具合が悪い。情緒に訴えて、共同体の意識でもってスーッと事を運ぶ。だから、明らかに中国とは違うし、インドとはもちろん違う。

伊東　いまお話しのことは、土着の文化的な伝統、民族性などによって同じ思想が変質し、同化されて、変わった形になっていくということですね。それぞれがおっしゃるような非常におもしろい対照を見せていますね。

中村　もう一ついうと、インドでは国という観念がはっきりしていない。小さな王国が興亡盛衰をくり返しているわけです。国王というものの意味を認めない。だから国王と盗賊がしばしば同じカテゴリーに入れられている。「国王、または盗賊」というのです。どこに違いがあるか。合法的に人民を苦しめるのと、非合法的に苦しめるのと、それだけの違いじゃないか。「昼は王の官吏が荒らし、夜は盗賊が荒らす」——人民というものは気の毒なものだと、仏典にはそういう具合に出ている。これは日本では受け入れられない。

伊東　中国でもそうではないですね。国家権力が強かったですから。

中村　そう、そこで国家と宗教の関係が中国では問題になり、結局、国家権力のほうが最後は強くなる。これが日本へ来ると、国王を盗賊と同一視するような教えはとんでもないことになるわけです。

伊東　いま中国とインドと日本を比較されましたが、私もインド、中国、ギリシアにおける哲学の形成あるいはイスラエルの預言者の時代、つまりヤスパースが「枢軸の時代」とよんだものを比較してみたことがあります。さしあたって、今おっしゃったた関連でいえば、インド人が究極的に求めているものは一体何だろうか。それはこの世のことを超えたこと、つまり、この世の輪廻のくびきを超え煩悩の世界を捨て去ったニルヴァーナ（涅槃）ではなかろうか。そこに彼の思索の究極的な理想がある。だから、この世の現実に起ったことなどは、大した意味を持たない。

ところが、中国人は逆に、この世にあることを重

中村　ということは、解脱が出てきますからね。

伊東　ギリシアの場合は、理論的に、テオリア的に認識してロゴス的に研究していきます。初めはタレースなどが自然の根本的な原理は何かと問い、アルケーという自然の原理を求めましたが、それをもっと根本的に規定する、自然的な認識の根底にあるイデアというところにいく。そういうことがギリシアの思索の根本的な目標で、そういうテオリア的な、ロゴス的な方法でイデア的認識を求めていくと言ってよいでしょう。

もう一つの比較の対象としてイスラエルがある。イスラエルがいままでのものと非常に違うように思うのは、超越神というものがあって、超越神が人間にある法を与え、その法によって超越神と契約を結んで、人間は宗教的な救済を求めてゆく。これもインドとは違います。インドにはそういう超越の一神教的なトランセンデンタルな神というものはないように思います。

中村　そうだと思いますね。神を高く上に奉って拝むということはヒンドゥー教でもやる。けれども、それを突きつめていくと、自分の内に内在する根本要視します。彼岸的なことはどうでもよく、結局、中国人がやった哲学、倫理といったものは、この世で具体的に生きていく実践倫理ですね。いわばヴェルト・ヴァイスハイトという、処世の方法ですね。ですから、孔子などがそうですが、「道」と一般にいわれているものも、人間の踏み行なうべき道であると同時に、重要なことは、それが国家の踏むべき道で、修身斉家治国平天下という関係で一つになっていることです。

これは中国人が現実的だとおっしゃったこととも関係するんですが、実際に中国人のやり方は、科学などでも非常に現実的な経世済民の学で、ギリシアのようにロゴス的テオリアというものはあまりやりませんね。

またインドについては、インドの自然哲学――これは先生がヴァイシェーシカ（インドの合理主義的自然哲学）のくわしい研究をされたが――なども、原子論を論じてもそのものが問題なのではなくて、結局、最後はああいう考察を通して真知にいたるニルヴァーナへの前提としてやっているという気がします。

原因と同じなんですね。究極のものは、内に求めるわけです。だから、絶対の神と人間との断絶がない。むしろ一致の方向を向いている。

そこで拝むにしても、神をこうして（手を合わせて）拝むでしょう。人に対してもこうするわけでしょう？　なぜかというと、相手の人の内にアートマン（自己、自分のこと）があるというんですね。本来の自己——これは究極の原理だ、それを尊ぶというんです。だから、これはイスラエルに由来する超越的な神と違う。

伊東　なるほど、たしかに違いますね。

中村　その違いはわれわれの間でも生きていると思う。仏教がそれを受けているわけですね、インド的な考え方を。人間の内に仏性がある。人間は内に尊いものを持っている。人間も救われたら仏になる。亡くなった人のことを俗語で「仏」というでしょう？　西洋では亡くなった人のことを「ゴッド」とは絶対に言わない。神と人は絶対に断絶している。

伊東　それは大きな違いですね。文化圏によっていろいろ思考の形態は違うし、求める根本的な動機も違うということですが、にもかかわらず、やはり人類の思想を大きく見ますと、違いながらもパラレルな発展があって、総体としてみると、人類の普遍的な思想の歴史をつくってるように思われます。これについて先生は、英文の著書*Parallel Developments*を、そして、日本語では『世界思想史』全七巻をまとめておられますが、そこで人類全体の思想がどういう普遍的構造をなしているのか、おうかがいできたらと思います。

中村　普遍思想史というのはユーラシア大陸だけに限られると思う。近代になって初めてアメリカとかオセアニアとかが入ってくるが、古代からの思想ということになると、だいたいユーラシア大陸とアフリカの北部ぐらいに限定される。この範囲に関するかぎり、共通の発展過程が見られます。あらかじめセオリーをつくっておいて分けるのでなく、いちおう帰納的に事実と申しますか、それを集めてきて、組み立てて時代分けをやったわけです。

大ざっぱにいうと、古代に農村共同体ができた時代がどこの国でもある。この時代の思想はだいたい共通なんです。続いて文明圏では都市が現われるが、都市に現われでた思想は、少なくともギリシア、インド、中国とでは共通ですね。だから、同じような思想が出ている。その最後の段階として、普遍的なものの考え方が出たわけです。インドではいろんな思想——唯物論、快楽論、懐疑論と、いろいろ出た後に、最後の乗り越えたものとして仏教が出てきた。

古代中国でも諸子百家がいろいろなことを言っているが、最後にヘゲモニーを握ったのは儒教です。儒教といっても、漢代の国家によって是認された儒教ですね。多少、孔子の思想とは違っていますが。それから、西洋ではソクラテス以前にいろんな思想が出ている。そのあと普遍的な人間の問題をとらえるような思想が出てきている。そうすると、どれと突きつめることは難しいかもしれないが、ソクラテス以後はだいたい「人間学的時代」(アントロポロギッシェ・ペリオーデ)といわれている。その考え方は儒教や仏教なんかと似ている。ストアの説なんていうのは、初期の仏教とよく似ています。

そのうちに広域国家ができあがる。これは中国では漢の帝国、インドではマウリア王朝ですね。西洋ではアレキサンダー以後のヘレニズム、ないしローマの帝国がそれに当たる。それがしばらく続いて、民族移動が起った。ことに蛮族が民族移動をうながした。古代帝国が全部つぶれますね。そこから違った社会が出てくる。それは仮に中世と呼んでもいい。中世になると、宗教の権威がたかまり、教権がどこでも非常に強くなりましたね。それがしばらく続く。次に近世に入って、ことにヨーロッパが強くなる。これは自然科学の発展、民族の膨張、移動、新大陸の開発などと関係があると思う。これが一つの衝撃になって、そこで思想がまた違ってきた。それ以後は、仮に近代とか呼んでもいいと思います。

過去からの思想の動きを眺めてみると、すぐれた文化を生みだした民族の思想は並行的に発展している。同時に違いもたいへんある。ことに近世以後、ヨーロッパのヘゲモニーが圧倒的な衝撃になっています。

伊東　おっしゃるとおりだと思います。最近では比較思想をやる人たちがいつでも言及する先駆者としてシュペングラーやトインビーなどがいますが、彼らの本には西欧思想だけが思想なのではないと言ってはいますが、さまざまな思想を全体的に一つの統一ある発展として見る目がない。それぞれが独自に、ちょうど季節の春夏秋冬のように、ある文明が春に生まれて、夏に栄えて、秋に衰え、冬に死んでいくというような、それぞれが独自に文化の魂をもっているというわけで、いわば文明の発展のとらえ方がバラバラなんですね。多元的に見ることはいいのですが、その多元を統一する見方が全然ない。

中村 そうですね。

伊東 人類の知的発展を全体的に見る普遍的構造が明らかになっていないと思うんですね。ヘーゲルやマルクスはそれをやったと思いますが、それは西欧的・一元的なんですね。ヘーゲルの場合は東洋のことをまったく無視してしまってギリシアあたりから始めています。それがローマに受け継がれて、結局、近代西欧をつくっていくという線に話を押し込めていますね。マルクスの場合はもう少し視野が広いが、あれもヘーゲルを裏返したようなものです。マルクスもやはり古代奴隷制から近代資本主義まで、典型的な西欧に見られる構造だけを取り上げてやっている。ヘーゲルの世界精神というものを、マルクスは生産力の増大というふうに変えただけの話です。先生の場合、それに比べるとずっと帰納的で、まず着実に事実にもとづいて、思想の証拠を集めて整理されたうえで、普遍的な構造をつくられたと思う。これは日本だけではなく、外国の人たちにも非常に参考になる枠組を提供されていると思います。私も、「五段階説」などというのを出しており、期せずしてかなり先生の考えと近いものになっています。私のは「人類革命」「農業革命」「都市革命」「精神革命」「科学革命」という五段階で考える。

ところで、これまでお話しした思想の比較は、この「精神革命」の段階のものなのですが、その後「科学革命」というもう一つの大きな変革期がありました。この「科学革命」は十七世紀に起った。これが近代科学の成立という事態で、先生が先ほど、それ以後はヨーロッパの影響が非常に強くなるとおっしゃったことと結びつくわけですね。それまでは人類の文化の構造を変革した地域はいくつか多元的にあって、並行していた。ところが、この「科学革命」は十七世紀の西欧だけに起ったもので、それまでの知識とは違った非常にパワフルな、ベイコンの「力としての知」といいますか、要するに自然を征服し、人類の富を増していくといったような、ぜんぜん違ったタイプの知識を開発しました。
これが後の産業革命と結びついて、いわゆる近代化を推し進めて、近代世界をつくったといえますが、これが他地域にも波及・浸透していって、文化の構造を変えた。これが先生がおっしゃる西欧のヘゲモニー、衝撃ということでしょうね。

中村　近世になって東と西の指導的地位が逆になった。なぜかと考えると、二つのことを感じます。一つは個々の事象に対する普遍的な原則を突きとめようとする考え方が西欧ではっきりしてくる。帰納法もそうです。古くからの表現を使えば、ロゴス的なものを突きとめようとした。ところが東洋ではそれが弱かったのではないかということが一つ。現に帰納法というようなことをどれだけ言ったかどうか。古い時代のインドの論理学者は、たしかに帰納法を承認しています。しかし、帰納によってさらに実験までも含めて法則を見出すことはなかった。

伊東　たしかにその点の違いはありましたね。

中村　実験の精神が弱かった。

伊東　実験の精神は十七世紀の西欧がつくり上げた新しいメンタリティーだと思います。特にフランシス・ベイコンですね。単にものを論理的に整理する、考える、そしてつじつまの合った理論をつくるというのでなしに、実験によってこの世界を、いわばその論理的な整合性なり、数学的な秩序というものを、この世界それ自身の中に投げ込んでゆく。そして投げ込むには実験してみなければダメですからね。それをやって世界を変革するという考え方は、やはり十七世紀の近代科学がつくり上げた新しい考えでしょうね。

中村　それが一つ。もう一つは、社会意識の問題だと思う。というのは、西欧の自然科学者の間では、少なくとも彼らは、ギルド的であったかもしれないが、その知識を近世においては一般に広めて仲間の共同の財産にしようとする傾向がありましたね。だから学問が進歩した。しかしアジアでは、自然界に対する非常にすぐれた知識を持っていたにもかかわらず、それを共通の財にしようとする意識が弱かった。

たとえば、インドのニューデリーに大きな鉄の柱が立っている。あれは一五〇〇年前につくられた、純度が一〇〇%に近いものだそうです。だから、雨風に当たっても錆びない。ところが、いまの日本の新幹線、いかに技術がすぐれていても、一〇年ぐらいたつとダメになって、ボロボロになってしまう。こういう点から考えても、古代インドは非常にすぐれた技術を持っていたわけです。

ところが、それが紙に書いて伝えられることがなかった。おそらく、ギルド的な狭い範囲で伝えられたから、それを受け継ぐ人がいなければ消えてしまう。日本にも中世にはそういう考え方がありました。因明《いんみょう》（古代インドの論理学）の写本なんかありますが、あれを見ると、自分の信頼できる弟子にだけ伝えよ、「増して二本となすなかれ」つまり、二つコピーをつくっちゃいかんというんですね。秘伝の学問でしたね。秘伝の学問ばかり続けていると学問は発展しない。

伊東　なるほど。それはやはり近代社会の形成ということと関係があるのではないですか。近代社会の形成というのは、いろんなギルド的な壁を突き破って、市民相互の交流を可能にしましたね。西欧のルネサンス社会では。それが日本ではなかなかできない。

私はいつでも不思議に思うのですが、日本の科学史など見ていますと、ときどきいいことやっている。たとえばニュートンの力学を十八世紀に日本語に訳した志筑忠雄という先駆的な人がいる。立派な訳です。ニュートンを訳すだけでなく、実際に自分で独自の宇宙論をつくる。元気屈伸といったような考え方でつくっている。それははるかにカント＝ラプラスの宇宙論に匹敵するようなものだという解釈もあるくらいなんです。ところがそれ一代で終り、継ぐ者がいない。それで、また他の人がやる時には初めからやるわけです。横のつながりがない。広がりがない。やっぱり社会の構造と関係があると思います。

ところが向こうでは、ニュートン力学という一つの伝統をつくる。そして非常に力を得てくる。ところが日本では一代で終りか、さもなければギルドの中で細々とつながっていく。横の対話がない。ヨーロッパの開かれた精神はおそらくはるかにギリシアの市民社会の中に起源があったのでしょうが、それが東アジアでは十分発達しなかった。もっとも諸子百家の時代なんかには、そういう開かれた雰囲気があったでしょうが……

中村　逆に日本は遅れを自覚して、知識をひろく広めようとする。この意欲が明治以後、非常に強まりましたね。これが日本のいまの繁栄と無関係とはいえない。というのは、ヨーロッパでは、知識というのは最近にいたるまでだいたい貴族階級の所有するものだった。大学に行くなどというのは貴族の子弟だけだった。しかし、日本の民衆の指導者は、とにかく士農工商の差別を打ち破ると同時に、知識の門をすべての人に開いた。そのために知識は少なくとも普及した。

伊東　また、日本には進取の気性があった。ヨーロッパの科学が中国へ入ったとき、イエズス会を通じてほとんど同時に日本にも入っています。あちらはマテオ・リッチが来て、日本にはザビエルが来ていて並行関係があるんですね。そのマテオ・リッチがキリスト教を普及させるために、清の皇帝を説得しようとして科学をもってくる。その科学は漢訳されてある程度消化される。しかしそれが一部の宮廷の官僚階級だけのものになってしまい、下へ広がらない。だからその伝統は活力を失って、現実的な力をもたないで終る。

もともと中国には、自分のところにはすべてのものがあるという中華思想が強かった。ところが日本人は自分たちに知識の原点がないから他の原点に対しては非常に敏感だし、嗅覚が働く。だから、一生懸命に取り入れようとする。逆に中国は、自分のところにすべてであると思っているから、清の乾隆帝なども西欧人が来たとき、おまえのところの時計ぐらいは珍しいから持ってこい、そのほかのものは全部ここにあるんだといっている。

ところが日本人は何でもいただきます、というわけです。しかもそのように熱心に知識を吸収したのが官僚というよりも下級武士とか浪人とか職人です。青木昆陽のように、官僚レベルで蘭学を取り入れた人もいますが彼ももともとは魚問屋の出身です。またたとえば電気学を最初にやった橋本宗吉という人は傘職人です。平賀源内なんて、浪人でしょう、一種の脱落者ですね。杉田玄白だって、ぱっとしない藩医だった。蘭学は在野に近いところで発達したので、民衆レベルの科学になった。そのために非常にエネルギーがあり、幅が広い。それが明治以後の西洋科学の受容の活力の源泉になっている。
ところで先生がインド、中国、私がギリシアやイスラエルのことを述べましたが、もう一つイスラムというのが比較の中に一つの項としてあると思います。イスラム思想はいままで日本になじみが薄い。インドや中国、ギリシア、ヘブライ研究などでは国際的にわたりあえる学者が日本でも出ていますが、イスラムの思想は井筒俊彦先生のような方のすぐれたお仕事を除いては、ながらく忘れられた存在でしたね。
にもかかわらず、やはり今日これを度外視して、思想の世界的なシステムというものを語ることができなくなってきている。私は最近イスラムに関心をもっているのですが、先生は、イスラムについて、どのようにお考えでしょうか。

中村　イスラムのことについては私は何も申し上げられませんが、大まかにいって、イスラムの考え方は、東と西の中間に位置していますね。非常に西欧に近いところもあるし、東洋とも似た点がある。イスラムは、日本の奈良時代におきていますね。そして、あっというまに文明世界の相当の部分を支配してしまった。その支配力は実に根強いんですね。

伊東　そしていまでもエクスパンド（拡大）している宗教ですね。アフリカで一番ふえていて、インドネシアでもふえています。拡大しつつある宗教ですが、いままでの思想との関連でいいますと、たしかに一方では西の思想に近い。つまりキリスト教の考え方とつながるところがあります。

中村　近いですね、超越神……

伊東　超越神の一神教の世界であるということ。

中村　契約を重んじることなどもそうでしょう。

伊東　キリスト教とイスラム思想は、西欧では対立点ばかりが言われていますが、われわれから言えば実は同じ穴のむじなです。それとユダヤ教、この三つは実は根の同じもので、実際、イスラムでは、アフル・ル・キターブという言い方、つまり「啓典の民」ということで、その三つは兄弟の思想だというように認めているわけです。
西欧とイスラムという十字軍以来のながい確執があるので、対立的に見ますが、はたしてそうなのかどうか。むしろずいぶん共通のところがあって、比較思想史的には共通性をもっと強調しなければいけないのではないか。この前、「イスラムの復興」という国際会議がイギリスで開かれたときも、西欧の学者からもそういう反省が出ていました。まず一神教。それから西欧の伝統としてはヘブライ的一神教のほかにもう一つの要素としてヘレニズムがある。このヘレニズムとヘブライズムとの統合が、西欧文明だという考え方がある。しかし、ヘレニズムはイスラムにもあったわけで、七五〇年のアッバース革命以来、イスラム世界は非常に精力的にユークリッドでもプトレマイオスでもアリストテレスでも、ヨーロッパより以前にとり入れた。ヨーロッパはむしろイスラムからそれを入れたと言っていいくらいです。

中村　大ざっぱな言い方をすると、中世にはイスラム世界のほうが進んでいたわけですね、ヨーロッパよりも。

伊東　そうです。イスラム思想とキリスト教思想がそれにもかかわらず違うと思われるのは、まず第一番にイスラムでは思想の世俗化がなかったということです。これはインドでもそうでしょう。

しかしヨーロッパでは——そして日本でも——思想の世俗化がありました。ヨーロッパでは二重真理説というようなものが出て、要するに神学の真理はそれはそれとしていいし、科学の真理は別にあっていいというふうに二つに分ける……。

中村　中世の末期ですね。

伊東　はい。そういう具合に経験科学をどんどん進めていく。神の問題を科学のなかでは棚上げにしていくというかたちで、科学は独立していった。それが最後には啓蒙思想というかたちで徹底される。そういう世俗化があったと思う。

ところが、イスラムには最後までそれがなかった。やはり、スキエンティア、つまり科学というものが、サピエンティア、つまり宗教的な叡智というものに従属して、そのもとにしかるべき位置を与えられている。そこから離れて、もう一つの真理を主張するということはなかった。それが西欧思想と分かれるところではないかと思います。

中村　それでイスラム世界が遅れをとったということになりますね。

伊東　その意味ではそうです。近代において遅れをとって、科学文明のなかで取り残された理由でもあるんですね。いまのホメイニ革命にみられる問題も、それと結びつくわけで、ホメイニ師は再びこの原理を厳格にとろうとする。それがはたしていいのか悪いのか、これはひとつ問題であるわけです。

中村 日本では宗教的権威が、自然科学の発展を止めることはなかった。

伊東 そうですね。

中村 だから割合、幕末から明治以後にかけて、自然科学が急に進んだ。

伊東 そういう干渉はなかった。ヨーロッパもいわば二重真理説によって防波堤を設けましたから、科学が科学として進歩してゆけた。

もう一つ、イスラムの知は、全体的調和を求めて自然の統一を考えますから、専門化しないということがある。イスラムにはハキームという概念がありますす。「知恵あるもの」という意味ですが、たとえばイスラムの学者にジャービル・イブン・ハイヤーンという有名な錬金術師がいます。これは普通の本には錬金術師として出てきますが、それだけでなく、たいへん思想的な教養も深く、コーランについてもちゃんと一定の解釈をもっている。アヴィセンナという人も哲学者であり、医者であり、かつ科学者であり、いろんなことをやっている。大数学者オマル・ハイヤームは大詩人でもある。要するに総合的な知識をもったハキームというのがイスラム知識人の理想だった。

それと非常に対照的なのが、近代科学の場合で、十七世紀以降の近代の科学者は専門家でないと、むしろばかにされるという、逆の傾向がある。その結果、知識がどんどん細分化され、そしてとくに自然科学者の場合でもたとえば遺伝学のなかの分子生物学の、しかもDNAのどこの個所の専門家ということになって、そこだけ知っていればいいというようなのは、問題のあるところでしょう。

中村 日本の場合、非常に緊要な問題になっていますね。というのは、個々の専門に関する知識、技術は非常にすぐれているが、それを活かすための哲学というかプリンシプルが非常に混乱している。知識人の場合、それが顕著だ。

たとえば、西欧の科学者でしたら、人文科学に関して深い知識を持っていなくても、なんとなくキリスト教の伝統があるでしょう。バイブルだけ読んで、その人生観で行動していますね。しかし日本人の場合は、外から技術が入ってきて、大急ぎで習得したわけで、それをどう活かすかということの人生観がグラグラしている。たとえば何によって生きるかということですね。戦前には、漠然とした日本精神なんてことを言った人もいるが、それはいまは考えられない。それじゃ外から入ってきたどういう思想に頼るかということで、混乱が起きていると思う。

伊東　混乱が起きていますね。そしてそういうシチュエーションにおいて、新しい全体的なビジョンというものを、日本人が作り上げてゆかなければならない時代でしょう。

中村　いまは日本人が作るべきだと思いますね。

伊東　ところでそれをどうしたらよいかということですが、これまでの近代科学のやり方をそのまま推し進めればよいかというと問題があると思うのです。近代科学というのは結局、デカルトの機械論的な世界像、つまりすべてを一様な延長に、幾何学的な延長に還元して、それを数学的に処理することによって、世界を機械論的に再構成するというもので、これはたしかに世界を数学的に分析していくうえには非常に有効な思想的土台だったと思います。

しかし一方において、そのように、この世界をまったく機械論的な一様な幾何学的延長に還元したということは、世界と人間とのつながりがなくなってしまって、このなかには目的もないし、意識もないし、質もないことになります。単なる量的な形、大きさ、運動という、量的なものだけということにしてこの世界を再構成しますから、そこでは人間と自然との橋がなくなってきたように思うんです。

中村　機械論ではそういうことになるわけですね。

伊東　結局それは、世界をデヒューマニゼーション、非人間化していくことになるのですね。デカルトの機械論、ベイコンの自然支配が近代科学をつくった二つのイデオロギーだと思いますが、これはプラスの面もたしかにあったんですが、それが行き過ぎて、現代においてはマイナスの面もいろいろ出てきて、いままでの科学文明を推し進めていけばいいという状況では現在なくなってきている。

仏教などでも自然支配というのでなく、人間と自然とがもっと連続していて、たとえば「衆生《しゅじょう》」という考え方がございましょう。これなどは動物などと人間をもっと連続的にとらえて、一緒に生きていくという考え方だと思いますが、そういう考え方が、近代科学文明の危機に際してもう一度思い起されてもよいのではないでしょうか。

中村　いま言われたデヒューマニゼーションの問題は重要なポイントですね。その傾向はギリシア哲学にも見られると思う。というのはパルメニデースの哲学というのがあるが、インドでそれにいちばん近いのはウッダーラカの思想です。同じことをいっているんですよ。ところが、パルメニデースの場合にはザイン（有）とデンケン（思惟）が一致するわけですね。じゃ、見る人はどこにいるかというと、全然位置が与えられていないわけで、対象面だけのザインとデンケンだけを問題にしている。ウッダーラカの立場は、ザインとデンケンの一致ということを言いますが、それが自分のアートマンと同一だということを言うのですね。つまり見る主体であり、働く主体である、それを含めての全体を見て、その究極としてのザインとデンケンを考えるわけですね。こういう考え方が後代のインド思想にはずっと受け継がれていて、仏教にも見られると思います。

そうすると、人間がこういう主体であるということは間違いないが、しかし人間を、ほかから切り離したものでなくて、お互いに因縁というか、おもな原因と副次的な原因とによって、制約されている大きなものの中に包まれている一部として見ようとする。自然というものが、人間と切り離されたものではないわけですね。

だからここでもう一度、人間も自然もすべて含めた全体の中から、見直すということが必要になってくる。また、西欧的な機械論からは、それを徹底させると、倫理の原理は出てこない。そして必然性を強調する立場から、人間がいかに生きるべきかという原理は出てこない。

伊東　おっしゃるように、全体性を復活しなければいけないと思います。近代科学は、物の分析に集中した結果、すべてを対象化して人間自身も物質化してしまい、それがいかにあるべきかを考える精神性というものが稀薄になった。その意味では、東洋思想の遺産を考え直してみる必要がある。

中村　近代科学がいかに進んでも、人間にとって、結局、手段的意義をもっているに過ぎないんですね。西欧思想はある意味では一面的ですよ。いままでのところ、西欧思想が、あらゆる価値批判の基準に見られているが、必ずしもそうじゃないんで、結局、それは局部的なローカルなものだったと思います。西欧の宗教思想は、砂漠の背景から生まれたものでしょう。そこで人間は生きなければならないわけで、まず人間のことを考える。だから、獣なんか人間に従属するものとせざるをえなかった。だから「衆生」なんていう考え方は出てこない。ところが、アジアのほうはゆとりがあった。そこでほかのものも含めて、思いやりをもってみるという考え方が早く出てきたわけですね。

伊東　そうですね。十七世紀の近代思想をつくったホッブスの「万人に対する万人の闘争」という考え方があるのですが、これは先生がいま言われたヨーロッパ的な思想の典型的なもので、個人と個人とがバラバラですね。一歩外へ出れば万人は万人に対して闘っているんで、ただその闘いを通して世の中にある秩序ができてくるという楽観的な予想のもとに、アダム・スミスはああいう経済学をつくった。それが今日の文明の基礎をつくった。

それが勝手にやれた時代はそれでいいが、地球が狭くなり、一体化してきて、みんなが狭いところで生きあっていかなければならないときには、社会学者のリースマンがいうあの「ゴツゴツした個人主義」は問題です。リースマンはアメリカ人ですが、そういう個人主義を反省して、もっとグループ志向的な、つまり集団主義的なものを考えなければいけないと言い出しているわけですね。ですから日本も西欧的原理で競争するのでなくて、東洋の遺産をふまえて、また、われわれ自身の遺産をふまえて、新しい原理を考え出していく時代だろうと思うんです。

中村　日本の車が盛んに輸出され、それで向こうは悲鳴をあげているでしょう。いろいろなことを言ってきますが、あれは本当はおかしいと思いますね。昔、アジアの産業をつぶしたのは彼らなんですからね。ヨーロッパの資本主義、帝国主義が侵略してくる以前には、アジアの国々は、農業と手工業とを併存させて、それなりにまとまった自立的な平和な生活を送っていた。ところがヨーロッパの資本主義、帝国主義がアジアの手工業を破壊して、民衆を貧窮のドン底に追いやってしまった。ところが今、アジア人たちが立ち上がってきた。彼らは、いましっぺ返しを受けているんですよ。

ただ、狭い地球の上で、われわれがしっぺ返しをするだけでいいかどうか、それだけにとどまっていいかといえば、これは問題だと思いますね。グローバルな視野から考え直して、お互いに狭い地球の上で暮らすんだから、個々の人は孤立したアトムじゃないんだということまで思いを致すことが必要でしょうね。

伊東　一歩先に、どちらがそれに思い至るかということですね。われわれがそれを先にやるべきだと思うんですが。

（なかむら・はじめ　東方学院理事長・比較文明学会顧問）

12　地球時代の文明史像

対談／吉沢五郎

吉沢　現代という文明の大きな転換期に際して、二十世紀とは一体何だったのか、あるいは人類は果たして美しい二十一世紀を築けるのであろうかといった危惧の念が日々に深まっています。最近の動向をみましても、二十一世紀へのビジョンやメッセージを求めた国際会議や国際シンポジウムが、あらゆる分野からの出席をもとめて開かれていますけれども、先生ご自身もそれらのシンポジウムに参加されていますね。そのときのご感想、ご印象といったようなことをまず最初にうかがいたいと思います。

伊東　そうですね。これは昨年（昭和五十九年）十月二十三日から三日間、「二十一世紀へのメッセージ」ということで、朝日新聞社が開催しましたですね。アメリカ、イギリス、フランス、西独、それにインドネシアなど世界各国から多数参加して大変面白いシンポジウムでした。

私も招かれてレセプションに出席したり、シンポジウムも部分的に傍聴したんですが、各パネラーの発言も、まったく地球的な問題に直面している。ですからそこで問題になった核兵器や、資源、人口などの諸問題が、一国単位ではどうにもならない、全地球的な問題をかかえているんだという認識に立って、やってくる二十一世紀にどのように対処すべきか、そしてその遺産を現代の子供達にどのように渡すべきか、そういうことが議論されたんですが、それぞれ非常に面白かったと思います。

そこで私が、きわだって印象づけられたのは、例えばフランスからの出席者某女史（前欧州議会の議長、フランスの厚生大臣も勤めた高名な女性）による発言などは、意外にヨーロッパだけにその視野が局限されているという感じを持つんですね。ヨーロッパだけでソ連の圧力に対して自由を守らなければならない、といったまさに十九世紀的な発想ともいえるヨーロッパ単位の考え方がしみこんでいるかに見えますね。そのほかにもいろいろありましたが、世界的な提案というものについては、あまり目ぼしいものがない。アメリカからきた某学者も有名な学者だけれども、従来からの「バランス・オブ・パワー」といった考えに立つ恐怖の均衡といったようなことで、新しい発言は、あまりなかったように思います。

それに対して日本の発言者達は、例えば司馬遼太郎さんなんかの言っていることは、一見非常に日本的なことのように見えて世界に通用するような新しい言句、そういう内容があると思うんですね。あるいはスジャトモコ氏（国連大学学長）のように、地球的な問題に対してどういうふうに対応するか、ということにいろいろと示唆的な発言があったと思うんです。

ですからね、私は感じたんですが、やはり地球的な視野、第三世界も含めた全人類的な地球的視野、そして大国のパワー中心の権力主義もナショナリズムの限界も越えて地球的なことを考えるのは日本人なんじゃないか。だから日本人がそういう役割を担いつつあるんだな——と。そういう風向きにかわってきたのではないでしょうか。ヨーロッパ自身がある意味で非常に小さくなってきている。そのなかで何人かの人は地球的な考えをするけれども、全体としてはいかにも視野がせまく、もう自分達のところのことで精いっぱいだという感じですね。アメリカもまだ大国主義の力への信仰が抜けきっていないために、全地球を公平に観察してもっとよき方策を見出すという姿勢は現われていないように思う。そういう意味では日本人がこういうことを意識したわけでもないのに、いまや地球時代におけるオピニオンリーダーとなりつつあるのではないか。こういうコミュニケーションそして交通が発達して本当に地球が一つになったときに、日本は新しい文明の原理を考え出すリーダーシップをとるようになってきている——ということを、そのシンポジウムに出席して感じたんですがね。

後に朝日新聞社のある編集委員の方と話したとき、

彼もそういっていました。事実、外国からの出席者の中でも、日本にきて世界的視野を学んだといった人もいるそうですよ。そういう時代になってきて、さらに一五年後には新しい世紀をむかえるときに当たってですね、日本人がもっている新しい文明を創出するフロンティアに立たなければいけない。それは大変よい、やりがいのあることではないか。いままでさまざまな文明を摂取してきたけれども、そのお返しが少なかった。しかし科学技術のテクノロジーの発達で、日本もある意味で大変豊かになり余裕もできてきた。これを世界的な問題を解決するための英知に還元していく。そういうときが来ているんじゃないかと思うんですね。

吉沢　いま科学技術の発展ということが言われましたが、これはたしかにこれからの人類に大きな貢献をもたらすでしょうが、同時に大きな危険もはらんでおり、そのあり方が問題とされています。日本では「科学と人間」国際シンポジウムというのがありましたし、またアメリカでは「ニューエイジ・サイエンス」とよばれる新しい科学運動が抬頭している。これはやはり今日の科学文明の意味とあり方を問う市民運動という広がりをもってなされている。昨年には現代科学の最先端の人達を集めた日仏シンポジウムが、「科学・技術と精神世界」というテーマで筑波大学とフランスの国営文化放送の協力で開かれ、大きな反響をよんだわけです。

先生もこういう一連のプログラムに参加されたり、あるいはそういう運動をよく紹介されていますね。とにかく核兵器までをもたらした科学技術文明の波の中で、どのように人類の進化継続への英知ということを組みたてていくか、そもそも科学技術の人間にとっての意味とはどういうものであろうか——。こういった「科学の世紀」への疑問が東西の対話というかたちで論じられようとしています。これは人類の歴史にとっても、大変重要なさしせまった問題であろうと思います。そのあたりの事情について、一連の動向に関する特徴、ないし今日的意味をどのようにお考えになっておられますか。

伊東　いま二十一世紀ということが非常にテーマ化され注目されていますね。それは果たして二十一世紀まで人間が生きのびられるかどうかという不安と裏腹の関係にあるのではないかと思うわけです。

これがもし楽観的な見通しで問題がなければ、われわれは安んじて二十一世紀を迎えることができるんだがどうもそうではないらしい。ここに一波瀾も二波瀾もあって、ひょっとしたら二十一世紀にいたるまでに人類が消え去ってしまうかも知れない。そのような危機があるからこそ、われわれは二十一世紀に向けての文明構築といったテーマを自覚的に問題としなければならないときに来ているのだろうと思うんですね。

それはいま吉沢先生の言われたように、科学技術の非常な発展が一つの原因をなしています。この点については過去三〇〇年くらいは、非常に順調に、人間の幸福の状態と科学の進歩は大体パラレルにやってきた。しかし第二次大戦の末期から原子爆弾の製造が始まり、マンハッタン計画のあたりから科学の性格ががらりと変わってきた。もはや地球を何度でも破壊できるような核兵器を人間が作りだしている。あるいは産業が非常に発達して生活が便利になる反面、同時に公害とか資源の枯渇とかいったマイナス面も多く出てきていますね。生態学的に人間がこの地球上に居住することが不適当だという状況を、一方において考えられる事態にいたっている。

それらの歪みをどのように是正し考えなおしていくか。今日、科学そのものの進歩に無条件に意義があるという信仰はもうなくなってきている。大切なことは科学というものを、生活世界のなかにおいてみるということです。ですから科学技術が一人歩きするのではなしに、人間の具体的な生活世界のなかに踏みこんで考えるのでなければならない。資源の問題や核兵器の問題、あるいは放射性物質の処理問題にしてもですね、その生活世界を科学が侵害しているわけだから、生活世界のなかにおいて科学技術を人間にフィットさせていく。人間的なものにしていくという方向を考えなければならないのです。現代では科学技術が一人歩きして巨大化し、怪物になってしまっている。人間の手綱から離れてしまっているという現状を、どこかで人間の側に引きかえしてこなければならない。

それが「ニューエイジ・サイエンス」といわれている運動の根底にもあるんだと思う。だから、あれは科学運動というよりも一つの文明運動なのです。新しい時代に対応する科学というものが求められている。その新しい時代というのは、物質文明と精神文明がもっと調和したものでなければならない。科学と倫理がもっと結びついたもの、理性と感性がつり合ったもの、そういうことでなければいけないということだろうと思うんです。現代は、そういうところに来ている。だからこれからの科学のあり方を考えるうえでも、こうした動向に注目し、さらには助長していく必要があるのではないかと、僕自身は思っているわけです。

吉沢 それで今お話しの「ニューエイジ・サイエンス」を含めて、文明の転換期に際しての新しい知的な潮流を否定することはできませんね。これまでの伝統的な思想や学問のあり方の限界に対する自覚と反省が、新たに登場してきているわけです。要するに近代的学問の眼目であった「専門・分化」といったようなスタイルに代わって、なによりも「総合」への知的努力や主体的な探究が求められている。そういう新しい状況が一方に芽生えてきています。例えば歴史学の分野でいえば、十九世紀に成立した歴史主義、これが生まれでたときにはたしかにそれだけの積極的な意味があった。理性の同一性を重んじるという十八世紀の合理主義に対する一つの思考革命として、世界観的な意味でも重要な意味があったわけですけれども、これが最終的には「歴史のための歴史」というかたちに埋没し、歴史が生の問題意識から絶ち切られ、歴史自身のなかに堅くふたを閉ざしてしまった。それがニーチェの戦闘的な論文で攻撃されて以来、歴史主義の克服の道が説かれ、トインビーのようなグローバルな世界史像にいたる一つの流れになろうかと思います。

そういうことと併せて、わが国の学問の傾向も、やはりヨーロッパの近代的な学問に対する追随というイメージをぬぐい去ることはできなかった。いわゆるヨーロッパをモデルとして、その学説にのっとった理論化・体系化、あるいはそのたんなる移植・紹介といったようなことが主流をなしていた。しかし実際には、ヨーロッパと日本では歴史的な背景とか問題の状況が違うわけですね。歴史意識や、研究課題についても、やはり新しい視角と申しますか、問題の「自律的な設定」といったものが大変重要となりますね。

そういった意味では、比較文明学の先達でいらっしゃった故山本新先生や、梅棹忠夫先生といった方々は、日本文明の定位、超克を念頭にされた、いわば理想的な形でその基礎を構築されたわけで、これは日本の比較文明学の誕生、展開にとってまことに幸運なことであったと思いますね。

伊東　おっしゃるとおりですね。比較文明学というのは、僕は日本で育たなければならないもんだと思うんですね。日本人が歴史的・地理的な、あるいは文化的な伝統における素地というものを積極的に生かして、独自な学問を日本で作っていく。そうしてゆくうえで比較文明学はその最たるものだろうと思うんです。山本新、梅棹忠夫、江上波夫、中村元の諸先生方もそうしたところに力をそそいで、先駆的な仕事をなさっておられる。それをますます発展させていく使命が、比較文明学会の今後にかけられているともいえます。

この学会の創設は、そういう意味で非常に時宜に適っていたとも思えます。* これから日本は、いままでの外国模倣の直輸入や翻訳文化から脱して、独自な一つの学問のジャンルを作り上げ、そして輸出していく。輸出していくということは、別にそのことで得をするとかなんとかということではなしに、世界的問題を解決するのに貢献するようなアイデアですね、そういう思考のシステムを作り出していく。これは非常に重要な仕事ではないかと思うんですね。

吉沢　ところで欧米でも、比較文明論的な考え方はだんだん盛んになってきており、そうした面でこれまでのようなヨーロッパ中心主義を克服するような世界史像の探究がはじまっていますね。先駆的にはシュペングラーやトインビーをはじめ、ヤスパースの『歴史の起源と目標』や、さらに最近ではマクニールの『世界史』やバラクラフの『世界歴史地図』のようなものが出されています。これらはみな全体的ないし地球文明的な視野に立った重要な書物だと思いますが、この文脈でいえば、伊東先生は昭和四十九年に『都市と古代文明の成立』という本をお出しになり、その前、四十四年に『中央公論』誌上で「新しい世界史像の形成」や「地球的世界史の構想」という論文をすでに発表していらっしゃる。基本的な軸としては、地球的人類史の五段階および文明交流圏の構想ということですね。そこでは西洋中心主義を批判・克服し、さらに文明史の動的で全体的な把握がめざされている。こういう意図のもとに大変独創的な一つの世界史像というものを自ら編みだされていらっしゃるわけですが、また最近ある意味での修正もおありかと思いますが――。

伊東　私の文明の発展の捉えかたというのは、地球的な人類史というものを考えようということです。それに関してはいままで二つのやり方があった。一つはマルクス、ランケ、ヘーゲルのような発展段階説があった。それはヨーロッパ中心の発展段階説で、いくつかに人類の発展段階をヨーロッパ文化の発展を基準にして横に切っているわけですね。そして早い遅いはあるが、どこの文明もこのヨーロッパの水準を追っていくという考え方です。

それに対してもう一つは、トインビーとかもっと前のシュペングラー、ダニレフスキーたちが述べている見解で、いくつかの文明を横に輪切りにするのではなしに、縦割りを考えるわけです。複数の文明がはじめからあって、各国の文明が誕生し発展し、そして成熟し消滅するというコースをたどっている。それが縦割りにいくつかあって、ちょうど横から眺めてみると、トインビーなら「哲学的同時代性」というようなことになる。季節の春夏秋冬のように、春に芽を吹き、夏に繁る、秋に実り、冬に枯れてゆくサイクルで、文明は生まれては死んでいくんだということを独自にやっているわけですね。それは発展段階説や一元説じゃなく、はじめから文明の多元説なんですね。それはヨーロッパ中心の一元説に対し、正しいアンチテーゼを出していますが、逆に悪くいえば、そういう文明圏が自己完結体として閉ざされてしまう危険性がありますね。シュペングラーの場合が徹底的にそうです。ヨーロッパ文明はヨーロッパ文明であり、イスラム文明、ギリシア・ローマ文明は相互に別々になっちゃうわけです。別々になってしまって並列はするけれども、統一的な視点がなくなってしまうわけです。ヘーゲルやマルクスは統一的視点はあったけれども、それが一元的であった。その両者のジレンマを超え出なければならないと思うんです。

いまのお話のなかに出ましたバラクラフかマクニールだったでしょうか――世界史は中近東からはじまって並行的に発展する、その後にヨーロッパ中心の時代があって、現在はグローバルな時代にいたっていると考えているシステムがありましたね。私にいわせると、それも段階発展説なのか多元説なのか、またはその克服なのかという点がいま一つはっきりしないんです。

ですから、私のやろうとしていることは全地球上の諸文明の縦の発展と、全人類の統一的な横割りのできる段階的な発展という二つの側面を十分に満足せしめるようなシステムを作りたいということです。それがまた歴史の現実にもっとも合っているだろうということで、だいたい十七ぐらいの基本文明圏というものを設定したわけです。それらは自分達の各々の個性をもちながら、同時に私のいう五つの段階——いわゆる「人類革命」からはじまって「農業革命」「都市革命」「精神革命」「科学革命」を経ている。現在は第六番目のまさに地球時代の新しい変化期に来ているわけですが、僕はこれを「人間革命」だと思っているんです。とにかくそういう共通の経験をしながら、人類は一体となって進展していくというふうに考えているわけです。

しかしそういう五つの段階の変革を各々経験しますが、だからといってある文明圏がその変革で自分の文明を喪失するといったことはないわけです。それは依然として自己のアイデンティティをもった文明なわけです。例えばイスラム文明が西欧の科学革命の影響を受けます。けれどもイスラムがヨーロッパ文明になったわけではない。日本文明の場合も、中国化や西洋化の波につつまれても、やはり日本文明としての基層をもっているわけです。おそらく基本文明である限りそういう特質をもっていると思う。

だから個性をもちつつ、いくつかの変革を共通に受けていくのです。土着の思想がずっとあるのか、さもなくば他からの影響によるのかといった二者択一の考え方は、実は幻の二元論なんです。実際にあるものは「影響をうけながらの同一性」ということで、これが本当に歴史上に存在した姿だろうと思う。どの文明もみな他からの影響を受けている。そういう意味では日本だけが「雑種文化」なのではなく、すべての文明が雑種文明なのです。それにもかかわらず、これが基本文明であるかぎり自己の文明の特質を持続させる。日本文明などの場合も、僕はそうだろうと思うのです。そういうかたちで文明論を仕上げていく。つまりそれは人類の一体性をある意味で認め、共通の変革ということを認めると同時に、諸文明の個性というものにも十分注目してゆく考え方です。だから、地球が一色になっちゃうのじゃ決してない。そういう文明史の構造というものを、こういう構図でもって把えられないかと考えているわけです。

吉沢　とくに人類発展の五段階の問題が示唆的なことは、今日の科学革命と精神革命の相関関係についてのお考えですね。これからの新しい文明は、科学技術の人間化とか物質と精神の調和といった問題を避けることはできない。それはやはり究極的に宗教の問題に逢着するのではないかと思うわけです。例えば今日、身近な情景として終末論といったようなことが流布されたり、世紀末といった雰囲気が漂っていますね。

いわゆる「終末論」というのは、もともと人類と世界についての破局のメッセージということですが、こういう現象は、人間を囲む状況が全く絶望的なときによみがえるということが言えるわけです。それは危機の思想の表明であり、文明の死に対する予言であるとも見られましょう。

一方、「世紀末」に見られる虚無的な思想と風景というものは、やはり時代の没落を告げる病いと不安の表象かと思うわけです。これは十九世紀のフランス、ヨーロッパからアメリカを含めて世界中に広まったわけで、それなりに歴史的背景があるわけですが、基本的には終末論と同じような側面がある。総じて世紀末の現象は、なにか過去と断絶する大きな社会の変動に遭遇するときに、生み落とされると言えるかもしれません。

これらの終末論や世紀末の流行から見ても、現代は一つの失調した文明であると申すことができましょう。こういう文明の危機とその本質をどのように分析し、解決の見通しをはかっていくかということが重要な課題ですね。その点に関してトインビーは「モラリティ・ギャップ」という観点を提起しています。道徳上のギャップということになりますね。要するに人間の生活における科学技術とか、いわゆる物質的な側面での発展と、人間の倫理的ないし精神的な側面での発展のアンバランスを言っているわけです。そういう問題になりますと、現代文明の危機、あるいは地球の運命といったことが、たんなる国際政治とか、国際経済といったような次元の問題だけでなく、もっと巨視的な視野に導かれた思想的な、あるいは精神的な次元の問題を包含せざるを得ない。人間の生きかたや価値の問題だとか、あるいは文明の目標と意義は何か、といった問いかけが秘められているということになろうかと思うわけです。象徴的な形でいえば「文明はそれ自身の力だけで自らを救うことができるか」という、いわゆる文明救済の本質と可能性という問題が登場してくる。そこに、宗教の問題が大きくクローズアップされることになると思うわけです。

私なりに今日の文明批評についての不満と申しますか、感想を述べれば、やはり日本人の場合、正面きった宗教論というものはどうしても前面に出てこない。何かお茶を濁してしまうというところがある。伊東先生のように科学革命の進行のうえに精神革命の視野が映しだされてこない。例えば、比較文明論の究極的な問題の一つとして、世界文明はどのようにして樹立されるかという問題がありますが、こういう問題を考えるときには、どうしても文明の基軸としての宗教の問題、いわゆる文明にとっての宗教というような意味を再吟味し、考えあわせなくてはいけないと思うわけです。

伊東　私も賛成ですね。シュペングラーも、彼の言葉でいえば文化が文明になるとき——ここで文明というのは文化の末期的症状で、死が近づいてきたことなんですが——このときそれがなおるとすれば、そこに「第二宗教性」というものが復活することによってであろうというふうに言ってますね。私の考えでは、科学革命以後、「文明」があまりにも物質中心になっていったんだと思うんですね。その物質とエネルギーの生産を極大にするしか考えない。物質の生産は大きければ大きい方がいい、エネルギーは使えば使うほどいいということで豊かになったというんだけど、精神の側はますます希薄になっちゃいましたね。かつての精神革命の時代よりも精神的にはるかに空疎になっていますね。そういう物質的な幸福と裏腹に、精神的な空虚さ、疎外感、人間の孤立といったものが出てきている。精神的には大変貧弱な文明になりつつある。何か人間が人間としての威厳と充実さをもって、そういう豊かさにおぼれずにいかにそれを用いていくかということを忘れてしまって、ただ物が多ければいいとか、ただ便利になればいいという方向だけの価値観だけで進んでいるという感じがする。こういう科学文明の行方は、もう見えているんですね。

ちょうどアヘンによってどんどん欲望を満足させていったものが、ついに中毒になってダウンするというのと全く同じで、われわれはそういうアヘンの代わりに科学技術の中毒に冒されることになるかも知れない。たとえばマンモスの牙と同じですね。牙は、ある意味で非常に利用価値があったのだが、それをどんどん大きくしていったら、それがデメリットになって、彼らはその重さで滅んでしまうといったことに似ている。

だから、そういうときに問題になるのは、そうした科学技術を本当に人間的なものにしていく、あるいはそれを人間的なものにコントロールするという心の価値、豊かさを回復することです。人間の生きる価値というものはどこにあるかということですね。単なる物質の豊富さだけかという問題を真剣に問うということ、つまりもっと精神的な問題というものが大きくクローズアップされて、心の満足、精神的な生きがいというものが出てこなければいけませんね。

それからもう一つは、物質一点ばりに対してもっとその精神的な面が重視され、いわゆる物質とバランスをもった精神をもつこと、それこそ僕は人間だと思うんですよ。人間とは単なる物質の塊じゃない。単なる欲望の塊でもない。それが精神的価値によって導かれる。やわらかい、暖かい、生きる希望に燃えた心をもった、そういう存在が本当の人間でしょう。もちろん、人間は物質的な条件にも支配されています。われわれは物質的なものを食べなければ生きていけないし、いろいろな生活で保護されなければ生きていけない。それは当然なんだが、そのバランスが大きく失われて、人間の本当の充実が忘れられていると思います。となると、かつての精神革命の意義が再吟味されねばならない。それはキリストや孔子や仏陀のやってきたことをそのまま金科玉条とするのではないが、彼らのなしたことの意味というものを今日の科学文明のなかに活かすことです。あるいは精神文明のなかに科学文明を定位する、と逆に言ってもいい。そういう方向に立って科学革命と精神革命を統合しなければいけない。これが「人間革命」で、同時に理性と感性の、物と心の統合でもあると思うのです。

いままでは理性一点ばりで、理性の肥大化ですよ。一体、人間の感性はどうなったのか。感ずる心、善悪を感ずる心ですね。あるいは心のやさしさ、思いやりといったものはどこに行ってしまったのか。合理主義の合理というのは「計算」という意味もあるんだが、そういう理性一点ばりの計算ではなしに、理性と感性の両者をあわせもった全体的人間を回復しなければならない。そして物質と理性、科学というものが、そういう心や感性の声に従う、そういう倫理の問題ですね。倫理といったってそうしかつめらしく考えることもないと思うんで、そういう人間の率直なよしあしの感情ですね。そこへ科学を引きつけてこなくちゃいけませんね。

原爆なんかたくさん作って、地球を何回も破壊できるような、五万発も作りあげても意味がないわけですよ。でもそれをやっている。これはどこかおかしいんですね。ですから、科学と倫理の問題点をトインビーが言っているように「モラリティ・ギャップ」として捉えることができるかもしれません。総じてこの問題を見つめていくと、物質・理性・科学といったようなものは、これはだいたい西洋出自のものです。精神・感性・倫理といったようなものは、これはもちろん西洋にもありますが、東洋の重視したものです。この西洋と東洋との結合、地球時代に東洋と西洋がそういう意味で握手して、どのように全体的人間を回復するか、それが地球時代の人間革命ということになると思うんです。これを遂行することこそ、二十一世紀のあるべき姿なんじゃないでしょうか。

＊「比較文明学会」(The Japan Society for the Comparative Study of Civilizations) は、一九八三年十二月二十日、共立薬科大学講堂における創立総会において設立された。

(よしざわ・ごろう　聖心女子大学キリスト教文化研究所室長・比較文明学会理事)

結び 「世界学」のすすめ

現代はさまざまな意味において、人類史の一つの大きな転換期であるといわねばならない。筆者の時代区分でいえば「人類革命」「農業革命」「都市革命」「精神革命」「科学革命」に次ぐ、もう一つの大きな変革期にさしかかっている。

第一の「人類革命」(=人類の成立)においては、人類は家族を中核とする氏族単位で生活し、採集狩猟の旅を続けていた。第二の「農業革命」(=農耕の発見)においては、人類は農耕という食糧の能動的生産をはじめて村落共同体をつくり、より大きい部族集団を形成し、定住生活を開始した。第三の「都市革命」(=都市の形成)においては、人類はさらに多くの村落を統一して都市をつくりあげ、それまでの部族集団を統合した、より大規模な地縁集団を組織し、そこに王—僧侶—戦士—商工民という階層からなる、直接農耕に従事しない市民を含む都市国家が形成された。第四の「精神革命」(=哲学や普遍宗教の誕生)とほぼ並行して、こうした都市が統合されて、より大きな領土国家への途を歩んだ。実際、ソクラテスや孔子や仏陀や旧約の預言者たちが活躍した時代は、人びとがそれまで安住していた従来の共同体の生き方から投げ出されて、より普遍的な原理に向かわざるをえなかった精神の「故郷喪失」のときである。そして第五の「科学革命」(=近代科学の成立)とほぼ並行して、西欧の近代の国民国家が形成された。このヨーロッパ・モデルの国民国家が他の文化圏にも波及し、例えばわが国の明治の国民国家もつくりだされたのである。これがいわゆる「近代化」のテーマであることは言うまでもない(くわしくは3章)。

このように人類の集団はこれまで、家族→氏族→部族→村落共同体→都市国家→領土国家→国民国家としだいに成長発展してきた。現代の変革期は、この最後の国民国家を超えて、さらに新たな地球的な「世界共同体」に人類が突入しつつあるということだと思う。

実際、現代において地球は文字通り一つになった。交通機関の発達や情報の世界的流通だけを言っているのではない。資源問題、環境問題、人口問題など、今日において最もシーリアスな問題どれ一つをとってみても、もはや一国の問題であることをはるかに超えて、すべて、地球的な関連をもった世界的問題であり、十九世紀的な狭い「国民国家」的観点にとどまってグローバルな把握を怠るならば、何ひとつ正しい問題解決は得られないような状態になってきている。こうした地球的な連関をもった人類の問題を、世界的な視野で考え、その解決方法を組織的に探究する学問を総称して「世界学」Globologyと名づけたい。現代の変革期は疑いもなく、従来の国家単位の考え方をのりこえて、この「世界学」的な新しい発想を随所に必要としている時代である。

しかしこの「世界学」というのは、のっぺりとした一色の普遍主義ではない。家族が集まって氏族がつくられても、家族がなくなるわけではなく、氏族が集まって部族をつくっても氏族が消滅するわけではないのと同じように、「世界共同体」の理念は、国家の存在を決して否定するのではないし、それと結びつく民族や文化の固有性を尊重しないのでもない。否むしろ真の「世界共同体」は、そうした諸民族の文化の多様性をこそ前提し、その真価を積極的に認め、それを強化してゆくものでなくてはならない。何かある特定文化の絶対性や普遍性を押し売りするのではなく、さまざまな民族の固有な文化の価値を認めあい、その豊かな多様性を欣び、もって地球上の文化のエントロピーの不毛な増大をふせがねばならないのである。

従ってこうした「世界学」的研究が、われわれが自然にもっている愛国心や郷土愛と何ら矛盾するものでないことも明らかであろう。しかし、自分の国のことだけしか視野に入ってこない狭隘なエゴイズムや、自分の仲間だけをひいきする偏ったネポティズムを捨てて、同時に人類全体を同胞とするような公平な意識と配慮をもたなくてはならない。そして自分の国が世界人類のあるべき道に反して間違っているのならば、それを人類の立場において堂々と批判できるような、より高次の視点に立たねばならない。

十七世紀から十九世紀にいたる、いわゆる「近代」を支配していたのはナショナリズムであった。このナショナリズムの限界が第一次世界大戦により露呈され、その後、国際聯盟が組織され、インターナショナリズムが標榜されたが、このインターナショナリズムとはナショナリズムをそのままにして、その上にインターの橋を架けようとするものだから、本質的に後者の限界を超えるものではない。それゆえそれがやがてナショナリズムの横車によって破綻し、第二次大戦を生み出してしまったのも、ある意味では当然のなりゆきであった。

第二次大戦後の国際連合は、たしかに国際聯盟のインターナショナリズムを超えでている面がある。すでに国家主権の敷居は当時よりはるかに低くなり、その濫用は以前にくらべればずっと制限されたものになってきていると思う。しかし大国の拒否権などなお多くの問題を残し、グローバリズムへの方向を示しながらも、まだ十分の機能を果たしていないというべきである。現在の転換期に当たって必要なことは、ここ三、四〇〇年支配してきた国民国家の原理を超える、新しい地球的な世界共同体を生みだす理念と、その現実化の具体的方途を探究することであろう。

こうした二十一世紀に向かう世界学的探究がさまざまな領域においてなさるべきであり、特に日本はそうした研究において先端に立ってほしいというのが、この結びの趣旨なのである。なぜなら、まず発展途上国にはこうした「世界学」的研究をする余裕はなく、必然的にナショナリズムの傾向をもつのは止むを得ない。よき人間社会がつくられるためには、その社会の成員たる個人が独立していなければならないように、地球社会においてもその成員となるさまざまな国々がそれぞれ十分自立しているべきであるから、発展途上国のこのナショナリズムを頭から否定することはできない。また他方、大国は今までの行きがかりによってどうしても自己中心的であり、他の小国を自らの政治的操作の対象としてしか見ないきらいがある。彼らのいわゆる「世界政策」とは、そういう周辺諸国の操作を通じて自国の政治利益を最大にするという立場を離れられない。

その点、開発途上国のナショナリズムをすでにつき抜け、大国主義や中華思想にも毒されず、また歴史的にも東西の文化を広くうけ入れて、それらを等距離において人類全体のために公平にして必要な考察を行なう「世界学」の地盤は、今日の日本に適切に準備されているといえよう。わが国はこうした研究において世界の前線に立つべきではないか。

具体的にはまず「政治学」の領域では、国家政治の次元を超えた「世界的政治機構」のシステムを考え、実現してゆかねばならないだろう。

日本国平和憲法はこうした方向を必然的に含意し、そこに国家の生存を賭けたとも解しうる。それは単なる受身の他力本願的な平和主義ではなく、積極的に世界の平和システムの建設を志向するものと考えなくてはならない。その第九条の冒頭には「日本国民は正義と秩序を基調とする平和を誠実に希求し」とあるが、正義とは法の理念であり、秩序とは法によってもたらされる以上、これは世界法による世界的政治機構により平和を確保しようとする決意を意味する。世界にも国家主権の一部制限もしくは移譲を認めているものもあるが、日本国憲法のように端的に、法にもとづく世界機構に自らの平和と生存を託したものはない。これはわが国憲法の欠点ではなく、むしろ来たるべき地球時代の世界政治のあり方をイデー的に先取りしたものと評価すべきであろう。

すでにエミリー・リーブスの『平和の解剖』があり、より近くはリチャード・フォークの『危殆に瀕した惑星』におけるような二十一世紀に向かう地球的政治システムの新しい構想がある。わが国の政治学者も国益という狭い視野だけから見る国際政治ではなく、世界的次元におけるこうした問題にも積極的に貢献し、いかにわが国が米ソの間に立って緊張を緩和し、世界の平和を推進しうるかの方途を探究すべきであろう。

つぎに「法学」でもすでに国際法のみならず、さらに進んで世界法の研究におもむかねばならないであろう。有効な制裁手段をもたず、破られても仕方のない国際法ではなく、国家主権をある面では（もちろん全面的にではなく、平和の問題とか資源の問題とかのように、世界的規模において統一的に考えなければならない問題について）制限し、人類全体の生存と利益のためにそれを規制する世界法の研究がおし進められねばならないと思われる。これはもちろんさきに述べた世界的な政治機構と密接にからみあう問題である。

現在の国連の組織を改良するような方向で、すでにグレンヴィル・クラークとルイス・ソーンによって、こうした世界法の試案も発表されているが、このような世界的視野に立った改善策を、積極的に日本の法学者も試みてよいのではないか。

「経済学」においても、単なる国際経済から世界経済への視点の転換がなくてはならない。国益中心の国際経済の枠のなかでは、南北問題のような地球的課題は、ついに適正な解決を見ないであろう。世界経済において重きをなすにいたったわが国は、他の先進国に先んじて地球的視野のもとに開発途上国との間に立って、後者の漸次的自立を可能にする経済援助のルール設定にイニシアティブをとるべきだ。ティンベルヘンやミュルダールはすでにこの途を行っている。日本の経済学者もこうした面で独自な貢献をしていただきたい。また現在問題になっているわが国の非関税障壁のようなものは、「世界学」的見地からすれば、はなはだ好ましくないものであり、可及的すみやかに撤去すべきであろう。

さらに「文化」の問題についても、世界の文化を比較的視野のもとにおき、そのなかに日本の文化も位置づけてゆくような「世界学」的研究が、数多くなされてゆく必要がある。ゲーテの「世界文学」の理念は、いまだヨーロッパ的なものであった。それを文字通り地球的に拡大し、あらゆる民族の文学や文化を世界の文学や文化の一つの現われとみるよう視点や研究がさらに深められねばならない。例えばギリシアと日本と西欧の文学でいえば、叙事詩で『オデュセイア』と『古事記』（日本武尊の物語）、『ローランの歌』と『平家物語』、抒情詩ではサッポーやアナクレオーンと『万葉集』、演劇ではギリシア悲劇と能、フランス古典劇と近松を比較するよう世界的視野で研究を進めることができよう。こうした領域ではすでに比較文化や比較文学の若い俊秀たちが現われつつあり、多くが期待されている。

最後に筆者自身、大変いたらないものとはいえ、ここ十数年来、「地球的文明史」の構想をあたため続けてきたのも、考えてみれば、現代の状況に見合ったこうした「世界学」的パースペクティブを、歴史の領域のなかでつくりあげたいと希っているからだといえる。

あとがき

本書は、「比較文明」に関する著者のこれまでの論文を一本に纏めたものである。比較文明論は、科学史および科学哲学についで、著者が関心をもつ第三の研究ジャンルである。もっともこれらは第II部に見られるように重なるところもあり、著者自身において「比較科学史」や「科学思想の東西比較」という問題につらなっている。著者がこうした比較文明の問題に最初につき当たったのは、西欧科学の源流をたどって、イスラム文明に出会ったときである。このときも十二世紀のラテン語の古文書を細かく解読するという微視的な仕事と並行して、これをイスラム世界との関係という、より大きな文脈で巨視的にみてとるといった比較文明的考察を行なってきた。以来、著者の視野は次第に広がっていったが、今でも一般に微視的な分析が巨視的な枠組のなかで意味を与えられ、巨視的な展望が微視的な研究によって鍛えられるという相互作用が、最も望ましい学問研究のあり方であると考えている。本書『比較文明』は主として、著者のこうした巨視的な枠組設定の努力を示すものである。そして今後ひき続きこれを充実させる微視的な研究が行なわれねばならない。著者もこれを行なってゆくつもりであるが、残された時間の制限と能力の不足により、どれほどなしうるかは分からない。もし本書から何ほどかの刺激を得られた読者がおられるとすれば、あいともに研究を進めていただければ望外の幸せである。

以下、掲載論文の解題を簡単に行なっておく。

第1論文「文化と文明」は、昭和五十六年五月に行なわれた東京大学の公開講座における講演の内容であり、東京大学公開講座33『文明と人間』(東京大学出版会、一九八一年)に収められている。

第2論文「地球的文明史に向かって」は、「新しい世界史像の形成」という題で『中央公論』一九六九年八月号に掲載されたもので、著者にとって比較文明論の最初の論文である。

第3論文「新しい人類史の時代区分」は、当時佐伯彰一先生が編集されていた『批評』(番町書房)の一九六九年17―18合併号に「人類史の五段階」と題して発表したものである。第2および第3論文は今日から見ると不十分なところが多くあるので、できるだけアプ・トゥ・デートにするべく補筆したが、結果として拙著『人類文化史2・都市と古代文明の成立』(講談社)における記述と重なった部分がある。この点、読者は諒とせられたい。

第4論文「比較科学史の基礎視角」は、「〃世界の科学史〃に向って」という原題で、『思想』(岩波書店)一九七五年六月号に掲載されたものである。この論文は拙著『文明における科学』(勁草書房)にも収められているが、著者の比較文明論的科学史として、ここにも抄録して掲げた。

第5論文「比較数学史への途」は、「比較数学史の試み」として、『数学セミナー』増刊、数学シンポジウム3の「文化のなかの数学」(日本評論社、一九八一年九月)に掲載されたものである。これはまだそのときの講演の調子が残っている未完稿であるが、機会をみてもう少し完全なものにしたいと思っている。なお本誌には、シンポジウムでなされた著者のこの講演の後に、それをめぐって斎藤正彦、清水達雄、森毅、山下正男、山田慶児、廣瀬健の諸氏と行なわれたディスカッションも載っており、私には大変興味ぶかいものであったが、この部分は紙幅の都合で割愛せざるを得なかったのは残念である。

第6論文「自然の概念―東洋と西洋」は、昭和五十九年十二月に行なわれた日本学際会議の「ライフサイエンスと人間」というシンポジウムにおける講演をもとにするもので、岡本道雄監修、石川光男・村上和雄編『バイオ新時代の人間像』(三信図書、一九八五年)に掲載されている。

第7論文「地中海世界の構造」は、昭和五十三年六月に行なわれた第二回地中海学会のシンポジウム「地中海世界とは何か」においてパネラーの一人として発表したものをさらに推敲し、『現代思想』(青土社)一九七九年二月号に発表したものである。当時「地中海世界」といえば、単に「ギリシア世界」とか「ローマ世界」というふうに考えられていたことを念頭において、読んでいただければと思う。付論の「文明交流圏の設定」は、昭和五十四年十二月の文明論研究会で話したことをもとにして、堤彪・吉沢五郎編『比較文明論の試み』(論創社、一九八一年)に、「文明交流圏の構想」として寄稿したものである。

第8論文「十二世紀ルネサンス」は、昭和五十六年十月に、聖心女子大学キリスト教文化研究所の研究例会で発表したもので、同研究所編の『宗教と文化』11(一九八五年)に掲載されている。このテーマをもっと詳しく論じたものは、岩波セミナーブックス『十二世紀ルネサンス』として出版される。

第9のエッセイ「地中海世界の風景」は、『UP』(東京大学出版会)の一九七八年十二月と一九七九年の一月号に、それぞれ「西地中海の旅」と「東地中海の船旅」として載せられたものである。

第10の対談は、「市民権を得た比較文明学」と題して、月刊『みんぱく』(国立民族学博物館編集)一九八四年三月号に、館長対談として掲載された。

第11の対談「比較思想の地平」は、「人類共存の思想的地盤」という原題で『エコノミスト』(毎日新聞社)の一九八二年一月十二日・十九日合併号に、新春対談として載せられた。

第12の対談「地球時代の文明史像」は、『航空文化』(日本航空協会)の一九八五年一月の14―15合併号と八月の16号の二回にわたって掲載されたものだが、本書では紙幅の都合で編集部の要請もあり、それを約半分に圧縮せざるを得なかった。

転載をお許しいただいた梅棹、中村両先生には感謝の意を表し、対談記事の部分的割愛に同意して下さった吉沢先生には申し訳なく思っている次第である。

結びの「世界学のすすめ」は、『世界』（岩波書店）の一九八二年四月号に、「論壇」として寄稿したものである。

一九八五年八月

著者識す

新装版あとがき

　このたびUPコレクションの一冊として、拙著『比較文明』の新装版が世に出ることになったのは嬉しい。本書はおそらく「比較文明」の名を冠した、我が国ではじめての書物ではないかと思う。UP選書として出版された本書の初版が出されたのは一九八五年で、以来二八年の歳月を経ている。今回の新装版では、内容を改訂すべきところもあるかと思い通読したが、根本的な主張の枠組みについては今でもそのまま正しいと考えられるので、誤記・誤植・若干の補訂を除いては、すべて原著のままとすることにした。著者の比較文明学に対する基本的態度・考え方はこのとき以来変っていない。しかしなんといっても三十年近く前の著作なので、その後の歴史的発見や新知見の登場などがあり、記述につけ加えた方が読者の今日的理解に資するところはあると思う。そこで著者の比較文明論の骨組みとなる文明の五段階、「人類革命」「農業革命」「都市革命」「精神革命」「科学革命」のそれぞれについて今日からみて付言すべき点をここで書きとめておきたい。

　まず「人類革命」については、猿人、原人、旧人、新人のうち、猿人の起源については、その後次々に遡ってゆき、アウストラロピテクス・アファレンシス（三五〇万年前）、アルディピテクス・ラミダス（四四〇万年前）、オロリン・トゥゲネンシス（六二〇万年前）、サヘラントロプス・チャデンシス（七〇〇万年前）などの、人骨とおぼしき化石が発見され、今や人類の起源は一般に七〇〇万年前とされるようになってきていることをまず心得ておいていただきたい。しかしここで注意すべきは、「直立二足歩行」

があったかどうかという規準だけで、類人猿から人類への進化が判定されていることである。筆者のいう「人類革命」は、直立二足歩行だけではなく、「道具の制作」や「言語活動」、「大脳の発達」などを重視するから、やはりホモ・ハビリス以後の「ホモ属」出現以後をもって「人類革命」とし、それ以前の「アウストラロピテクス属」やアルディピテクス、オロリン、サヘラントロプスなどの段階は、それへの準備過程として捉えたい。それよりもっと重要な最近の知見は、ミトコンドリアDNAやY染色体のような分子遺伝学の統計的研究によって、新人の起源と拡散のあり方が分ってきたことである。この新人（ホモ・サピエンス）も、二〇万年前から一四万年前にかけてふたたび東アフリカで創成され、これが一〇万年ほど前からアフリカを脱出し、それ以前の旧人（ネアンデルタール）を一掃しつつ、地球上の隅々にまで拡散していったという事実が分ってきた。このことは従来の人種論や言語論などを根本的に考え直す契機となるもので、現在世界でその再考察が進行中である。

第二の「農業革命」については、東南アジア（イモ）、メソポタミア（ムギ）、西アフリカ（雑穀）、メソアメリカ（トウモロコシ）の四つの原点となる発祥地を述べておいたが、そのときまでは最も重要な農作物イネ、つまり稲作農耕の発祥地が確定できていなかった。しかしその後の考古学的発見と研究によって、それが中国の長江中流域であることが判明した。まず杭州に近い浙江省河姆渡《かぼと》で、七六〇〇—七〇〇〇年前の稲作農耕遺跡が発見され、さらに長江中流の湖南省彭頭山《ほうとうざん》では八六〇〇年前の農耕遺跡が、湖南省玉蟾岩《ぎょくせん》遺跡や江西省の仙人洞《せんにんどう》遺跡では、一万四〇〇〇年前、一万五〇〇〇年前にまで遡る稲作農耕の跡が発見されたという。そうなると、それは西アジアにおける麦農耕の起源よりも早いことになる。この辺の確証は今後の精査にまつが、イネの農耕が長江中流で、一万年前以前まで遡って始まったことが分ったことの意味は大きい。

またこれまで人類史において一般に「農耕」の開始以後に、「定住」が始まるとされていたが、実は農耕の始まる前に定住が始まっていたということが言われるようになった。つまり後氷期以後の中緯度の森林地帯では、豊かな森の実りを採集し、すでに集団的な定住生活が始まっていた。そこに気候の寒冷化がやってきて、この木の実などが得られなくなったとき、すでに多くの人口をかかえこんでいた森林定住民が農耕を開始したというのである。そうすると農耕を伴うことなく定住していた日本の縄文初期時代の人々の集団生活が、決して人類史の例外ではなく、むしろ自然なものとして捉えられる。この「農業革命」に先立つ「定住革命」の重要性が近ごろ盛んに唱えられるようになっているが、ここで一つ考えねばならないことがある。人類が農耕に先立って定住を始めただけにとどまっていたら、それが果してそのまま人類史の転換点となり得たであろうか。答は否であろう。定住が始まり、その後農耕が開始されてはじめて食糧が人為的につくり出され、同時に食糧確保の手段として動物の飼育も始まり、食糧生産確保革命としての「農業革命」が遂行されてこそ、はじめて人類史の大転換が行われたとみるべきである。「人類革命」につぐ、第二の人類史の転換点としての「農業革命」の画期的意義は失われていない。

第三の「都市革命」については、いわゆる「大河文明」として、メソポタミア、エジプト、インダスとならんで黄河流域の殷の文明が挙げられていたが、中国の「都市革命」についてはこの黄河文明に先立って、長江流域での稲作農耕を基盤として、すでに都市が形成されていたことが判明してきている。まず浙江省の良渚《りょうしょ》遺跡群は東西六七〇メートル、南北四五〇メートルの巨大基壇の上に、さらに三層の基壇が築かれており、今から五三〇〇年前のものとされている。おびただしい玉器が出土し、富の蓄積が目立っており、明らかに都市文明の段階に達していたといってよい。さらに湖南省澧《れい》県の城頭山《じょうとうざん》遺跡では、この最古の都市の城壁は、六四〇〇～六二〇〇年前のものであることが明らかとなった。この長江流域の「都市」はさらに湖北省の石家河《せっかが》、四川省の龍馬古城宝墩《りゅうまこじょうほうとん》の遺跡へとたどられるが、この「長江文明」も四〇〇〇年前ごろには消滅してしまう。おそらく北の黄河流域に発達してきた夏の文明によって滅ぼされたのであろう。しかしこの長江文明は黄河文明に対し、稲作農耕や玉文化など、多くの文化的影響を与えた。今後中国文明の起源については、黄河文明だけではなく、長江文明にも留意し、両者の関係も視野に入れなくてはならないだろう。中国の「都市革命」も、長江文明をとり入れ、前四〇〇〇年を少し遡るかも知れない。

アメリカ大陸における「都市革命」は、これまでメキシコ中央高地のテオティワカン文明を中心としてみてきたが、それに先立つメキシコ湾岸低地のオルメカ文明にすでにその徴候を見出すことができるから、新大陸における「都市革命」の年代も前一二〇〇年を少し遡るころとしてよいと思う。

第四の「精神革命」については、筆者ははじめ前五〇〇年ごろを中心に、その前後に前八世紀から前四世紀まで、つまり旧約の予言者からアリストテレスによるギリシア哲学の完成までを視野に入れた。この間にウパニシャドからゴータマ・ブッダによる仏教の形成まで、孔子から諸子百家を経て孟子にいたる中国思想の発祥がすっぽり入る。しかしここではまだイエス・キリストが登場してない。筆者はギリシアのソクラテス、インドにおけるゴータマ、中国における孔子と並んで、イエスによるキリスト教の成立を、「精神革命」の四つの原点と考えるので、このイスラエルにおける「精神革命」は、紀元一世紀までおくれることになる。

またこの「精神革命」には、その後に「第二次精神革命」というべきものがあり、それは七世紀における「イスラムの登場」と、五世紀以降の「中国の仏教化」と、八世紀以降の「ヨーロッパのキリスト教化」である。これによって東の仏教圏、西のキリスト教圏、中央のイスラム圏という、その後の世界宗教地図の原型ができ上るのである。

第五の「科学革命」については、それが十七世紀の西欧という一地域にのみ起った知的革命であることが強調されていたが、現在ではこの西欧の「科学革命」には非西欧世界からのさまざまな遺産がとり入れられていることが注目されはじめ、この方面の研究がおし進められている。しかし、R・デカルトの「機械論的自然観」とF・ベイコンの「自然支配の理念」を二つの思想的柱とする「科学革命」の独自性は、やはり変らない。この革命は十八世紀に二人の子を生み出す。それは社会的には「啓蒙思想」であり、技術的には「産業革命」である。この「科学革命」と「啓蒙思想」と「産業革命」の三点セットが一つになって、資本主義の進出と結びついて世界を席巻したのが、いわゆる「近代」である。そして今やその「近代」の方途が大きく問われている。

最後に、「科学革命」以後における、現代その渦中にある第六の大転換期については、本書では「人間革命」として提示されているが、以後の著作においては、これが「環境革命」と名付け直されている。この間に立場の変化があったのであろうか。基本的に言って立場の変更はない。筆者の言う「環境革命」は、単に外部の環境を変えればよいというような意味のものではなく、人間と自然との関係を、これまでのものからは根本的に変えなければならないということを内容とするからである。そこで当然そのためには人間の側における自然に対する態度、またそこにおける文明のあり方、一般に人間の生き方の内的変貌がなしとげられねばならないゆえ、この「環境革命」は「人間革命」と密着し、表裏の関係にあるというべきである。人間と自然とのあるべき関係は、「精神革命」では十分とり上げられなかった。そこではまずもって人間の救済が求められたからである。従って人間が自然にどう向き合うべきかという問題は、次の「科学革命」において主題となった。しかしそこでの観方——機械論的自然観や自然支配の理念——が、今日では根底から考え直されねばならなくなってきている。つまりこの路線の上に、現代の環境問題——公害や資源枯渇や核の脅威など——が出現し、自然の破壊と収奪によって危殆に瀕している文明の進路変換が、今や切実に求められているのである。

以上、『比較文明』新装版の上梓にあたって、筆者の比較文明の枠組みについて、あらためて付言すべき要点を簡潔に述べた。

筆者は若き日に科学史や科学思想の研究から入って、生涯の半ばで比較文明論に足を踏み入れたことについては、西欧科学とアラビア科学の出会いの問題にぶつかり、それまでのヨーロッパ中心主義の科学史観世界史観の偏りを正したいという動機に端を発していた。しかし比較文明というものがその究極において目指しているのは、世界の平和と人類の共存である。これはお互いがお互いの文明を知り合い、敬し合うのでなければなり立たない。このためには為さるべき多くのことが残されている。本書がその方向への、ささやかな第一歩にでもなれば、筆者の悦びは大きい。

二〇一三年四月

伊東俊太郎

〔付記〕ここに述べられていることについて、もう少し詳しく知りたい向きには、『伊東俊太郎著作集　第九巻　比較文明史』（麗澤大学出版会、二〇〇九年）などをご参照されたい。

著者略歴

1930 年　東京に生れる．
1953 年　東京大学文学部哲学科卒業．
1964 年　ウィスコンシン大学 Ph. D.（科学史）．
1978 年　東京大学教養学部教授．
1989 年　国際日本文化研究センター教授．
1995 年　麗澤大学教授・比較文明研究センター所長．
現　在　東京大学名誉教授，国際日本文化研究センター名誉教授，麗澤大学名誉教授．

主要著書

『文明における科学』，1976，勁草書房
『近代科学の源流』，1978，中央公論社
The Medieval Latin Translation of the Data of Euclid, 1980, University of Tokyo Press & Birkhäuser
『科学と現実』，1981，中央公論社
『ガリレオ』，1985，講談社
『文明の誕生』，1988，講談社
『比較文明と日本』，1990，中央公論社
『十二世紀ルネサンス』，1992，岩波書店
『文明と自然』，2002，刀水書房
『伊東俊太郎著作集』全 12 巻，2009-10，麗澤大学出版会

新装版 比較文明　　UP コレクション

1985 年 10 月 1 日　初　版第 1 刷
2013 年 7 月 19 日　新装版第 1 刷
[検印廃止]

著　者　伊《い》東《とう》俊《しゅん》太《た》郎《ろう》

発行所　一般財団法人 東京大学出版会
代表者 渡辺　浩
113-8654 東京都文京区本郷 7-3-1 東大構内
電話 03-3811-8814　Fax 03-3812-6958
振替 00160-6-59964

印刷所　株式会社精興社
製本所　誠製本株式会社

ISBN 978-4-13-006500-9　Printed in Japan

「UPコレクション」刊行にあたって

学問の最先端における変化のスピードは、現代においてさらに増すばかりです。日進月歩（あるいはそれ以上）のイメージが強い物理学や化学などの自然科学だけでなく、社会科学、人文科学に至るまで、次々と新たな知見が生み出され、数か月後にはそれまでとは違う地平が広がっていることもめずらしくありません。

その一方で、学問には変わらないものも確実に存在します。それは過去の人間が積み重ねてきた膨大な地層ともいうべきもの、「古典」という姿で私たちの前に現れる成果です。

日々、めまぐるしく情報が流通するなかで、なぜ人びとは古典を大切にするのか。それは、この変わらないものが、新たに変わるためのヒントをつねに提供し、まだ見ぬ世界へ私たちを誘ってくれるからではないでしょうか。このダイナミズムは、学問の場でもっとも顕著にみられるものだと思います。

このたび東京大学出版会は、「UPコレクション」と題し、学問の場から、新たなものの見方・考え方を呼び起こしてくれる、古典としての評価の高い著作を新装復刊いたします。「UPコレクション」の一冊一冊が、読者の皆さまにとって、学問への導きの書となり、また、これまで当然のこととしていた世界への認識を揺さぶるものになるでしょう。そうした刺激的な書物を生み出しつづけること、それが大学出版の役割だと考えています。

一般財団法人　東京大学出版会